本书为国家社科基金项目"齐格蒙特·鲍曼现代性思想及其评析"（立项编号：14CKS018）的结项成果

齐格蒙特·鲍曼现代性思想研究

彭洲飞 著

人民出版社

责任编辑:王怡石
封面设计:王欢欢

图书在版编目(CIP)数据

齐格蒙特·鲍曼现代性思想研究/彭洲飞 著. —北京:人民出版社,
　2024.4
ISBN 978－7－01－026388－5

Ⅰ.①齐…　Ⅱ.①彭…　Ⅲ.①鲍曼(Bauman,Zygmunt 1925-2017)-
社会学-思想评论　Ⅳ.①C91-095.61

中国国家版本馆 CIP 数据核字(2024)第 051293 号

齐格蒙特·鲍曼现代性思想研究
QIGEMENGTE BAOMAN XIANDAIXING SIXIANG YANJIU

彭洲飞　著

人民出版社 出版发行
(100706　北京市东城区隆福寺街 99 号)

北京中科印刷有限公司印刷　新华书店经销
2024 年 4 月第 1 版　2024 年 4 月北京第 1 次印刷
开本:710 毫米×1000 毫米 1/16　印张:17.75
字数:280 千字

ISBN 978－7－01－026388－5　定价:99.00 元

邮购地址 100706　北京市东城区隆福寺街 99 号
人民东方图书销售中心　电话 (010)65250042　65289539

版权所有·侵权必究
凡购买本社图书,如有印制质量问题,我社负责调换。
服务电话:(010)65250042

目 录

第一章 鲍曼理论的现代性题旨 ……………………………… 1

第一节 鲍曼理论的思想渊源 ………………………………… 5
一、波兰时期鲍曼思想滋养的主要来源 ………………… 5
二、利兹时期鲍曼思想滋养的主要来源 ………………… 8

第二节 鲍曼对现代性的把脉诊断 …………………………… 12
一、对现代性的聚焦透析 ………………………………… 13
二、对现代性的反思批判 ………………………………… 16
三、对现代性的追问探究 ………………………………… 21
四、对现代性的重释重塑 ………………………………… 25

第三节 鲍曼现代性思想发展历程概述 ……………………… 28
一、早期:资本主义和社会主义研究框架 ……………… 29
二、中期:后现代性研究策略 …………………………… 31
三、晚期:流动的现代性研究范式 ……………………… 34

第二章 反思现代性:现代性深陷两难困境 …………………… 39

第一节 现代性筹划失败 ……………………………………… 40
一、何谓现代性 …………………………………………… 41
二、现代性的基本表征 …………………………………… 47
三、现代性事业的破碎 …………………………………… 50

第二节　现代性凸显矛盾性 ⋯⋯⋯⋯⋯⋯⋯⋯⋯⋯⋯⋯⋯⋯⋯ 56
一、何谓矛盾性 ⋯⋯⋯⋯⋯⋯⋯⋯⋯⋯⋯⋯⋯⋯⋯⋯⋯⋯ 57
二、矛盾性的基本表征 ⋯⋯⋯⋯⋯⋯⋯⋯⋯⋯⋯⋯⋯⋯⋯ 59
三、矛盾性的现代社会 ⋯⋯⋯⋯⋯⋯⋯⋯⋯⋯⋯⋯⋯⋯⋯ 61

第三节　现代性辩证法 ⋯⋯⋯⋯⋯⋯⋯⋯⋯⋯⋯⋯⋯⋯⋯⋯⋯ 68
一、现代性与矛盾性 ⋯⋯⋯⋯⋯⋯⋯⋯⋯⋯⋯⋯⋯⋯⋯⋯ 68
二、秩序与失序 ⋯⋯⋯⋯⋯⋯⋯⋯⋯⋯⋯⋯⋯⋯⋯⋯⋯⋯ 70
三、个体与共同体 ⋯⋯⋯⋯⋯⋯⋯⋯⋯⋯⋯⋯⋯⋯⋯⋯⋯ 71
四、消费社会的繁华与隐忧 ⋯⋯⋯⋯⋯⋯⋯⋯⋯⋯⋯⋯⋯ 73
五、全球化的福与祸 ⋯⋯⋯⋯⋯⋯⋯⋯⋯⋯⋯⋯⋯⋯⋯⋯ 76

第三章　批判现代性：现代性霸权在全球 ⋯⋯⋯⋯⋯⋯⋯⋯⋯⋯⋯ 79
第一节　技术理性凸显异化 ⋯⋯⋯⋯⋯⋯⋯⋯⋯⋯⋯⋯⋯⋯⋯ 80
一、理性不再是解放力量 ⋯⋯⋯⋯⋯⋯⋯⋯⋯⋯⋯⋯⋯⋯ 80
二、技术理性成为霸权工具 ⋯⋯⋯⋯⋯⋯⋯⋯⋯⋯⋯⋯⋯ 83

第二节　自由市场虚假虚伪 ⋯⋯⋯⋯⋯⋯⋯⋯⋯⋯⋯⋯⋯⋯⋯ 90
一、不平等的自由 ⋯⋯⋯⋯⋯⋯⋯⋯⋯⋯⋯⋯⋯⋯⋯⋯⋯ 90
二、操纵性的市场 ⋯⋯⋯⋯⋯⋯⋯⋯⋯⋯⋯⋯⋯⋯⋯⋯⋯ 93
三、欺骗性的消费 ⋯⋯⋯⋯⋯⋯⋯⋯⋯⋯⋯⋯⋯⋯⋯⋯⋯ 97

第三节　全球化后果愈演愈烈 ⋯⋯⋯⋯⋯⋯⋯⋯⋯⋯⋯⋯⋯⋯ 99
一、富人与穷人鸿沟日益扩大 ⋯⋯⋯⋯⋯⋯⋯⋯⋯⋯⋯ 100
二、权力与政治走向分道扬镳 ⋯⋯⋯⋯⋯⋯⋯⋯⋯⋯⋯ 104
三、废弃物堆满全世界 ⋯⋯⋯⋯⋯⋯⋯⋯⋯⋯⋯⋯⋯⋯ 107

第四节　人类共同体危机重重 ⋯⋯⋯⋯⋯⋯⋯⋯⋯⋯⋯⋯⋯ 111
一、原子化的个体 ⋯⋯⋯⋯⋯⋯⋯⋯⋯⋯⋯⋯⋯⋯⋯⋯ 111
二、脆弱化的民族国家 ⋯⋯⋯⋯⋯⋯⋯⋯⋯⋯⋯⋯⋯⋯ 114
三、高风险的现代世界 ⋯⋯⋯⋯⋯⋯⋯⋯⋯⋯⋯⋯⋯⋯ 121

第四章 追问现代性：现代性显现后现代"栖息地" …… 126
第一节 后现代性的通告 …… 127
一、何谓后现代性 …… 127
二、后现代性的基本表征 …… 132
三、走向后现代栖息地 …… 136

第二节 后现代生活状况 …… 140
一、碎片化的生活体验 …… 141
二、陌生人登上历史舞台 …… 145
三、同陌生人相处共处 …… 151

第三节 后现代伦理学的凸显 …… 156
一、后现代伦理观的提出 …… 156
二、后现代视域下的道德状况 …… 162
三、后现代伦理学的构建 …… 166

第五章 重释现代性：现代性趋于流动态势 …… 175
第一节 流动的现代性 …… 176
一、流动的现代性理念 …… 176
二、流动的现代性内涵 …… 179
三、流动的时代已来临 …… 185

第二节 流动的现代社会 …… 189
一、流动的生活 …… 189
二、流动的文化 …… 194
三、流动的恐惧 …… 195

第三节 流动的消费社会 …… 202
一、生产社会转向消费社会 …… 202
二、流动的消费者 …… 205
三、流动的消费心理 …… 210

四、流动的消费景象 …………………………………… 216
　　五、新消费穷人 ………………………………………… 226

第六章　鲍曼现代性思想的理论贡献与当代启示 ………… 231
第一节　思想共鸣:鲍曼对话现代性理论家 ………………… 231
　　一、鲍曼对话马克思 …………………………………… 231
　　二、鲍曼对话西方马克思主义理论家 ………………… 236
第二节　理论贡献:鲍曼现代性思想的创新之处 …………… 238
　　一、理论架构创新之一:现代性与后现代性 ………… 238
　　二、理论架构创新之二:固态的现代性与流动的现代性 … 244
第三节　实践指向:鲍曼现代性思想的现实启示 …………… 251
　　一、全球化:拥抱"积极"全球化,抵制"消极"全球化 … 252
　　二、共同体:构建人类命运共同体 …………………… 255
　　三、消费社会:构建新时代消费社会 ………………… 258

参考文献 ……………………………………………………… 263

第一章　鲍曼理论的现代性题旨

齐格蒙特·鲍曼(Zygmunt Bauman,1925—2017),波兰裔英国著名社会学家、哲学家和批判家,研究现代性理论的思想家,其聚焦现代性、后现代性、流动的现代性主题的系列学术著作在全世界产生了深远而广泛的影响。鲍曼常年深耕社会学理论研究,硕果累累,成就斐然,先后荣获众多国际性荣誉奖项[①]:1989年获欧洲阿玛菲社会学奖(the Amalfi European Prize),1998年荣获阿多尔诺奖(the Adormo Prize),2010年获阿斯图里亚斯王子奖(Prince of Asturias Awards)。英国社会学家吉登斯评价鲍曼"拥有非凡的才华和创造力",澳大利亚社会学家贝尔哈兹称鲍曼是"用英语写作的当代最伟大的社会学家",英国思想家史密斯赋予鲍曼"后现代性预言家"称号等。2017年1月9日,鲍曼在英国利兹与世长辞,美国《华盛顿邮报》《纽约时报》、英国《卫报》《泰晤士报》等世界主流媒体刊发讣告,缅怀这位致力于社会学理论研究,毕生为弱势群体发声,具有悲天悯人情怀的思想家。我国学术界、思想界和媒体界也刊发了大量的纪念评述文章。中国社会科学报、《学术交流》、凤凰文化、澎湃新闻、腾讯文化众多媒体刊物,以及国内鲍曼研究学者郭台辉、陶曰贵、郑莉、陈振铎等专家撰文纪念,评价鲍曼在学术研究上的突出贡献和理论价值。当前,英国利兹大学鲍曼研究中心(Bauman Institute, Leeds University)是收集汇总、归档整理、阐释解读鲍曼学术著作、理论文章、短文随笔、报刊评论、写作

---

① 欧洲阿玛菲社会学奖(the Amalfi European Prize)、阿多尔诺奖(the Adormo Prize)、阿斯图里亚斯王子奖(Prince of Asturias Awards),是西方世界社会学以及人文社会科学领域著名的国际奖项,代表着极高的学术成就和荣誉,具有广泛的世界性影响力。

手稿的学术研究平台。该研究中心设有鲍曼档案馆,囊括鲍曼职业生涯的方方面面,包括参访视频、授课讲座、会议研讨等信息资料,为深化鲍曼理论研究提供全方位的学术资源。

不同凡响的个人磨难,独特丰富的生命体验,为鲍曼现代性思想研究注入无限生机活力。在鲍曼的生活经历中,他先后扮演过犹太避难者、共产党员、战士、军官、修正主义知识分子、流亡者、教授、思想家等角色。1926 年,鲍曼出生于波兰一个贫穷的犹太家族,全家饱受反犹太主义的苦恼和折磨。1939 年,鲍曼迎来人生第二个阶段。第二次世界大战爆发后,同战争威胁擦肩而过,鲍曼一家逃往苏联避难。此后,青年鲍曼在苏联接受共产主义教育和信仰洗礼,坚信并坚持平等、自由、正义等价值观,"把社会主义作为一种理想来信仰,他为共产党服务,渴望理解马克思主义"[1],逐渐成为一名虔诚的社会主义者。18 岁的鲍曼就在苏联入伍当红军,随苏军参加 1945 年攻克柏林的惨烈战役。战后,他在华沙加入共产党,并在革命中被提升为上校军官,发誓为共产主义理想战斗一生。然而 1954 年,鲍曼却成为波兰"反犹清洗"运动中的牺牲品,他被撤销了在军队中的一切职务。1968 年,波兰共产党领导阶层把犹太人视为"第五纵队"、替国外势力工作的间谍分子,鲍曼又被迫上交党证。这两件人生重大变故,摧毁了青年鲍曼的远大前程和政治抱负以及他对苏联共产主义的信仰。鲍曼的妻子雅丽纳在《归属之梦——我在战后波兰的生活》中回忆道:"这是一次可怕的震动,一个晴天霹雳。它使鲍曼不知所措。每天早晨他失魂落魄地盯着书,晚上我回家的时候发现他还在原来的位置上……掉进了一个空荡荡的世界。"[2]不久后,鲍曼便离开波兰,再次踏上流亡之路,先后在以色列、加拿大、美国、澳大利亚等国谋求生计。

1971 年,鲍曼最终在英国利兹定居,一门心思转向学术研究,开始了他在

---

[1] [英]丹尼斯·史密斯:《后现代性的预言家:齐格蒙特·鲍曼传》,萧韶译,江苏人民出版社 2002 年版,第 53 页。

[2] [英]丹尼斯·史密斯:《后现代性的预言家:齐格蒙特·鲍曼传》,萧韶译,江苏人民出版社 2002 年版,第 47 页。

西方世界的第三个人生阶段。从2000年起,鲍曼撰写的理论著作逐渐增多,以每年至少2本的速度螺旋上升,主要体现在积极构建独树一帜、新颖别样的理论创见:流动的现代性。他提出液态社会这一崭新概念,重新阐释现代社会的变革发展样态。这一系列学术业绩促使鲍曼成为当今世界研究现代性的理论大师。鲍曼的生命历程也是鲍曼的思想升华历程,他极为关注人类社会现实,深入探究资本主义社会体制的弊病,积极寻求建构美好社会的良策,致力于塑造新文明。终其一生,为人类留下了许多思考现代文明的丰厚精神遗产,涉及现代社会的方方面面,涵括哲学、社会、经济、政治、文化、伦理、生活、情感等领域。就思想原创性来讲,鲍曼是世界上少有的理论家,他精力旺盛充沛、理念革新不断,在转型变迁中不断重塑学术见地,直至晚年病危时刻依旧笔耕不辍,学术作品持续不断,为人类留下的著作多达81部,无论是早期用波兰语写就的关于马克思主义、社会主义、阶级等主题的著作,还是中期论述大屠杀、知识分子、现代性、后现代性等问题的著作,还是晚期阐释流动的现代性、液态的世界、消费社会、资本主义国家新景象的著作,鲍曼努力为我们提供感知现代社会发展变革的卓越智慧和细腻洞察。

动荡漂泊的人生、永恒不朽的业绩,更加凸显鲍曼现代性思想的独有特质。鲍曼经历了从犹太人到军人、从体制内的人到局外人、从流浪者到思想家、从积极的意识形态理论家到彻底的怀疑论者、从贫困到相对富裕的天壤转变。人生波折的经历也是鲍曼学术研究革新的原动力,正如英国学者史密斯评论的那样,"正是这种复杂的局面、种种的破裂和多重的转变的特殊混合,正是三个人生阶段的错综交织,导致了鲍曼的观点和他对世界的介入是如此迷人。"[1]从童年时代举家迁往苏联避难,到青年时期参军入党,又被驱党解职,再到西方国家谋生求职,鲍曼经历的转变不单单是地理空间上的转移:从东方社会主义世界迁居至西方资本主义世界,而且还是思想认识上的革新:从对社会主义乌托邦和共产主义的渴望转向重新审视现代社会体制:知识分子、

---

[1] [英]丹尼斯·史密斯:《后现代性的预言家:齐格蒙特·鲍曼传》,萧韶译,江苏人民出版社2002年版,第51—52页。

政治体系和社会秩序,更是理论研究上的更迭创新拓展:从马克思主义转向后现代性,从现代性/后现代性研究策略转向固态的现代性/流动的现代性研究范式。

在漫长而专注的学术旅程中,鲍曼始终紧扣现代性问题,围绕现代性问题进行深入研究,不断开创现代性理论研究的新境地和新景象。从早期的《立法者与阐释者》《现代性与大屠杀》《现代性与矛盾性》,到中期的《后现代伦理学》《生活在碎片之中——论后现代性道德》《后现代及其缺憾》,再到晚期的《流动的现代性》以及"流动的世界"系列丛书:《流动的爱》《流动的生活》《流动的恐惧》《流动的时代——生活于充满不确定性的时代》《流动世界中的文化》等一系列璀璨耀眼的理论著作,现代性是贯穿其中的红线和主题。随着时代的发展变迁,鲍曼的现代性思想愈发清晰透彻,"确定性与秩序、马克思主义与后现代、社会主义与社会学以及所有这些主题所涵盖的矛盾情愫"[①]是其理论研究的聚焦点。鲍曼在不同历史时期和阶段,针对特定的重大事件和社会时尚,提出许多具有创造性的学术话语,不断开拓现代性问题研究领域,既关注宏观重大问题,如马克思主义、资本全球化、人类共同体、自由市场、民族国家等,也研讨热点焦点问题:大屠杀、官僚体系、资本主义社会体制、贫富悬殊、公平正义等,还探讨研究微观现实议题:个体生存、道德规范、消费体验、爱与恐惧、金融犯罪等,以高度敏感的理论嗅觉、敢于创新的勇气决心和悲天悯人的情操信仰,为我们立体式、动态化地呈现了他审视观察、反思批判、研究阐释现代世界的理论思考以及对个人生存境况的生动解读。

质言之,鲍曼身上透射着浓郁的现代性理论气息,当今,任何人研究现代性理论和现代性问题,鲍曼的现代性理论都是一座绕不开的大山,他为我们观察当今世界发展景象、把脉诊断现代性问题、构建新现代性提供了重要理论框架和视角分析。

---

① Peter Beilharz.*The Bauman Reader*.Oxford/UK.Blackwell Publisher.2001,p.3.

第一章　鲍曼理论的现代性题旨

第一节　鲍曼理论的思想渊源

纵观鲍曼学术生涯和著作谱系,鲍曼理论研究的思想源泉主要来自两大时期,一是波兰时期,二是利兹时期。这两个时期的思想滋养和学术研究底蕴奠定了鲍曼现代性理论的基石。

一、波兰时期鲍曼思想滋养的主要来源

20世纪70年代到80年代中期,是鲍曼理论研究的波兰时期。在这一阶段,鲍曼从事理论研究主要受到马克思主义,特别是早期西方马克思主义的影响,集中表现为对资本主义现代性的反思批判,后来逐渐脱离了传统马克思主义社会学派的约束,努力寻求理解西方社会结构的新视野,在现实革命道路上积极弘扬人文主义关怀。

一是从马克思思想汲取异化批判理论。鲍曼理论具有鲜明的批判精神,这与他的社会学研究旨趣具有高度一致性。马克思异化思想是鲍曼理论的重要来源,他从马克思批判资本主义国家、政治体制、市场经济、生产制度的论述中汲取了异化批判理论。鲍曼从马克思那里获取的中心思想是:"为了理解世界,具体的人类存在不得不重新获得对其的控制。在资本主义社会中,大多数男女都受到支配,被迫在剥削和疏离的条件下生活和工作。他们存在于一个扭曲的世界当中。结果是,他们必须克服异化,再次使世界成为他们自己的。"[1]在方法论上,鲍曼认为,马克思将认识论转变为社会学:一种具有批判精神和实践指向的社会学。正如马克思所言,"哲学家们只是用不同的方式解释世界,而问题在于改变世界"。[2] 鲍曼也认为,社会学的宗旨就是对当下不满现状的改造,当具体的个体企图重建世界并重塑自我的时候,这一行为本

---

[1] [英]丹尼斯·史密斯:《后现代性的预言家:齐格蒙特·鲍曼传》,萧韶译,江苏人民出版社2002年版,第32页。

[2] 《马克思恩格斯文集》第1卷,人民出版社2009年版,第506页。

身为人类掌握事物全部性质提供了总体把握,人们开始清楚并完全了解现实,并努力着手改变现实。

二是从葛兰西思想汲取市民社会理论。鲍曼理论研究极为关注西方资本主义国家中的市民社会,他认为,资本主义具有强大的生命力和自我修复能力,完全渗透到市民社会、普通民众的日常生活,拥有稳定的"文化支撑"。这个"文化支撑",就是葛兰西所论述的文化霸权及其在市民社会的呈现。葛兰西指出,资本主义统治阶级"通过它的法律制度、警察、军队和监狱,能够迫使社会的各阶层认同现状。另一方面,也是重要的,霸权不仅有助于我们理解占统治地位的经济组织强制使用政治国家机器来维持现状的方式,也有助于我们理解政治社会,特别是市民社会,以及从教育、宗教、家庭到日常生活实践的微观结构"[1],市民社会这一有机结构是资本主义运行的重要逻辑链条。资本主义意识形态得到知识分子的支持和鼓吹,被规训的知识分子努力宣传资本主义文明观,试图将不平等、不公正、压迫和剥削合法化,把资本主义视为理所当然的习惯和价值观而不加思考地接受并遵循。鲍曼也认为,资本主义文化已经深深嵌入市民社会当中,日常生活到处都弥漫着资本主义工业文明。国家不再以暴力机器的面孔维护资产阶级的利益,"市民社会的原则和实践体现了'一个特定的社会集团的文化霸权',以及'一个阶级占主导地位的国家的伦理内容'"[2]。葛兰西认为,文化是最具决定性的战场,"我们目前可以确定两个上层建筑'层面':一个可称作'市民社会',这是'私人'组织的总和,另一个是'政治社会'或国家"[3]。鲍曼强调,一旦资本主义内化为市民社会日常生活的组成部分,就成为处理现代社会诸多事宜的"正确"方法和理念。为此,鲍曼提出,社会主义知识分子首要的长期政治任务,就是将社会主义作为一种新的、重塑常识的文化习语,建立起社会主义理论工作者同无产阶级在

---

[1] Antonio Gramsci, *Beyond Marxism and Postmodernism*, Routlege, 1992, p.6.
[2] [英]丹尼斯·史密斯:《后现代性的预言家:齐格蒙特·鲍曼传》,萧韶译,江苏人民出版社2002年版,第33页。
[3] Antonio Gramsci, *Selectiongs from the Prison Notebooks*, Lawrence and Wishart, 1971, p.12.

政治、经济、文化、道德等领域的有机融合。

三是从法兰克福学派汲取社会批判理论。1998年,鲍曼在接受阿多尔诺奖时曾讲到自己是阿多尔诺的信徒,明确表示他的现代性思想"深深植根于阿多尔诺和霍克海默在批判启蒙(并由此批判现代文明)时提出的命题之中。……企图将历史学和社会学的血肉,包裹在'启蒙辩证法'的骨架之上"[①]。作为法兰克福学派的创始人,霍克海默和阿多尔诺的社会批判理论对现代性进行了全面反思检讨,他们认为,启蒙运动以来西方文明价值逐渐走向自我毁灭,以自由民主、理性和科学技术为代表的西方文明,悄悄地走向了自己的反面,生活于现代社会里的"人类没有进入真正的人性状态,反而深深地陷入了野蛮状态"[②],现代性在实践发展中矛盾丛生、问题不断,越来越显露出其野蛮霸道的另一面,"今天,人性的堕落与社会的进步是联系在一起的。经济生产力的提高,一方面为世界变得更加公正奠定了基础,另一方面又让机器和掌握机器的社会集团对其他人群享有绝对的支配权。在经济权力部门面前,个人变得一钱不值。社会对自然的暴力达到了前所未有的程度。一方面,个体在他使用的机器面前消失不见了,另一方面,个体又从机器那里得到了莫大的好处。随着财富的不断增加,大众变得更加易于支配和诱导。社会下层在提高物质生活水平的时候,付出的代价是社会地位的下降,这一点明显表现为精神不断媚俗化"[③]。鲍曼曾说,第一次打开霍克海默和阿多尔诺的书时,就被他们的批判精神和气质所吸引,深深撞击自己的心灵。《启蒙辩证法》所论述的"启蒙意识""技术理性""大众文化""反犹太主义的要素"等主题都被鲍曼深化发展。在霍克海默和阿多尔诺批判大众文化商品化基础之上,鲍曼深入地批判了消费资本主义体系中的市场规训、自由虚假、广告诱惑等问题。正如阿多尔诺所揭示的一样,鲍曼反复强调,现代社会已经失去解放的可能

---

① [英]齐格蒙特·鲍曼:《现代性与矛盾性》,邵迎生译,商务印书馆2003年版,第26页。
② [德]马克斯·霍克海默、西奥多·阿多尔诺:《启蒙辩证法》,渠敬东、曹卫东译,上海人民出版社2006年版,"前言"第1页。
③ [德]马克斯·霍克海默、西奥多·阿多尔诺:《启蒙辩证法》,渠敬东、曹卫东译,上海人民出版社2006年版,"前言"第3—4页。

性,人们受到了工具理性和市场的主宰。深受阿多尔诺"否定辩证法"的启发,鲍曼认为社会学家的职责在于关注现代性的自我反省问题,帮助人们监督纠正自身行为等。鲍曼坦言,阿多尔诺对其思想影响是全方位的,他们关注的问题域几乎一致,这包括自由平等、文化艺术、商品购物、市场国家、权力管辖等。鲍曼一向重视的现代性—矛盾性、秩序—混乱、确定性—不确定性、文明—野蛮、安全—恐惧、国家—个体、市场—资本等问题,从某种意义上就是对阿多尔诺思想的共鸣。

二、利兹时期鲍曼思想滋养的主要来源

20世纪90年代到21世纪初,是鲍曼理论研究的利兹时期。在这一阶段鲍曼现代性思想实现了两次重大转变:一是从社会主义和资本主义研究框架转向现代性与后现代性研究策略;二是从现代性与后现代性研究策略转向固态的现代与流动的现代性研究范式。鲍曼理论研究深受福柯以及哈贝马斯、贝克等同时代现代性理论家的影响。

一是从福柯思想汲取规训理论。随着鲍曼对现代性问题研究的深入拓展,他感觉到,依靠颠覆资产阶级的文化霸权重建现代性困难重重,这是因为资本主义体制的规训力量变得异常强大且隐秘,已经成为现代社会运转的重要原则。鲍曼把目光投向了福柯对现代社会制度的批判研究,尤其是规训理论。福柯认为,现代社会并不是一个自由与理性的社会,人们依然处于各种权力的管辖之下,"权力无所不在,并不是因为它包含一切,而是因为它来自一切方面"[1],当今世界实质上是一个以管制和控制为唯一目标的"规训"的现代社会。福柯既考察了权力压制的普遍性,又分析了权力规训的技术性,他认为有效监视犯人的"全景监狱"就是现代社会惩罚体系的缩影,充分体现了现代权力最根本的规训特征,是一种典型的权力监禁体系。在福柯看来,"全景监狱"是现代性规训的生动实践模式,社会上的其他组织和单位都不过是以

---

[1] 杜小真选编:《福柯集》,远东出版社2004年版,第345页。

第一章 鲍曼理论的现代性题旨

它为模式建立起来的,不管是在学校、收容所还是在医院、监狱,被规训的社会都在对人实施全方位无死角的控制,社会有机体就是一个完整的监视网络,"于是,在现代的规训社会中,每个个体都处于这个无处不在的监狱之城的网罩之下,处于这个巨大的监狱所固有的规训权力的持续与耐心的改造之中"。①

福柯关于现代性规训力量的论述对鲍曼触动很大。鲍曼频繁借用"全景监狱""权力/知识"等术语考察资本主义市场经济,分析广告话语的操纵性。他指出:"米歇尔·福柯让社会历史学家们把注意力转向'监视'或'训诫性权力'的形成,转向'社会控制的盯人技术'的发展,后者产生于现代早期,它使未来成为一个对个人实行训政,并使个人的每一个行为,以及行为的所有领域,都被纳入严密控制的时代"。② 鲍曼认为,西方资本主义社会以同样的原则运转,资本主义市场的规训教育极为隐蔽成功,现代人从出生到死亡都感觉不到规训管制,鲍曼以消费社会为例揭示出"消费市场规训"的狡猾性。他指出,消费者被引诱进入琳琅满目的超级市场,在广告的幻境中被操纵着扮演起快乐消费者的角色,在购物的同时"富有效果的信息和操控系统嵌入计算机化的信用卡和录像记录系统中"③,而消费者丝毫察觉不到自己已经成为一种"商品"。"全景监狱"成为鲍曼观察当今世界变革的重要分析工具,譬如他讲到,"200年来,世界似乎致力于把控制人类运动视为国家力量的惟一特权,致力于建立各种关卡来防止其他的——不受控制的——人类运动,并在这些关卡配备了警惕的、装备良好的哨兵。护照、签证、海关和移民控制,——所有这些都是现代政府的发明。"④

---

① 陈嘉明:《现代性与后现代性十五讲》,北京大学出版社2006年版,第199页。
② [英]齐格蒙特·鲍曼:《立法者与阐释者——论现代性、后现代性与知识分子》,洪涛译,上海人民出版社2000年版,第57页。
③ [英]丹尼斯·史密斯:《后现代性的预言家:齐格蒙特·鲍曼传》,萧韶译,江苏人民出版社2002年版,第35页。
④ [英]齐格蒙特·鲍曼:《被围困的社会》,郇建立译,江苏人民出版社2005年版,第99页。

二是从哈贝马斯思想汲取"阐释社会学"理论。哈贝马斯认为,社会学的主要任务是"阐释性"。他指出,"社会学的阐释学"既要解释社会的现实价值也要有探索真理的指导价值,能够将不同生活领域中的人们对世界的不同理解融入不同的认知交流之中,不同的社会集团、阶级、种族集团的代表能够就暴力、战争、权威、正义、公平等共同关注的议题进行沟通交流。哈贝马斯指出,参与者必须具备相应领域的专业知识,必须以合作的姿态共同探索真理,必须在理性、真诚、不受约束的理想的条件下对话,真理才会在共识中浮现出来。[①] 哈贝马斯提出"生活世界"概念,它主要由三大结构组成:文化、社会和个人,"我把文化称之为知识储存,当交往参与者相互关于一个世界上的某种事物获得理解时,他们就按照知识储存来加以解释。我把社会称之为合法的社会,交往参与者通过这些合法的秩序,把他们的成员调节为社会集团,并从而巩固联合。我把个性理解为使一个主体在语言能力和行动能力方面具有的权限,就是说,使一个主体能够参与理解过程,并从而能够论断自己的同一性。"[②]在哈贝马斯看来,生活世界里的各类要素之间的关系构成了复杂文化共同体,现代人的日常行为必须具备理解功能、行动规划功能和社会化功能,进而建构起可理解的、理想的社会系统。但是,随着商品经济和资本市场的发展,经济运行系统、行政权力系统、社会控制系统逐步从生活世界脱钩,表现为自由市场和现代国家的形成,也导致了生活世界从总体的社会文化生活共同体降格为其他各类理性系统的下辖体系,进而在文化方面出现认同感丧失、合法化危机,在社会方面出现社会失序、社会排斥、社会冲突加剧现象,在个人方面出现个体孤独、心理恐惧、社会化进程受损等现状,总之,"生活世界的殖民化"进程不断强化。哈贝马斯对现代社会的理解深刻影响了鲍曼的社会学研究。鲍曼从"阐释社会学理论"中得出一个重大判断,即知识分子要致力于

---

① [德]哈贝马斯:《交往行动理论》第2卷,洪佩郁、蔺青译,重庆出版社1994年版,第165页。

② [德]哈贝马斯:《交往行动理论》第2卷,洪佩郁、蔺青译,重庆出版社1994年版,第188—189页。

"为'未被扭曲的'交流创造现实的社会和政治条件。事实上,这些条件与平等、自由公正的待遇十分相似"①,他认为社会学家要积极改造被理性所扭曲的不平等、不公平的社会。

三是从吉登斯、贝克等同时代现代性理论家汲取思想养分。与时代同频共振,紧扣世界发展趋势,是鲍曼理论研究的特色。鲍曼在与同时代理论家争鸣对话中不断深化认识,吉登斯的"晚期现代性"、贝克的"第二现代性"、鲍德里亚的"消费社会"等理论对鲍曼产生了重要影响。关于现代性,吉登斯和贝克都认为,现代性的潜能没有枯竭,现代性筹划尚未完成,我们只是遇到了现代性的激进负面效应,最需要做的工作就是重建现代性。他们将现代性重新界定为反思性现代性,即"多数社会活动以及人与自然的现实关系依据新的知识信息而对之作出的阶段性修正的那种敏感性"②,重点探索社会结构变化和人类能动性之间的关系,以及在实践中形成的理性化的制度模式,譬如货币、市场、公司、专家系统、全球化组织等。吉登斯指出,当今世界现代性有四个主要维度:资本主义、工业主义、国家行政和军事力量。③ 这些社会结构彼此相互关联,彼此影响,人们要像关心自由一样关心生活质量、自我认同、绿色生态、性别平等、种族问题等。贝克认为,当今世界是现代化的第二波阶段,是"理性化的理性化"实践进程,我们正处于现代化第一波:工业化社会之后的时期。风险社会、全球化社会、专家社会、世界政治是反思性现代性倚重的关键领域,这些主题同样是鲍曼理论研究的核心主题(如《全球化——人类的后果》《寻找政治》等著作)。鲍曼曾表示,"我没有与乌尔里希·贝克发生争执。他认为现代化的历史远没有完成,它依然有许多事要做。正如贝克所希望的那样,尽管更多的现代化可能会医治我们时代的精神不安,但我还是不够苟同

---

① [英]丹尼斯·史密斯:《后现代性的预言家:齐格蒙特·鲍曼传》,萧韶译,江苏人民出版社2002年版,第34页。
② [英]安东尼·吉登斯:《现代性与自我认同》,赵旭东等译,三联书店1998年版,第14页。
③ 参见[英]安东尼·吉登斯:《现代性的后果》,田禾译,黄平校,译林出版社2002年版,第48—51页。

他的观点……安东尼·吉登斯在他的最新著作中认为:当我们背离后现代主义的时候,我们可以看到'对话民主'的可能性,它从个人生活中'情感的民主'延伸到全球的外部秩序。那么,我们是否能够看到这种可能性呢?"①应该来讲,鲍曼在同贝克、吉登斯的对话中批判性地吸收了有益思想,从而阐发自己对西方世界的深度理解。除此之外,伦理学哲学家莱维纳斯是鲍曼后现代伦理学研究的重要引路人;席美尔的工具理性分析策略是鲍曼解析资本主义工业社会的重要思路;鲍德里亚的消费社会理论直接影响了鲍曼对消费生活、消费文化的思考,并由此断定消费社会已经来临,对消费世界的社会控制展开激烈批判,鲍曼指出,在消费社会里"对消费品的依赖性——对购物的依赖性——是所有个体自由的必要条件;尤其是保持不同自由和'获得身份'自由之前提条件"②。鲍曼断定人类社会已经由生产社会转向消费社会,生活其中的人们面临新的历史考验。

第二节 鲍曼对现代性的把脉诊断

现代性是鲍曼理论的本质内涵和核心关注。在不同的历史时期,鲍曼从不同的视角对现代性进行深入的认知理解和阐释研究,以聚焦透析、反思批判、价值追问和重塑重释的策略手段深化开展对现代性问题的诊断,紧紧围绕现代性重要原则,深入考察西方资本主义社会体制和现代世界运转的内在机理和逻辑链条,对重大历史事件提出独到见解,对社会热点焦点问题作出具有深度的批判性评析,对现代人生存境遇进行全面跟踪考察,致力于以全新的理论阐释呈现出当今世界的发展进程和变革态势。

---

① [英]丹尼斯·史密斯:《后现代性的预言家:齐格蒙特·鲍曼传》,萧韶译,江苏人民出版社2002年版,第230页。
② [英]齐格蒙特·鲍曼:《流动的现代性》,欧阳景根译,中国人民大学出版社2018年版,第148页。

第一章　鲍曼理论的现代性题旨

一、对现代性的聚焦透析

鲍曼对现代性的原则理念进行深度透析,主要包括科学理性、秩序规划、知识权威、民主政治、市场经济和个体自由等关键词,精辟地阐释他对现代社会文明价值的认知解读。

一是科学理性是现代性的首要原则。科学理性是现代性的重要维度。自启蒙运动和文艺复兴运动以来,以科学理性为典型的现代思维一直被视为解放人类、改造自然和人类社会的绝对原则。鲍曼指出:"现代科学产生于征服大自然,使之服从于人类需要这一压倒性抱负。颇受赞颂的科学好奇心从未摆脱控制、管理、使事物更美好这一令人振奋的幻象。而据说正是这种好奇心推动着科学家'步入至今无人敢涉足的领域'。确实,大自然渐渐地成为从属于人类意志和理性的东西——即有目的的行动的被动客体,自身无意义因而等待吸纳它的人类主义注入意义的客体"。[①] 鲍曼认为,典型的现代实践,无论是现代政策还是现代规划,抑或是现代生活,科学理性是首要遵循的原则,人们努力以理性的标准裁决和控制自然世界和人类世界,数字计算、科学术语、工业技术都在理性的支配下成为宏大的社会事业。

二是秩序规划是现代性的必然要求。理性内含着秩序,现代性是关于世界秩序的生成。鲍曼认为,越是现代化的社会,越是需要设计规划、有序安排和监控管理,"只要存在是通过设计、操纵、管理、建造而成并因此而持续,它便具有了现代性。只要存在是由资源充裕的(即占有知识、技能和技术、主权的),机构所监管,它便具有了现代性。"[②]以理性方式设计的社会是现代国家的终极形态,人们在其中得以改造教育进入有序的现代社会(近似于理性戒律)。鲍曼指出:"现代国家是一种造园国。其姿态也是造园姿态。它使全体民众当下的(即野蛮的、未开化的)状态去合法化,拆除了那些尚存的繁衍和自身平衡机制,并代之以精心建立的机制,旨在使变迁朝向理性的设计。这种

---

① [英]齐格蒙特·鲍曼:《现代性与矛盾性》,邵迎生译,商务印书馆2003年版,第60页。
② [英]齐格蒙特·鲍曼:《现代性与矛盾性》,邵迎生译,商务印书馆2003年版,第12页。

被假定为由至高无上且毋庸置疑的理性权威所规定的设计,为评价当今现实提供了标准。"①鲍曼认为,在理性和秩序原则的驱动下,现代社会必须通过约束和训导人们的行为建立一个美好的生存环境。

三是知识权威是现代性的内在构成。知识权威在现代社会占据核心位置,鲍曼指出:"正是在启蒙时代,作为现代性之最显著特征的'知识/权力'之共生现象被确立",②作为知识权威的化身,知识分子在行动上体现并实践着真理、道德和审美价值。知识权威以判断、裁决、认定的角色内在组成现代性的重要内容,为人们提供一种普遍的、客观的、可获知的评判标准。知识分子和专家"被赋予了对社会各界所持信念之有效性进行判断的权力和责任"③,他们因自身的专业素养和理论储备成为从事仲裁的合法权威和道德判断的最佳代表,他们以规范的程序性原则确保真理的永恒性,彻底摒弃前现代皇权的威严和迷信的纠缠。这是现代性对现代社会权力重新配置的必然结果。鲍曼指出:"权力需要知识,知识赋予权力以合法性和有效性(两者中有着必然联系)。拥有知识就是拥有权力"④,知识权威成为现代性的内在构件。

四是民主政治是现代性的基本价值观。民主平等、博爱尊严、政治权利是体现现代社会文明进程的基本价值观。在鲍曼看来,民主平等不仅是一种理念,更是一种实践追求,民主不是机构,本质上是一种反机构力量、反压迫力量,"当政的权力机构趋向阻止变革,压制并消灭政治活动中的所有不是'生'而有权的那些人……民主则是这种无情趋势中的一个'断裂'。当政的权力机构巩固少数人的统治,而民主则是为所有的人不懈地表达心愿;以公民的权力为由向权力机构提出申请,公民权利是所有的人同样具有的属性"⑤。民主

---

① [英]齐格蒙特·鲍曼:《现代性与矛盾性》,邵迎生译,商务印书馆2003年版,第31页。
② [英]齐格蒙特·鲍曼:《立法者与阐释者——论现代性、后现代性与知识分子》,洪涛译,上海人民出版社2000年版,第2页。
③ [英]齐格蒙特·鲍曼:《立法者与阐释者——论现代性、后现代性与知识分子》,洪涛译,上海人民出版社2000年版,第6页。
④ [英]齐格蒙特·鲍曼:《立法者与阐释者——论现代性、后现代性与知识分子》,洪涛译,上海人民出版社2000年版,第64页。
⑤ [英]齐格蒙特·鲍曼:《个体化社会》,范祥涛译,三联书店2002年版,第57页。

社会的标识性特征,就是允许人们表达异议。民主政治是现代社会的基石,公民对涉及自身权利和义务的一切事宜都有发言权,享有正当权益和社会福利。在私人领域,人们同样具有高度的自由权,鲍曼指出:每个人都有"选择他们喜欢的生活方式的权利以这种方式生活的权利,选择其生活方案的权利、自我界定的权利,以及——最后但并不是最不重要的——激烈地保护自己的尊严的权利。"①然而,全球化的市场机制、科层化的权力机构、消费主义思潮的兴起,都是冲击和疏离民主政治的顽敌,鲍曼指出,全体社会成员要共存协作,团结一致,肩负起应有的责任义务,为民主政治进行不懈的斗争,唯有此才能解开或斩断现代性"专制"系统压制民主权益的"戈尔迪之结"。

五是个体自由是现代性的终极目标。自由是人类普遍追求的价值,也是鲍曼鼎力推崇的社会理念,鲍曼指出:"把社会中的成员转变为个体是现代社会的特征"②,"每个人都可以畅所欲言,这样的国家才是自由的"③,"对于自由的达成和保持,唯一重要的因素就是'自由的社会',即由自由的个体所组成的社会。这样的社会允许你按意愿行事,且不会因此而遭受惩罚"④。任何现行的排斥驱逐、恐吓胁迫、折磨惩罚等社会约束性的"铜墙铁壁"都是自由的对立面,都是人们享受自由"恩赐"的巨大障碍。鲍曼认为,自由是现代社会价值追求的出发点和归宿点,"自由得以广泛传播以至于成为一种普遍的人类生活状态,在人类的历史中还是一种颇为新鲜的事物,而且其产生是与现代化及资本主义的出现密不可分的。……自由所特有的现代含义——'掌握自己命运的能力'(ability to master one's own fate)——从其诞生之日起,就一直与人们对社会秩序这一人造物的种种成见紧密相关,这些成见实是现今时代

---

① [英]齐格蒙特·鲍曼:《通过社会学去思考》,高华等译,社会科学文献出版社 2002 年版,第 17 页。
② [英]齐格蒙特·鲍曼:《个体化社会》,范祥涛译,三联书店 2002 年版,第 43 页。
③ [英]齐格蒙特·鲍曼:《自由》,杨光、蒋焕新译,吉林人民出版社 2005 年版,"导言"第 1 页。
④ [英]齐格蒙特·鲍曼:《自由》,杨光、蒋焕新译,吉林人民出版社 2005 年版,第 2 页。

最别具一格的特征"。① 自由是现代社会的终极追求,这一价值理念渗透于现代人生活的方方面面。

二、对现代性的反思批判

对现代工业文明进行质疑性的思考,是鲍曼理论研究的一贯品格。鲍曼认为,社会学研究"具有内在的批判性"②,应当坚持理性与自由的价值,坚持批判与质疑现实的能力,"始终保持对侵害自由和政治民主的社会力量(如市场、消费主义)的清醒认识,这是社学会永远不应放弃的批判维度"③。无论是哈贝马斯对科学技术二重性的判定裁决,还是法兰克福学派阿多尔诺对理性的质疑否定,都表明现代性并非想象中的完美无缺。正如鲍曼所言,"对表面上无可非议的我们的生活方式的前提提出质疑,这可以说是我们对人类同胞和我们自己的当务之急应尽的义务"④,他从反思批判的角度审视现代性的文明面貌,挖掘其背后所隐藏的矛盾、野蛮、欺骗和霸道的另一副面孔。

一是现代性内含矛盾性。现代性并非一个单一的历史过程和社会结果,现代性自身充满了矛盾和对抗,"现代性产生了矛盾态度"⑤,这是鲍曼对现代性本质特征的基本判断。鲍曼指出:现代性自身具有矛盾性,矛盾性产生于现代性生成的内在机理和目标任务中,"在现代性为自己设定的并且使得现代性成为现代性的诸多不可能完成的任务中,建立秩序的任务(更确切地同时也是极为重要地说是,作为一项任务的秩序的任务)——作为不可能之最,最为必然之最,确切地说,作为其他一切任务的原型(将其他所有的任务仅仅当

---

① [英]齐格蒙特·鲍曼:《自由》,杨光、蒋焕新译,吉林人民出版社 2005 年版,第 10 页。
② [英]丹尼斯·史密斯:《后现代性的预言家:齐格蒙特·鲍曼传》,萧韶译,江苏人民出版社 2002 年版,第 5 页。
③ 郑莉:《理解鲍曼》,中国人民大学出版社 2006 年版,第 110 页。
④ [英]齐格蒙特·鲍曼:《全球化——人类的后果》,郭国良、徐建华译,商务印书馆 2015 年版,第 5 页。
⑤ [英]丹尼斯·史密斯:《后现代性的预言家:齐格蒙特·鲍曼传》,萧韶译,江苏人民出版社 2002 年版,第 199 页。

第一章　鲍曼理论的现代性题旨

作自身的隐喻）——凸现出来"①。矛盾性的产生凸现,同现代性的产生凸现在时间进程和实践发展中具有一致性。现代性致力于消除问题和混乱,塑造秩序和规则,而矛盾性的实质就是无序、杂乱态势,矛盾性天然嵌生于现代性的使命任务之中。鲍曼指出:"如果现代性是关于秩序的生产,那么矛盾性则是现代性的弃物。秩序和矛盾性都是现代实践的产物。……矛盾性是现时代最真切的担忧和关切,因为和其他被战败、受奴役的敌人不同,矛盾性随着现代权力的每一次胜利而不断强壮。"②现代性与矛盾性犹如一对孪生子,现代性在反矛盾性斗争的同时,矛盾性也在抗争现代性,这意味着现代性致力于解决矛盾问题的努力注定一场空梦,"尽管这一筹划决意要根除矛盾性,但却造成了它的泛滥:尤其是发现了证据不足的说明/矛盾性/偶然性是一种人类持久的状况,确切地说,是这一状况的最主要特征"③,现代性与矛盾性共生共长、交织交融是当今世界变化发展的基本常态。

二是理性的反人性角色。理性也可成为人性的杀手,这一重要判断是鲍曼理论研究的鲜明旗帜。"理性指导行为不仅没有被推到自然法则的高度,反而它的后果被降格到了没有理性的自然水准"④,在鲍曼看来,科学理性在纳粹奥斯维辛集中营大屠杀实施过程中扮演着帮凶的角色,"现代文明不是大屠杀的充分条件;但毫无疑问是必要条件。没有现代文明,大屠杀是不可想象的。正是现代文明化的理性世界让大屠杀变得可以想象"⑤。鲍曼从大屠杀中折射出现代性的可怕和恐惧,现代工业社会的强大技术、科学管理制度的组织效率成就以及个体趋利避害的算计,正如韦伯所刻画的一样,"在严格的官僚制度管理当中都被提升到了最优状态……最重要的是,官僚制度化为贯

---

① ［英］齐格蒙特·鲍曼:《现代性与矛盾性》,邵迎生译,商务印书馆 2003 年版,第 7 页。
② ［英］齐格蒙特·鲍曼:《现代性与矛盾性》,邵迎生译,商务印书馆 2003 年版,第 24 页。
③ ［英］齐格蒙特·鲍曼:《现代性与矛盾性》,邵迎生译,商务印书馆 2003 年版,第 25 页。
④ ［英］齐格蒙特·鲍曼:《流动的恐惧》,谷蕾、武媛媛译,江苏人民出版社 2012 年版,第 93 页。
⑤ ［英］齐格蒙特·鲍曼:《现代性与大屠杀》,杨渝东、史建华译,彭刚校,译林出版社 2002 年版,第 18 页。

彻实施根据纯客观考虑而制定的专业化管理职能原则提供了最佳的可能……事务的'客观'完结主要意味着事务根据计算法则并且'无视人的因素'所获得的完结"①,它们共同促进推动大屠杀的发生和施展。官僚体系以客观筛选的原则,对犹太人对象进行精确定义,将符合条件和要求的对象登记并建立档案,接着按照程序原则进行隔离管控,集中营的管理规定制度成为了"杀人条令";现代工业技术成就在集中营"大展手脚",毒气室、焚尸炉、防毒面具、医学仪器设备等现代科学工具成为泯灭人性的"杀人刀刃",由专家、技术人员、先进工业精密构件建造的集中营成为"杀人工厂"。简言之,数理化的计算精神、技术的道德中立性、科层管理的制度化,这些理性因素交融在一起促使大屠杀这样灭绝人性的人类悲剧成为设计者、执行者和受害者相互配合的现代社会集体行为,人们从极端理性走向极端非理性,从高度文明走向疯狂野蛮,理性的非人性一面尽露无遗。

三是全球化后果忧心忡忡。全球化是现代社会不可逆转的发展趋势,所有人都生活于"全球化"和"被全球化"的历史进程中,世界因全球化成为地球村,也因全球化成为被围困的社会。鲍曼认为,全球化既能融合当今世界,也能分化现代社会,既能造福人类,也能孤立个体,对某些人来讲,全球化标志着新的自由,而对另一些人则意味着残酷的飞来横祸。全球化进程中的自由贸易带来的文化冲击令人担忧,鲍曼主要从两大方面论述全球化的严重后果:经济上,贫富阶级之间的鸿沟日益扩大、财富收入更加悬殊。鲍曼指出:"自由贸易前景这一谎言被巧妙地掩盖了起来。众多'被困在地上动弹不得'的人的日益贫困和绝望与极少数到处流动的人的新自由之间的联系很难在来自'全球本土化'受害国的报告中看出来的。……人们从报告中绝对不会猜到暴富与速穷渊于同源。"②全球化给巨富们带去更多更快的赚钱机会,不幸的

---

① H.H.Gerth, Wright Mills eds, *From Marx Weber*, London: Routledge and Kegan Paul, 1970, pp.214-215.

② [英]齐格蒙特·鲍曼:《全球化——人类的后果》,郭国良、徐建华译,商务印书馆2001年版,第69页。

是,现代技术的进步对世界穷人没有产生根本影响,世界上三分之二的人口被边缘化了。文化上,同质化的价值理念剥夺了多元性,"在这个由'全球人定调和制定人生游戏规则的世界里,这是一个既不愉快又不能容忍的处境"①。在全球文化体系中,自由移动标志着升迁、前进和成功,而静止不动则散发出颓废、失败和落伍的恶臭,"全球性和本土性日益带有对立价值的性质"②,流动性跃升人人垂涎的价值追求:流动的自由成为划分社会阶层和身份地位的标签,"'流动'对新等级制度中的上层人物和底层人物分别具有穷人不同的、完全相反的意义,而人口的主体——在这两极间摇摆的'新中产阶级'——则在那对立中首当其冲,经受着严峻的生存不确定性、焦虑和恐慌"③,由此可见,一种新的强制性的文化氛围弥漫在现代社会当中。

四是个体自由的变异性。鲍曼指出,自由标志着一种社会关系、一种不对称的社会状况。现代人自由的体验发生了重大扭曲,个体自由被资本市场塑造为消费者的自由,现代人面临"再商品化"的局面,鲍曼认为,现代社会中的自由首先作为一种消费的自由,"这种消费者自由以高效运转的市场作为存在基础,而反过来它又是确保市场存在的条件"④,他还分析道:"资本主义进行到消费者阶段以后,工作被逐渐挤出中心位置,个人自由以消费者形式存在进入了。……消费者自由已经取代了工作的位置。它充当了联系个人生活世界和系统的理性的重要纽带——协调个人动机,社会整合及社会体制管理的重要力量。"⑤"消费市场是一个既提供又获得自由和确信的地方。当享有确定性又不用损害主体的人身自由时,自由就免除了痛苦。这是消费市场了不

---

① [英]齐格蒙特·鲍曼:《全球化——人类的后果》,郭国良、徐建华译,商务印书馆2001年版,第2页。
② [英]齐格蒙特·鲍曼:《全球化——人类的后果》,郭国良、徐建华译,商务印书馆2001年版,第118页。
③ [英]齐格蒙特·鲍曼:《全球化——人类的后果》,郭国良、徐建华译,商务印书馆2001年版,第4页。
④ [英]齐格蒙特·鲍曼:《自由》,杨光、蒋焕新译,吉林人民出版社2005年版,"导言"第11页。
⑤ [英]齐格蒙特·鲍曼:《自由》,杨光、蒋焕新译,吉林人民出版社2005年版,第96—97页。

起的成就,没有其他制度能如此成功地消除自由的多重矛盾。"①自由被资本市场压缩为消费自由,"对自由选择的社会认可是市场提供给消费者的另一种服务。……从现在起,我们所讨论的情景如果没有一种特定的商品,似乎就会显得不完整"②,幸福生活的场景,呈现为盛宴要配名酒、家务洗涤要用名牌洗衣粉、漂亮肌肤少不了香皂、细致入微的关心不能少了健康保险服务,等等。总之,享受商品服务就是享受自由,现代人的自由内涵和取向异化为享受购物快乐、追求消费欲望、跟从消费时尚,在消费中获得自尊、幸福和个人价值。

五是消费市场的操控性。鲍曼指出,我们进入了消费时代,现代社会是一个消费社会。消费市场的旺盛繁华是消费世界的强劲驱动力,它以海量多样的商品服务极度丰富了现代人的消费生活,催生了前卫时尚的消费理念,推动消费主义文化风靡全球。但是,现代人在尽享购物自由和商品服务时,被消费市场一步步引诱,逐渐沦为消费世界里的购物傀儡。鲍曼强调:"消费市场之所以成为一种被控制者心甘情愿和满腔热情地接受的控制形式,并不仅仅是因为它对顺从者提供了琳琅满目的奖赏。主要魅力也许在于它提供给公众诱人的自由,而这些公众在其他生活领域中发现的仅仅是常令人感到压抑的束缚。"③消费市场的操控性体现在三个方面:第一,对自由的操控,消费市场是提供自由的大市场,它"以一种悖谬的方式实现了那种'幻想共同体'——在那里,自由和确定性,独立和集体生活彼此毫无冲突相互共处"④。第二,对商品符号的操控,消费市场是商品服务和商品价值的综合集散地,它独一无二的配置能力对消费品进行多元组合、包装美化、赋能升华,满足人们的消费欲望。鲍曼指出:身居消费市场,"没有一个人应该为其想象力的贫乏而感到自惭形秽——模范的认同也是市场提供的,个体本身所要做的唯一事情就是遵循一

---

① [英]齐格蒙特·鲍曼:《自由》,杨光、蒋焕新译,吉林人民出版社2005年版,第87页。
② [英]齐格蒙特·鲍曼:《自由》,杨光、蒋焕新译,吉林人民出版社2005年版,第85页。
③ [英]齐格蒙特·鲍曼:《自由》,杨光、蒋焕新译,吉林人民出版社2005年版,第81页。
④ [英]齐格蒙特·鲍曼:《自由》,杨光、蒋焕新译,吉林人民出版社2005年版,第82页。

整套东西所附带的说明书的指导。"①第三,对广告宣传的操控,广告手册、电视传媒、报纸黄页等商业广告是消费市场的重要媒介,厂家和营销商会根据销售需要主动更新宣传内容,"商业广告不希望消费者对任何一个具体的产品保持长期的欲望,否则就意味着浪费钱财"②,商品设计师、工厂生产者、产品营销商在广告宣传上具有高度一致性,即要把新产品通报给预期的消费者,创造新的消费欲望。

六是新穷人的出现:有缺陷的消费者。贫穷问题、弱势群体和社会底层是鲍曼理论研究关注的重要议题。鲍曼认为,从工业社会过渡到消费社会,穷人的内涵和身份发生了历史性变革,贫穷不再仅限于生命生存的危机,如缺衣少食、流浪街头和收入微薄,而是全面性、整体性的社会存在的危机,即有消费缺陷的消费者被称为新穷人。鲍曼分析到,穷人在重工业时代作为廉价劳动力深受资本主义青睐,但是随着后工业社会的来临,现代社会发生重大转折:生产社会转变为消费社会,有缺陷的消费者变为新时代的穷人。产业工人看似脱离了贫困和饥饿,但由于其不具备消费能力而被视为隐形穷人、毫无价值的消费者。鲍曼指出,作为有缺陷的消费者,新穷人口袋里没有信用卡,赶不上消费文化的时尚节奏,进而遭到消费社会的排斥和边缘化,他们被剔除在消费主义的视野之外,成为尊严丧失、无力反抗、缺乏价值的底层群体。鲍曼告诉我们,消费社会里的新穷人就被标签为"无消费能力""无价值的现代人""不被认可的消费者",是一种新型心理折磨与社会压迫。消费文化成为支撑现代社会运转的轴心,"新穷人"被迫生活在为富裕的消费者们所设计的社会空间和生活模式中,感受着物质匮乏和精神排挤的双重压力。

三、对现代性的追问探究

鲍曼并没有停留于简单"反思批判现代性"步伐,而是紧盯现代性问题,

---

① [英]齐格蒙特·鲍曼:《自由》,杨光、蒋焕新译,吉林人民出版社2005年版,第84页。
② [英]齐格蒙特·鲍曼:《被围困的社会》,郇建立译,江苏人民出版社2005年版,第144页。

深入探究现代性实践进程中的"新版图",发挥社会学想象力,努力描绘"当现代性转向后现代之时,一个正在形成的新世界的生动景象"①。鲍曼积极构筑新的阐释现代性的分析策略,对后现代性社会学、后现代道德和不确定性之确定等问题作出深刻洞察解析,立起现代性理论研究的新标杆。

一是构建后现代性社会学。鲍曼向来认为社会学是现代性的必然产物,是对现代社会的一种回应返照,社会学的思想基础、价值理念、分析工具和运用策略的创新发展都离不开现代性实践这一根本动力。换一种通俗说法,社会学就是持续不断阐释和解决"现代性问题"。鲍曼发现,现代性在实践中产生的问题异常棘手、极度复杂,现代社会学的正当性和阐释力受到了两大方面的冲击:一方面是现代性本身走向分裂,矛盾丛生;另一方面是西方世界出现崭新的社会情境:全球化资本市场高度发展、网络信息技术突飞猛进、社会价值体系日益多元化,等等。鲍曼将此种景象称为后现代性现象,提出要从后现代性理论视角审视现代性的局限和不足,创造新的理念和策略回应新的社会情境。鲍曼后现代性社会学构想主要基于以下考虑:第一,后现代性社会学不同于后现代社会学,这不是文字游戏上的一字之差,而是鲍曼拒绝将自己的社会学研究归纳为"后现代主义"社会思潮,认为后现代性社会学的价值在于明确强调后现代性现象是需要被解释的现象,而不是后现代性现象的"解释物"。第二,后现代状况的来临。鲍曼认为,对现代性后果全面认知的结局是后现代状况的出现,"后现代性不是对现代性'常态'的暂时偏离,也不是现代性的一种病态,一种可以被矫正的失调,一种处于'危机中的现代性'症状。相反,它是一种为其自身独特特性所界定的,自我复制、自我维系、逻辑上自足的社会状况"②,当今世界正在呈现的独特的社会形态就是后现代状况。第三,后现代性社会系统:后现代栖息地的形成。鲍曼认为,后现代栖息地是一个文化和社会政治的竞技舞台,努力为人们提供支撑自由行动的所有资源,是

---

① [英]丹尼斯·史密斯:《后现代性的预言家:齐格蒙特·鲍曼传》,萧韶译,江苏人民出版社2002年版,第3页。

② Zygmunt Bauman, *Intimations of Postmodernity*, Routledge, London, 1992, p.88.

自由居住者赖以生存的地域。但是,后现代栖息地"既不决定行动者的意义,也不界定其意义,栖息地的自我本性被确定为未定的,其意义是变动不居的、自我发生的、昙花一现的"①,是一个再组装、再整合和再生成的生活世界,并由此变革调整社会结构。第四,后现代性社会学具有强烈的人文关怀。鲍曼把闲游者、旅行者、流浪者和游戏者称为后现代性社会里的陌生人,这四类新型底层弱势群体面临着认知上、道德上、情感上和物质上的现实困境,如何界定并解决他们遭遇的问题是一个重要课题。第五,后现代性社会学旨在用理性引导,改造人类的生存方式。鲍曼认为,批判是社会的应有之义,但不是社会学的初衷,自由、理性和解放是社会学研究的终极目标。鲍曼指出,后现代性社会学不是在阐释和批判现实社会之间徘徊,而是将阐释和批判结合起来,以理性为引导,视解放为目的的原则,寻求改善人类生存状态的路径。可以看出,鲍曼另辟蹊径,采用全新的语义和术语重新诠释现代性发展的新阶段,为传统社会学研究赋予新的生命力,譬如要学会同矛盾情感共处,而不是致力于消除矛盾;要学会从全球边界理解社会,而不是从民族—国家疆域界定社会;要学会理解共同体新内涵,而不是固守传统理念上的"生活型"共同体,等等。

二是感知后现代道德危机。鲍曼认为,现代社会不得不是伦理的时代,否则就不能称其为现代性,我们正处于道德危机的动荡时代,他指出:"我们的时代是一个强烈地感受到了道德模糊性的时代,这个时代给我们提供了以前从未享受过的选择自由,同时也把我们抛入了一种以前从未如此令人烦恼的不确定状态。"②多元化时代,道德责任和道德选择在本质上是一个不可避免的矛盾冲突、摇摆不定的状态,人们遇到的困境是:不信任任何权威、不依赖任何权威,对任何宣布绝对可靠的东西都表示质疑。在鲍曼看来,"令人烦恼"的"道德模糊性时代"让我们"生活在碎片之中",人人深陷困境,迷茫彷徨。随着"现代性实践走向失败",强制性的无限责任、严格戒律和绝对义务塑造

---

① Zygmunt Bauman, *Intimations of Postmodernity*, Routledge, London, 1992, p.191.
② [英]齐格蒙特·鲍曼:《后现代伦理学》,张成岗译,江苏人民出版社2003年版,第24页。

的道德观念和意识,在后现代性社会里终结了,曾经的铜墙铁壁般的道德堡垒被拆解得支离破碎,主要表现为:道德空间弱化、道德本性让位、道德权威旁落。① 鲍曼深入考察了后现代社会系统严重的道德危机,他指出,市场全球化的强劲推力把消费者的道德选择和道德观念简化为消费选择和消费欲望;奥斯维辛集中营大屠杀事件警示我们,人类本性中的善良意志根本无力抵御现代文明中理性、技术和科层管理的"暴力"裹挟,道德失范、道德冷漠随处可见;知识分子由立法者身份转为阐释者身份,使得道德立法、道德标准和道德权威变得可望而不可及,等等。针对上述重重道德风险状态,鲍曼呼吁人们重建道德能力,保持道德清醒,担当道德责任,团结一致共同构建后现代道德疆域。

三是不确定性之确定。鲍曼认为,世界本然之不确定性,早已被现代性实践所证实。现代人在通往选择自由和个体自由的道路上,逐渐失去了现代性所承诺的保障,不得不面对不可面对的不确定性,客观如实地面对无序状态,"一个自古以来的'残酷'事实是,人类存在于从未取得完全成功因而从未停止过逃离无序的努力之中。社会的制度及其惯例,它的形象及其组成,它的结构及其构造原理,都是那种永远毫无结果而又不屈不挠地逃避的各个侧面。我们可以说,社会是一个巨大的不停息的隐藏运作系统"②。当今世界正处于不确定性时代之中,不确定之确定达到了前所未有的高度,不可靠性、不安全性的恐惧之感与日俱增,"人们能够敏感地承认这是自己所特有的,尤其是将不确定性看作是自己的可靠所有物。这就产生了所谓的'超不确定性',这种'超不确定性'又加剧了(从最高到最低的层面的)不确定性"③。鲍曼重点考察了不确定性状态下的全球政治经济、自由、民主、安全等议题。他指出,不确定性的全球政治经济,是"终结一切规则的规则",从本质上看可归结为,"禁

---

① 参见龚长宇、郑杭生:《道德空间的拆除与重建——鲍曼后现代道德社会学思想探析》,《河北学刊》2014年第1期。
② [英]齐格蒙特·鲍曼:《生活在碎片之中——论后现代道德》,郁建兴、周俊、周莹译,何白华译校,学林出版社2002年版,第5页。
③ [英]齐格蒙特·鲍曼:《寻找政治》,洪涛、周顺、郭台辉译,上海人民出版社2006年版,第18—19页。

止通过政治来建立并保障规则与管理,消除阻碍资本和金融成为真正 Sans frontieres(法语,无国界)的保护性制度和联合"①,它通过不受控制的金融扩张、资本流动和贸易冲击等手段冲破了地方性的政府管辖。人们虽然享用前所未有的消费自由,但是必须承担起全球化不确定性的后果,"一切为了消费"填满了现代社会的生活政治舞台,对自由民主、平等正义等的呼声在公共空间里逐渐微弱,个体在精神上陷入孤独状态。社会秩序的不确定性,让恐怖暴力成为一种常态,这样一种印象非常普遍,即"'生活于暴力的时代',并确信暴力的数量和残忍性与日俱增"②,概言之,在不确定的世界里,人们被迫把未来看作一种威胁而不是一种希望,是一种动荡不安的地狱,而不是美好祥和的福地。

四、对现代性的重释重塑

进入 21 世纪,鲍曼对现代性的理解阐释发生重大转折,他努力从新的分析策略和研究框架观察现代社会变革的图景,认为现代性呈现出新的内涵,自由多元、灵活多变、短暂易逝、漂泊不定、瞬息万变等流动轻灵样态愈发凸显,"'流动的'现代性"的到来,已经改变了人类的状况,否认甚至贬低这种深刻的变化是草率的。③ 现代社会的运行模式、规则和准则发生新的变革,深刻影响人类社会发展趋势,流动时代、液态世界、消费社会业已来临。

一是现代性呈现流动样态。鲍曼认为,现代性正从沉重、恒久的稳固样态转向轻灵、瞬变的流动样态。流动性是当今世界现代化状态的"一种隐喻"叙述表达,鲍曼指出:"现代生活方式可能会在很多方面有所不同——但是,把他们联合在一起的恰恰是脆弱性、暂时性、易伤性以及持续变化的倾向。成为'现代'意思是指急切地、强迫地去进行现代化;不只是'成为',更别说使其身

---

① [英]齐格蒙特·鲍曼:《寻找政治》,洪涛、周顺、郭台辉译,上海人民出版社 2006 年版,第 163 页。
② [英]齐格蒙特·鲍曼:《个体化社会》,范祥涛译,三联书店 2002 年版,第 276 页。
③ [英]齐格蒙特·鲍曼:《流动的现代性》,欧阳景根译,中国人民大学出版社 2018 年版,第 33 页。

边保持不变,而且是要永远处于'变化'之中,避免完成,保持未定状态。"①同"现代""变化"状态相比,资本主义工业社会的生产活动、工作机制、生活模式往往以"沉重""僵化""固定"样态运转,鲍曼把它称为固态现代性,典型原则包括:官僚科层制管理、福特主义生产模式、全景式监督管控、军事化管理模式等。现代性萌芽之时就内在孕育的革新流变气质,旨在冲击一切"顽固不变""保守落后""专制极权"等止步不前的社会形态,为此,鲍曼从液体的特点激发灵感,借用"流动"一词描绘现代社会的"现在"状态,充分阐释出现代性的多元、多变和速变的特征。对鲍曼来讲,现代性从稳固样态到流动样态的转变,不只是外表变化,更是本质内涵的揭示,彰显出现代性瓦解传统、革命创新、自由解放的精神实质,"当今时代为前现代传统障碍的崩溃和解体打下了基础;而且,在瓦解传统的动力背后,其中一个最强有力的目的是,人们渴望去挖掘和创造新的传统——以使之改变旧的传统——一个具有持久生命力、坚实可靠的崭新的传统,并凭借这一新的传统来使世界变得可以预料,并因而可以控制和管理"②。

二是人类迈向流动的时代。鲍曼认为,现代性从"固态"阶段走向"流动"阶段,标志着我们正处于一个流动的时代,"社会形态(那些限制个体选择的结构,护卫社会规范的机制以及那些可为社会所接受的行为模式)都不能够(人们亦不希望其能够)长久保持不变……不论是现在存在着的,抑或是模糊勾勒出来的,均不大可能有足够的时间来变得更加坚固,也不会成为人类行为和长期生活策略的参照框架"③,这必然引领一个崭新的时代风向,必然引起人类共同体、社会结构、经济贸易、国家政治力量等发生剧烈变革,促使生活于其中的每一个人都必须为获取自由平等、正义尊严、安全保障等社会权益而努

---

① [英]齐格蒙特·鲍曼:《流动的现代性》,欧阳景根译,中国人民大学出版社2018年版,第4页。
② [英]齐格蒙特·鲍曼:《流动的现代性》,欧阳景根译,中国人民大学出版社2018年版,第27页。
③ [英]齐格蒙特·鲍曼:《流动的时代》,谷蕾、武媛媛译,江苏人民出版社2012年版,第1页。

力抗争。流动的时代,因其独有的开放性、全球性、变革性而成为一个恐惧忧虑、动荡不安的时代,这也彻底改变人们对这个时代的认知和理解,鲍曼指出:有两个重大变化让我们的时代变得与众不同:新时代未能让现代社会变得更加完美,人们对美好生活的向往在落空中失望,"早期现代错误观念的逐渐瓦解和迅速衰落,即相信沿着我们前进的道路会有一个终点,有一个我们可以达到的历史变迁的终极目的,一个明天、明年或下一个千年就要达到的完美状态,一个某种形态的良好社会,一个公正的、在一些或所有想象到的方面都没有冲突的社会"[1];个体承担起自由解放事业的重任,"那些过去常被认为是由作为人类集体性天赋和财富的人类理性来完成的工作,已经被打碎了(私人化了),分派给了个体的勇气和力量,听任个人的管理和个人性的控制谋略"[2],个体被期待为"自由抉择者和后果负责者",个体政治成为人们关注的焦点,公共集体政治的解放功能已经沦落到次要地位,它给自己免除了"解放的"责任和义务。流动的时代赋予现代人充分自由的同时也带来孤独绝望,给予个人以确定性的安全感的同时也产生不确定的无助感,促使民族国家财富巨量增值的同时引起贫富差距的加大,孕育出风靡全球的消费文化也成为了消费者上瘾的欲望源头,移民、难民和流亡者成为欧洲社会日趋明显的问题,负面全球化已然成了气候,"贸易和资本,监督和信息,压制和武器,犯罪和恐怖主义的具有高度选择性的全球化,他们现在都藐视领土主权,不尊重任何国家的边界"[3],人类没有可以躲避的安全避难所,全球化影响蜕化为全球化恐惧,等等。质言之,人类正迎来一个矛盾交织、问题重重、对立抗争的液态世界。

三是流动的现代性社会演化为消费社会。鲍曼认为,流动的时代推动产

---

[1] [英]齐格蒙特·鲍曼:《流动的现代性》,欧阳景根译,中国人民大学出版社2018年版,第66页。
[2] [英]齐格蒙特·鲍曼:《流动的现代性》,欧阳景根译,中国人民大学出版社2018年版,第67页。
[3] [英]齐格蒙特·鲍曼:《流动的恐惧》,谷蕾、武媛媛译,江苏人民出版社2012年版,第104页。

生流动的生活,而"流动的生活是消费的生活。它把世界及其有生命的与无生命的碎片都塑造成消费品"①,消费是一切原则,没有任何东西是不可被消费的,也没有任何东西不是为了消费的,消费成为现代人生活的核心,人类社会已经从生产型社会转变为消费型社会。现代人在消费世界里寻求自由、尊严和幸福,商品购物成为确定社会认同感、独立自主和实现自我价值的最佳方式,消费自由成为个体生活的最大政治。消费社会背后的资本力量与日俱增,全球贸易把商品生产厂家、广告商、营销商和商场紧紧地捆绑在消费市场里,人们既屈服于市场和消费社会,又被快乐欲望本能驱动,资本增殖、榨取利益和制造消费欲望是他们的唯一动力和目标,并通过塑造"我购物、我自由"的生活理念而推动消费主义文化的流行。② 成熟的消费者是富裕阶层的代表,是成功的现代人,而有缺陷的消费者是贫穷阶层的代表,面临被社会抛弃和摒弃的风险。资本主义生产型社会模式彻底转向消费模式,消费导向是物质生产的起点和归宿,是资本获取利润的最大来源。商品服务跨越地理空间的隔绝,资本贸易强有力地渗透到民族国家的疆域土地,在打破原有政治管辖的格局中重塑全球政治,从而,由消费生活而衍生的人际关系、政治关系和全球关系,成为判读现代社会景象的新视野。

第三节 鲍曼现代性思想发展历程概述

从20世纪60年代到21世纪初,在长期的理论研究征途中,鲍曼现代性思想几经转型,不断创新发展。他先后提出一系列新颖别样的学术话语和理论观点,逐渐形成独具特色、标识鲜明的现代性研究范式:流动的现代性。概而言之,纵览鲍曼对现代性的思索探讨,其现代性思想演进之路大体上呈现为三大阶段:早期现代性思想:资本主义和社会主义的研究框架;中期现代性思

---

① [英]齐格蒙特·鲍曼:《流动的生活》,徐朝友译,江苏人民出版社2012年版,第9页。
② [英]齐格蒙特·鲍曼:《流动的生活》,徐朝友译,江苏人民出版社2012年版,第2页。

想:后现代性的分析策略;晚期现代性思想:流动的现代性的研究范式。

一、早期:资本主义和社会主义研究框架

20世纪60年代到80年代,是鲍曼早期现代性理论研究阶段,他主要从资本主义和社会主义的研究框架审视观察西方世界,对现代性的价值理念、实践功能和面临困境进行深入研究。这一时期的鲍曼大体上是一位马克思主义者[1]、东欧社会主义者,他把现代社会的文明进步同社会主义、共产主义紧密融合在一起,试图在现代性的平台上建构乌托邦社会理想。鲍曼对现代性的认知和阐释主要体现在用波兰语和英语写就的著作里,其中波兰语著作14部,主要有《列宁著述中的民主集中制问题》(1957)、《英国社会主义:来源、哲学与政纲》(1959)、《阶级、运动、精英:英国劳工运动史之社会学研究》(1960)、《民主理想史探》(1960)、《职业生涯:社会学四论》(1960)、《现代美国社会学问题》(1961)、《现代资本主义政党体系》(1962)、《我们居处的社会》(1962)、《社会学纲要:问题与概念》(1962)、《观念、理想、意识形态》(1963)、《马克思主义社会理论纲要》(1964)、《日常生活社会学》(1964)、《人世面面观:论社会生成与社会学功能》(1965)、《文化与社会初探》(1966);英语著作7部,主要有《阶级和精英之间:英国劳工运动变革史——社会学研究视域》(1972)、《作为实践的文化》(1973)、《社会主义:积极的乌托邦社会》(1976)、《走向批判的社会学:常识与解放》(1976)、《阐释学和社会科学:走向理解之道》(1978)、《阶级记忆:阶级的前世来生》(1982)等。社会主义、文化、社会学和马克思主义是上述著作的重点主题,集中反映了鲍曼对现代性的整体把握。鲍曼认为,科学理性能赋予人类无穷的力量改变世界和社会现实,相信民主能保障人民的正当权益,坚信社会主义和共产主义能带来真正的平等、自由和正义,认为社会主义社会体制是现代性的成功实践模式。在美好的共产主义社会里,没有反犹太主义、没有任何社会仇恨,人人自由平等。鲍曼

---

[1] 许小委:《不确定世界中的人的生存——论鲍曼之"流动的现代性"》,复旦大学出版社2018年版,第276页。

指出:现代性在资本主义体制下的发展受到严重制约,"根据社会主义的测量标准,现代性的表现总是不能达到其宣称的目标,手段的有效性总是匮乏。资本主义管理下的现代性受到了表现不佳和效率不高的指责。……资本主义是现代性的桎梏。在资本主义的管理下,现代性丧失了翻天覆地重建世界的机遇"①,浪费、破坏、无效是现代性实践进程中的常态代名词。资本主义成为现代社会文明进步健康肌体上的毒瘤,越来越背离现代性所彰显的价值理念。与之相比,社会主义代表着现代性的发展方向,是现代性的拯救者,"社会主义并未发现现代性的筹划有何不是之处。一切错误都是资本主义的曲解造成的。人们有必要从资本主义的桎梏中,拯救幻想的大胆性以及塑造现实的神奇工具,以便他们能够表现出自己的真实潜力,以便人人都能享受其成果"②。尽管现代性源于资本主义生产体系,但是在鲍曼看来,现代性与社会主义不仅不存在冲突,而且社会主义自始至终都是现代性最具活力的"赢家",是现代性伟大筹划事业的最佳实践模式,"共产主义是态度最坚决、立场最坚定的现代性"③。要而言之,鲍曼把现代社会的美好未来寄托在马克思所创建的社会理论中,他指出"不仅国家社会主义政权许诺了这一物质丰富的乌托邦将在不确定的未来出现,而且马克思也设想过理性的人享受富足生活的乌托邦"④,他认为,自由、平等、正义等价值理念是社会主义的内在目标,现代性的潜能在社会主义体制下得以最充分的释放,共产主义社会是人类繁荣富足、文明进步的美好社会。然而,到了20世纪80年代初期,除了自身政治生涯上的遭遇,鲍曼越来越发现苏联模式存在的严重问题,尤其对波兰共产党及其管辖下的社会治理越来越失望,"传统的社会主义作为一个'实际存在'的体系已

---

① [英]齐格蒙特·鲍曼:《现代性与矛盾性》,邵迎生译,商务印书馆2003年版,第398页。
② [英]齐格蒙特·鲍曼:《现代性与矛盾性》,邵迎生译,商务印书馆2003年版,第399页。
③ [英][英]齐格蒙特·鲍曼:《现代性与矛盾性》,邵迎生译,商务印书馆2003年版,第403页。
④ [英]丹尼斯·史密斯:《后现代性的预言家:齐格蒙特·鲍曼传》,萧韶译,江苏人民出版社2002年版,第28页。

经不再使人们信服,也不再使鲍曼信服"①。自此,鲍曼人生境遇发生了一个根本性的转变,从军旅生涯转向市民生活,即"从紧张的军事和政治行动的生活到紧张的社会学、哲学思考的生活的转变"②,鲍曼开始从社会学角度研究西方现代社会,把他熟知的传统的社会主义解构为知识分子、政治体系和社会秩序等组成,把马克思主义的完整逻辑断解为历史的、社会学的、哲学的、文化等不同"绳结",一种新的现代性研究策略在鲍曼脑海里慢慢形成。

二、中期:后现代性研究策略

20世纪80年代中后期到90年代,是鲍曼现代性思想的重要转向时期。鲍曼在1978年出版的《立法者与阐释者——论现代性、后现代性与知识分子》著作中对自己的理论研究进行了重新定位,首次采取现代性与后现代性的研究策略分析西方现代社会,把现代性与后现代性两大"理论工具"融合纳入社会学研究,从概念内涵、理论立场、分析视角和实践运用上阐释把握西方社会的历史变迁和实践发展。这一时期鲍曼现代性思想主要集中在"现代性"三部曲和"后现代性"三部曲,其中集中阐释"现代性"的有3部,《立法者与阐释者——论现代性、后现代性与知识分子》(1987)、《现代性与大屠杀》(1989)、《现代性与矛盾性》(1991);集中阐释"后现代性"的有3部:《后现代伦理学》(1993)、《生活在碎片之中——论后现代道德》(1995)、《后现代性及其缺憾》(1998);其他现代性思想相关系列著作11本,即《自由》(1988)、《同质化的悖论》(1990)、《通过社会学去思考》(1990)、《生与死的双重变奏:人类生命策略的社会学诠释》(1992)、《后现代性的征兆》(1992)、《后现代性视域中的身体和暴力》(1995)、《再次孤独》(1996)、《后现代世界里的人文主义者》(1997)、《工作、消费和新穷人》(1998)、《全球化——人类的后果》

---

① [英]丹尼斯·史密斯:《后现代性的预言家:齐格蒙特·鲍曼传》,萧韶译,江苏人民出版社2002年版,第55页。
② [英]丹尼斯·史密斯:《后现代性的预言家:齐格蒙特·鲍曼传》,萧韶译,江苏人民出版社2002年版,第51页。

(1998)、《寻找政治》(1999)等。显而易见,"现代性"、"后现代性"是上述理论著作的核心关键词,集中反映了鲍曼现代性思想的整体面貌,形成现代性与后现代性交融式的分析策略,标志着其理论研究的重大转变,也意味着在鲍曼的思想内核中"现代性和后现代性的动力关系取代了资本主义和社会主义的争斗"[1],以全新的理论工具深化研究西方资本主义工业社会。相比于早期理论研究,此时鲍曼理论研究重心开始从资本主义和社会主义研究框架转向现代性与后现代性研究策略,这既有特殊的历史缘由、深刻的社会背景,也有复杂的理论争鸣和艰难的思想创新等原因。鲍曼曾对苏联模式改变西方世界报以极大的希望,相信传统的社会主义现代性所展示的美好承诺,然而随着历史的发展,"十分痛苦地对波兰、东欧现存的国家机构实现这一诺言的能力感到幻灭,并遭受了从苏东共产主义的机构、从波兰、从国家社会主义实践的直接参与中被放逐的巨大打击"[2]。同时,1989年到90年代初,苏联解体、东欧巨变震惊全世界,彻底毁灭了鲍曼的现代性梦想,"在20世纪欧洲发生的这一地震引发了有关后现代性的激烈争论,这一争论愈加喧嚣,并且每过十年就变得愈加难以解释"[3]。鲍曼正是在这一时期介入现代性问题研究的。在众多现代性理论家群体中,他努力发出自己独特的声音,提出现代性与后现代性的研究策略,呈现其对西方现代世界的观察视野和思想观点。

鲍曼主要从三个层面运用现代性与后现代性分析策略,阐释其现代性思想指向。第一,从"后现代性"经验感知界定"现代性"内涵。鲍曼认为,后现代之"后"不是"按时代顺序排列"意义上的"后面",不是现代性终结或消退后作为现代性之物的"后物",也不是后现代性盛行导致现代性成为不可能的"后景","而是在(以结论或纯粹预示的形式)暗示意义上的'后',即在错误

---

[1] [英]丹尼斯·史密斯:《后现代性的预言家:齐格蒙特·鲍曼传》,萧韶译,江苏人民出版社2002年版,第131页。
[2] [英]丹尼斯·史密斯:《后现代性的预言家:齐格蒙特·鲍曼传》,萧韶译,江苏人民出版社2002年版,第18页。
[3] [英]丹尼斯·史密斯:《后现代性的预言家:齐格蒙特·鲍曼传》,萧韶译,江苏人民出版社2002年版,第17页。

第一章 鲍曼理论的现代性题旨

的假定之下,长期的、认真的现代性努力已经被误导,并且注定——不久——将要背道而驰"[①],暗示意义上的"后",即从后现代角度反视现代性,既要揭示现代性本身的内涵特征,也要揭示现代性所衍生的问题,诸如矛盾性、同质化、多元性等。鲍曼还指出,后现代性有三个基本面:后现代视角、后现代栖息地和后现代性的进程,这三个基本面同时又是对现代性实践发展的延伸呈现。第二,现代性和后现代性是一种共存关系而非对立关系。鲍曼认为,后现代性并不意味着现代性的终结,也不意味着对现代性的怀疑和抛弃,"后现代性是现代性的成年:现代性是在一段距离之外而非从内部反观自身,开出详细的得失清单,对自己作深层心理分析,发现以前从未清楚地说出的意向,并感到这些意向彼此抵消,不具一致性。后现代性是现代性与其不可能性的妥协,是一种自身监控的现代性——是清醒地抛弃了曾经不知不觉所作的一切的现代性"[②]。现代性和后现代性之间的共存关系具体表现为一种连续中的断裂和断裂中的连续,一方面现代性孕育产生后现代性,后现代性承担着现代性未竟的使命任务,两者在时间进程上呈现出连续性;另一方面现代性同后现代性对立,后现代性重在批判、摧毁和重建现代性,两者在立场观点上存在间隔性;同时,现代性和后现代性彼此不能截然分割,后现代性都是以现代性为基础,吸取现代性的养分和创造力重建人类文明;现代性又是以后现代性为出路,不断纠正自身的不足和缺陷。总之,没有现代性就没有后现代性,看似两种悖论的东西在鲍曼眼里成为一种理论策略。第三,作为社会系统的现代性与后现代性。鲍曼认为,当今世界是一个典型的现代社会,作为成熟的社会系统,理性、官僚机构和科层组织以及自由、民主、法治是西方资本主义社会运转的逻辑原则;作为一个崭新的社会形态,消费社会已经来临并且以繁荣的姿态蓬勃发展;作为一种全新的生存状态,现代人生活在一个不确定性时代。

在现代性与后现代性研究策略的视域下,鲍曼理论研究取得了广泛思想

---

① [英]齐格蒙特·鲍曼:《后现代伦理学》,张成岗译,江苏人民出版社2003年版,第12页。

② [英]齐格蒙特·鲍曼:《现代性与矛盾性》,邵迎生译,商务印书馆2003年版,第410页。

影响力,主要有:以知识分子为中心角色,深入考察西方世界发展的时代背景、社会内部结构的嬗变、权力/秩序/法治的运行以及知识分子群体的功能价值等问题;以犹太人为中心角色,探讨了人类苦难的深渊,全面研究现代性野蛮霸权的另一面,冷酷地证明出现代性在大屠杀中扮演了非人性的角色,局外人、陌生人以及道德伦理成为社会学研究关注的重要领域。与此同时,鲍曼预见了后现代社会景象的未来,他指出,当现代性到了自我批评、自我毁誉、自我拆除的阶段时,开始看上去有一条质疑反思的小径,但是"对道德现象进行激进、新颖理解的可能性之门被开启了"①,道德责任、道德性质和道德观念成为后现代社会的主要内容,全球化促进民族国家在经济、政治和社会阶层发生剧烈变化,等等。总之,鲍曼致力于探索一个新发现的世界——消费社会以及生活于其中的现代人的生存体验。

三、晚期:流动的现代性研究范式

2000年——新千禧年,对鲍曼来讲,是充满希望和未来的世纪。这一年是值得铭记的一年,《流动的现代性》的出版标志着鲍曼理论研究新的重大转折。以此为起点,他彻底放弃现代性与后现代性研究策略,正式启用崭新术语——流动的现代性,并围绕这一核心概念积极建构新的理论研究模式。理论研究策略和分析方法的改变,意味着鲍曼理论研究的聚焦点发生重大改变,他更趋向于以宏观的视野把握西方社会结构和现实生活正在发生的变革变故变化,把目光落在社会底层群体和普通大众的生命关怀上,把研究支撑点落在反思批判、重建重塑现代性的方向上,为建设未来美好社会谋求良策良法。

鲍曼晚期现代性思想集中在"流动"系列丛书中,以"流动"为论述主题的著作有:《流动的现代性》(2000)、《流动的爱》(2003)、《流动的生活》(2005)、《流动的恐惧》(2006)、《流动的时代——生活于充满不确定性的年代》(2007)、《来自液态现代世界的44封信》(2010)、《流动世界中的文化》

---

① [英]齐格蒙特·鲍曼:《后现代伦理学》,张成岗译,江苏人民出版社2003年版,第2页。

(2011)、《流动的监控:一份访谈录》(2012)、《道德失盲:流动时代中的情感绝缘》(2013)、《流动的邪恶》(2016,合著者 Leonidas Donskis)、《再读鲍曼:流动时代下的社会学思考》(2016,汇编人 Tony Blackshaw)、《生在流动时代:第三个新千禧的社会转型》(2018)等;其他虽未标注"流动"但实为流动的现代性视域下的著作:《读懂鲍曼》(2000,汇编人 Peter Beilharz)、《共同体:在一个不确定的世界中寻找安全》(2001)、《个体化社会》(2001)、《对话鲍曼》(2001,合著者 Keith Tester)、《通过社会学思考》(2001,第二版,合著者 Tim May)、《被围困的社会》(2002)、《恐惧之城、希望之城》(2003)、《废弃的生命——现代性及其弃儿》(2004)、《欧洲:未完成的冒险大陆》(2004)、《认同性:与贝内德多·维奇的谈话录》(2004)、《不稳定世界中的道德》(2006)、《消费生活》(2007)、《道德在消费世界里价值何在?》(2008)、《生活的艺术》(2008)、《生活在预支的时代》(2009)、《生存之境:漫谈人类的前世和来生》(2009)、《人类的附带伤害:全球时代下的社会不平等》(2011)、《此非日记》(2013)、《论上帝和人类》(2013,合著者 StanisławObirek)、《少数人的富有会惠及所有人吗?》(2013)《社会学何为》(2013,合著者 Michael Hviid Jacobsen and Keith Tester)、《国家危机》(2014,合著者 Carlo Bordoni)、《个体化实践》(2015,合著者 Rein Raud)、《论世界和人类自身》(2015,合著者 StanisawObirek)、《通天塔之喻》(2016,合著者 Ezio Mauro)、《文学之美》(2016,合著者 Riccardo Mazzeo)、《门口的陌生人》(2016)、《怀旧的乌托邦》(2017)、《危机事件的记录史:2011—2016》(2017,合著者 Neal Lawson)、《文化理论的镜像》(2018)、《出生于流动的现代性:第三千禧年的转型》(2018)、《文化和艺术》(2020)等。至此,通览如此厚重沉甸的著作,我们不得不惊叹鲍曼晚年旺盛的创作激情、永不懈怠的探究精神、一以贯之的学术创新劲头,这些精神财富和思想营养为我们打开了窥视当今世界的理论之镜,叙述了现代人的生活策略和生命感知。

2000年以来,鲍曼把所有精力和时间用在流动的现代性理论创建上,他沿着大胆开创的流动的现代性"康庄大道"积极拓展、丰富充实,最终形成时代气息浓厚、观点新颖独到、思想特色鲜明的理论创见。作为一种新的理论建构,鲍曼流动的现代性思想具有鲜明的原创性。从术语表达来看,鲍曼采用"固态的现代性/流动的现代性"概念,取代了"现代性/后现代性"概念,这一概念的转换凸显出他对现代性认知的更新、深化和提升。在鲍曼看来,当代思想家对现代性的争鸣和见解尚未精准描绘现代性的特质以及现代社会正在发生的变革,无论是安东尼·吉登斯的"反思性现代性"、乌尔里希·贝克的"第二现代性"、法兰克福学派的社会批判理论,还是丹尼尔·贝尔的后工业社会、道格拉斯·凯尔纳和斯蒂文·内斯特的新左翼后现代理论等,他们对现代性的整体刻画描述,对西方工业世界和现代社会结构的分析解读,还不够细化细腻,不够精准到位。鲍曼敏锐地观察到,液体具有溢出、泼洒、溅落、倾泻、渗漏、涌流、喷射、滴落、渗出、渗流等千姿百态、变化无穷的流动态势,他认为液体所固有的轻灵无形、多变易变的特性恰恰抓住了现代性"在许多方面体现出来的'新奇'这一实质,上面这些,就是用流动性对它进行合适类比的充分理由"①。现代性的"现代""现在"所表现的样态恰恰类似液体的流态,正如流体一样,现代性也是没有固定的空间外形,持久的时间特性,永恒的空间维度。鲍曼还认为,现代性从诞生时起开始了"液化"进程和流动态势,它从一出生就"要破坏那些持续了较长时间的、藐视时间推移或不受流逝影响的任何东西"②,"瓦解传统"成为现代性的解放事业,正如马克思所言,西方工业世界"生产的不断变革,一切社会状况不停的动荡,永远的不安定和变动,这就是资产阶级时代不同于过去一切时代的地方。一切固定的僵化的关系以及与之相适应的素被尊崇的观念和见解都被消除了,一切新形成的关系等不到固定下来就陈旧了。一切等级的和固定的东西都烟消云散了,一切神圣的东西都被亵渎了。人们终于不得不用冷静的眼光来看他们的生活地位、他

---

① [英]齐格蒙特·鲍曼:《流动的现代性》,欧阳景根译,中国人民大学出版社2018年版,第25页。
② [英]齐格蒙特·鲍曼:《流动的现代性》,欧阳景根译,中国人民大学出版社2018年版,第26页。

第一章 鲍曼理论的现代性题旨

们的相互关系"①,而"流动性"贴切精准地描述了现代性在当下所呈现出的态势。

鲍曼主要从四个方面阐释了流动的现代性思想。第一,在存在样态上:现代性正从稳定、厚重、固态样态转向轻盈、易变、流动样态,鲍曼指出:以"福特主义的工厂"为典型代表早期资本主义生产体系,"将人类活动简化为简单的、固定的动作,而且这些动作总的来说是预先设计好了的,意味着人们只有机械地服从它,没有任何智力技能的发挥,所有的自发性和个人创造性都禁止进入"②,这种笨重的重工业时代早已黯然失色,自由度更大、变化性更快的现代性已经来临,全球流动的金融资本、畅通无阻的商品生产、即时即达的信息传递漫步全世界,"现在是更小、更轻便的东西更能表明'进步'和完善"③。第二,在思维方式上:现代人思维正从整体性、持久性和长远性模式转向碎片化、瞬时性、个体性模式。现代社会拒绝整体、长期、持久的理念,小快轻便、短暂即逝才是最现代,鲍曼指出,"永恒持久的贬值,不能不预示着一场文化剧变,也可能预示着文明史上的一次最为关键最具决定意义的转折。……时间的这一新奇的瞬时性,急剧地改变了人类共处的形式——而且最为明显的是,改变了人们参与(或者,视具体情况而不参与)他们的集体事物的方式"④,个体生活是社会系统亟待解决的最大矛盾,消费主义和实用主义思维成为主流世界观。第三,在行为方式上:现代人思维模式的变化必然内化道德认知和行动实践,表现为由"规范性"向"非规范性"转变。不同于早期资本主义工业时期,鲍曼认为,去道德化、非理性、速变性成为现代人的基本行动类型,现代人对公共领域、集体政治不再感兴趣,沉迷于"不断地结束、不断地开始"的购物

---

① 《马克思恩格斯文集》第 1 卷,人民出版社 2009 年版,第 34—35 页。
② [英]齐格蒙特·鲍曼:《流动的现代性》,欧阳景根译,中国人民大学出版社 2018 年版,第 61 页。
③ [英]齐格蒙特·鲍曼:《流动的现代性》,欧阳景根译,中国人民大学出版社 2018 年版,第 41 页。
④ [英]齐格蒙特·鲍曼:《流动的现代性》,欧阳景根译,中国人民大学出版社 2018 年版,第 214—215 页。

活动,消费欲望成为最大的伦理行为,私人领域成为国家政治的重要议题。第四,在实践指向上:流动的世界是一个不确定、急剧变化的世界,流动不安是常态。鲍曼认为,人们在顺应急切的"现代化"变迁中,被迫接受随之而来的一切未知事宜,"在'流动性'的状况下,一切都有可能发生,但一切又都不能充满自信与确定性地去应对"[①]。鲍曼指出:"在这个时期,处理事情的老办法不再奏效,过去习得和沿袭的生活方式不再适合当今的人类状况,而应对挑战的新方式和更加适合于新情况的新生活方式又尚未发现、就位和发挥作用"[②],"全球化社会、全球化经济、全球化政治、全球化管辖权"的图景浮世绘般地覆盖整个地球村,民族国家、世界政治和生活策略面临的问题越趋复杂,"移民、难民、流亡者、寻求避难者等无家可归的人的数量在不可阻挡地攀升"[③],恐怖主义、贫富悬殊、社会排斥、认同感丧失、人身安全、底层群体无助等社会问题接踵而到,如何解决"矛盾日益严重"的人类星球正在考验每一个人。

概而言之,鲍曼流动的现代性思想无论在术语表达上,还是在理论本身上,抑或实践指向上,重在向我们展示当今世界如何从"沉重的""固态的"、以硬件为中心的现代性向"轻灵的""流动的"、基于软件的现代性的转变轨迹和变革态势,以及这一重大转变给现代人各个方面带来的深刻变化。在鲍曼看来,流动态势,是现代性发展到今天最鲜明突出的特质,是现代社会繁荣发展、蓬勃前进景象的最生动逼真的刻画,是现代人千姿百态种种生活境遇的最丰富生动的叙说,为人们认知当今世界新图景和新生活体验,研究现代社会变革趋势提供了智力支撑和思想火花。

[①] [英]齐格蒙特·鲍曼:《流动的现代性》,欧阳景根译,中国人民大学出版社 2018 年版,第 12 页。
[②] [英]齐格蒙特·鲍曼:《流动的现代性》,欧阳景根译,中国人民大学出版社 2018 年版,第 3 页。
[③] [英]齐格蒙特·鲍曼:《流动的现代性》,欧阳景根译,中国人民大学出版社 2018 年版,第 13 页。

第二章　反思现代性：现代性深陷两难困境

作为人类文明的鲜亮标识,现代性是当今世界进步发展的时代精神、思维原则、制度体系和实践模式。鲍曼认为,现代性意蕴极为丰富,借助不同的标识,我们可以追踪它的表现形式和发展进程。资本主义工业社会向我们展示现代性强大的革新能力,19世纪的欧洲正是凭借工业体系以及依附它的现代精神才得以统治管辖全世界。现代性同资本主义工业文明、现代民族国家、现代制度文明以及世界市场密不可分,它伴随着人类的社会实践进程而不断地丰富充实,现代性在推进人类文明的历史进程中勾勒刻画,逐渐铺展自身的整体面貌。早期资本主义产业革命所带来的世界性影响,强有力地证实了现代性所蕴含的巨大能量和不竭动力,现代资产阶级把自由、民主和博爱奉为至高价值,现代民族国家逐渐取代封建专制国家,现代工业技术突飞猛进,全球贸易开辟出世界市场,资产阶级本身代表着一种新文明、新世界,是现代性实践的代言人。正如马克思所言,资产阶级在历史上曾经起过非常革命的作用,它把一切封建的、宗法的制度摧毁,无情地斩断了把人们束缚于天然尊长的形形色色的封建羁绊,使人类摆脱了愚昧状态,建立起拥有统一的政府、统一的法律、统一的关税的现代民族国家,现代资产阶级"在它的不到一百年的阶级统治中所创造的生产力,比过去一切世代创造的全部生产力还要多,还要大"[①],新颖的机器设备广泛应用于厂房生产,工业和农业快速发展,轮船全球远洋,

---

[①] 《马克思恩格斯文集》第2卷,人民出版社2009年版,第36页。

铁路畅通陆地,电报通信五洲,社会物质财富越来越多,标志着人类社会进入了现代世界。

然而,到了19世纪末期,现代性实践进程福祸参半,举步维艰。代表着进步、文明、发展和繁荣的现代性陷入了两难困境,即现代性的裨益和弊端以同等的分量同步彰显。就其弊端而言,鲍曼认为,现代性的伟大筹划事业逐渐走向失败,现代性日益凸显出矛盾性。得益于现代性正能量的释放,人类社会的发展成就是巨大的,这一点毋庸置疑,但人类社会为此付出的代价也是巨大的,主要表现有:启蒙走向了反启蒙、理性走向了非理性、专家成为专制,等等,鲍曼也指出:"人类并没有变得更富有人性,也就是说,不是那些更具有人性的人,而是其他的一些类型的人,在规划着社会秩序,并负责规划的实施,'被启蒙的'那一部分的权力在日益增长,而启蒙者的地位也愈来愈趋于中心,两者的联合却已破裂。"①这一点跟霍克海默和阿多尔诺、福柯的看法比较一致。他们都认为,"自由民主""科学理性""法制正义"的"进步"社会本身就充满着诸多问题,"启蒙思想的概念本身已经包含着今天随处可见的倒退的萌芽"②,启蒙精神走向自我毁灭,"理性犹如专断的光芒"③,扮演着专断的角色,创造和毁灭同是我们所谓文明的不可分割的组成部分,人们在颂扬和赞美现代社会的同时往往忽略其所潜在的无穷矛盾和悖论。鲍曼主要基于社会哲学分析框架,重新考察解读了现代性理念及其基本表征,并对其凸显的矛盾困境和辩证法则作出深刻阐释。

第一节 现代性筹划失败

现代性原则支配并推动人类社会发展进步,科学理性、自由民主、秩序是

---

① [英]齐格蒙特·鲍曼:《立法者与阐释者——论现代性、后现代性与知识分子》,洪涛译,上海人民出版社2000年版,第151页。
② [德]马克斯·霍克海默、西奥多·阿道尔诺:《启蒙辩证法》,渠敬东、曹卫东译,江苏人民出版社2006年版,第3页。
③ 杜小真选编:《福柯集》,远东出版社2004年版,第452页。

第二章 反思现代性:现代性深陷两难困境

文明社会的基本标识,现代性事业始终致力于对美好世界的追求设计,承载着人类的希望。然而,"现代性并没有实现其诺言,现代性失败了"①,这是鲍曼对现代性筹划及其伟大抱负事业陷入困境的基本判断。

一、何谓现代性

现代性注定是一个充满歧义的概念,从任何角度定义这一概念都将是徒劳的,无论是时间维度、哲学维度,还是社会维度、历史维度的阐释都是充满争议的。鲍曼也认为:"现代性变得难以捉摸:我们发现这一概念充满着意义的不确定性,因为它的所指内涵不清,外延不明。"②但是,现代性概念之争并不妨碍鲍曼对现代性的深入理解,他对现代性的解读带有浓厚的社会学色彩。

现代性是一种启蒙精神。以科学理性、自由人权为核心价值观念的启蒙精神,在社会实践中聚焦体现为现代性原则。现代性首先以科学理性为旗帜,宣示对世界的掌控,"人类的任务是对宇宙的规律和法则作出详细的概括总结,以便人类不用再在黑暗中摸索着前进,以便人类的行为不会犯错误,并永远击中要害、准确无误"③。鲍曼认为,现代性就是支撑现代社会运转的机理,"人们要在这个世界发挥作用(根本区别被这个世界'搞得筋疲力竭')就必须知道这个世界是如何运作的"④,科学理性帮助人们了解现代世界,认识现代社会。启蒙精神是现代性的核心,科学成为启蒙运动唯一的正统的信仰。理性思维成为观察世界的根本指引,"原则上,一切都可以进行客观的研究,而且一切都是可知的——可靠真实地可知。真善美,是和应是,都已成为系统和

---

① [英]齐格蒙特·鲍曼:《现代性与大屠杀》,杨渝东、史建华译,译林出版社2002年版,第119页。
② [英]齐格蒙特·鲍曼:《现代性与矛盾性》,邵迎生译,商务印书馆2003年版,第7页。
③ [英]齐格蒙特·鲍曼:《流动的现代性》,欧阳景根译,中国人民大学出版社2018年版,第230页。
④ [英]齐格蒙特·鲍曼:《流动的现代性》,欧阳景根译,中国人民大学出版社2018年版,第346页。

精确观察的合理目标"①。人类社会发展也是文明化的进程史,理性必将战胜迷信,文明必将驱逐暴力,科学能够揭示、挖掘和驯化人的兽性,人们能够掌握生命和历史发展的客观规律。鲍曼指出,理性文明体现在:"人道主义反对野蛮、理智反对无知、客观性反对偏见、进步反对退化、真理反对迷信、科学反对巫术、理性反对感情。它将其上升的历史解释为人类主宰自然逐渐但又无情地取代自然主宰人类的历史。"②技术专家坚持认为,"人类的问题是错误政策的结果,而一旦政策正确了就可以消灭这种问题。屹立在这种结合之后的是'现代'国家观,将它所统治的社会看做是设计、培植和喷杀杂草等活动的对象"③,人类一切活动是受理性支配的活动。在启蒙精神的鼓励下,"人们能够并且应当为自己设定更远大更激进的目标:人们能够并且应该改造社会,强制它服膺于全面的、科学构想的计划"④。现代性旨在从封建迷信中解放,用科学指明方向,"用理智生命的自治替代激情的奴役,用真理替代迷信和无知,用自我制造和完全主导的有规划的历史替代漂泊不定的苦难历程"⑤。"现代性知道它正走向何方并且下决心要到达那里。现代意识知道它期望到达的地方并且知道为了到达那儿它应该做些什么。"⑥具有现代性意味着,"科学的传教士代替了上帝的传教士,以进步为导向的社会完成了以前社会所完成不了的事情。对最终成功的怀疑变为了对不完美的过去的评论,昨天的错误和缺

---

① [英]齐格蒙特·鲍曼:《现代性与大屠杀》,杨渝东、史建华译,译林出版社 2002 年版,第 92 页。
② [英]齐格蒙特·鲍曼:《现代性与大屠杀》,杨渝东、史建华译,译林出版社 2002 年版,第 128—129 页。
③ [英]齐格蒙特·鲍曼:《现代性与大屠杀》,杨渝东、史建华译,译林出版社 2002 年版,第 17 页。
④ [英]齐格蒙特·鲍曼:《现代性与大屠杀》,杨渝东、史建华译,译林出版社 2002 年版,第 123 页。
⑤ [英]齐格蒙特·鲍曼:《生活在碎片之中——论后现代道德》,郁建兴、周俊、周莹译,学林出版社 2002 年版,第 18 页。
⑥ [英]齐格蒙特·鲍曼:《生活在碎片之中——论后现代道德》,郁建兴、周俊、周莹译,学林出版社 2002 年版,第 30 页。

陷都将在新的管理下得到改正"①。

自由人权是现代社会的共同价值和普遍意志。鲍曼认为,我们很难相信没有自由和正义的社会,一旦正义和自我确认的观念被创造出来,如同幽灵一般经常出现,一直纠缠着我们走向世界的尽头。鲍曼指出:社会学的任务就是,"为了人类的延续而务必保证这些选择是真正自由的选择,并使得这些选择继续是且越来越是自由的选择"②。"自由(如果不是在理想中,就是在现实中)是一项基本的人权,是一项被狂热追求的人权,并且是注定需要追求的。"③鲍曼指出:"自由是我们的命运:一种不能希望它没有的命运,一种不愿离开的命运,尽管我们渴望能转移我们的视线。我们确实生活在一个多样化和多声道的世界"④,"自由意味着塑造自己的权力(和技能)"⑤。回眸过去,人们几乎从来没有像现在一样完全无条件发表意见的言论自由和聚集起来探讨共同关心问题的自由。"在现代时期——在这个时期,'解放'放在政治改革日程的首位,一旦足够清楚地认识到实现自由的过程是缓慢的,'自由'也就被放在价值清单的最前头"⑥。霍布斯认为,自由,就是自由自在,不受限制。鲍曼也认为,人要像空气一样自由,"现在的个体不再是由偶然出生所铸造的不可改变之模型,也不再被偶然赋予的狭隘人性所限制。对自由的新感觉是如此地令人陶醉,自由被人喜气洋洋地赞扬,自由被人尽情地享受"⑦。

---

① [英]齐格蒙特·鲍曼:《生活在碎片之中——论后现代道德》,郁建兴、周俊、周莹译,学林出版社2002年版,第14页。
② [英]齐格蒙特·鲍曼:《流动的现代性》,欧阳景根译,中国人民大学出版社2018年版,第352页。
③ [英]齐格蒙特·鲍曼:《后现代伦理学》,张成岗译,江苏人民出版社2003年版,第35页。
④ [英]齐格蒙特·鲍曼:《后现代性及其缺憾》,郇建立、李静韬译,学林出版社2002年版,第247页。
⑤ [英]齐格蒙特·鲍曼:《后现代伦理学》,张成岗译,江苏人民出版社2003年版,第26页。
⑥ [英]齐格蒙特·鲍曼:《流动的现代性》,欧阳景根译,中国人民大学出版社2018年版,第51页。
⑦ [英]齐格蒙特·鲍曼:《后现代伦理学》,张成岗译,江苏人民出版社2003年版,第25页。

自由这一价值和权益,具有现实的指向性。从社会哲学方面讲,自由大致分两种类型,在鲍曼看来,一种是主观自由,另一种是客观自由。主观自由,是指人们能够感知并控制的自由,即通过亲身经历感觉不到蓄意的妨碍、阻挠、抵制或其他任何障碍,人们能够按照自己的意愿行事。这种自由"表明在欲求、想象力和行动能力之间,达到了一种均衡:在想象力不超出人们的实际欲求,在想象力和实际欲求都不超出行动能力的意义上,人们可以感到自由"[1]。主观自由讲究不受任何限制和强迫,具有绝对的意志自由。而客观自由,是指人们在行动时遭遇到"客观实在""现实原则"等约束表现出来的自由状态,其中这种自由"都必须与行动能力相符,尤其是要与有着成功机会的理性行动的能力相符"[2]。客观自由才是现实中真实体验的自由,这是因为它既基于客观事实,又受客观规律支配,凸显出对自然世界和人类社会的科学认知。鲍曼这一看法,同恩格斯对自由本质的论述比较一致。恩格斯认为,"自由不在于幻想中摆脱自然规律而独立,而在于认识这些规律,从而能够有计划地使自然规律为一定的目的服务。"[3]任何自由都不能摆脱自然规律而纯粹独立存在,自由必须建立在对客观事实、必然规律的认识之上。脱离客观条件和对自然规律把握的自由,都不是人的自由。鲍曼极为重视客观自由,他认为,人们永远无法对"客观"行动能力加以检验,更不用说要弄清它们的本来面目,进而会把行动欲求调至"客观自由"之下。如果人类要想获得自由,就不要幻想摆脱自然规律的约束,任何主观自由都是一种空想。

现代性是一种秩序建构。现代性重在构建秩序化的理想社会。鲍曼认为:"现代性是一个人为的秩序和宏大的社会设计的时代,是一个设计者、空想家以及——更一般而言——'园丁'的时代。园丁们把社会看成一块需要

---

[1] [英]齐格蒙特·鲍曼:《流动的现代性》,欧阳景根译,中国人民大学出版社2018年版,第48页。

[2] [英]齐格蒙特·鲍曼:《流动的现代性》,欧阳景根译,中国人民大学出版社2018年版,第48—49页。

[3] 《马克思恩格斯文集》第9卷,人民出版社2009年版,第120页。

专业设计、然后按设计的形态进行培植与修整的处女地。"①就人类社会发展历史而言,秩序是常态,而混乱是例外。"一个井然有序的世界是这样一种世界,在这里人们知道如何继续下去,在这里人们知道如何计算事件的或然性,如何增加或减少这种或然性;一个井然有序的世界也是这样一种世界,在这里某些情境的连接以及某些行动的效力总的来说一直是恒常不变的,这样,人们就可以将过去的成功当作未来成功的导向。由于我们具有学习/记忆能力,所以我们对保持世界的秩序性一直都抱有兴趣。"②施特劳斯也认为,哲学就是对永恒的不可改变的秩序的探寻,秩序的产生和运作完全不受历史的影响,永恒和不可改变的东西具有普遍性。现代性建构就是秩序化的建构,"建构服从理性裁定的现实,应在严格的质量控制下并按照严格的程序规则进行,而且最为重要的是,在这种建设开始之前,所有的一切都设计好了"③。

鲍曼指出:"现代智力追求的是完美……这是一种秩序井然的景象,或者是一个'自我平衡的系统',这一系统能够从每一个想象得到的紊乱中胜出,并顽强地、不可改变地回归其既定状态。这是一种源自彻底的、不可改变的'概率不对称'的秩序。"④秩序意味着单一性、稳定性、重复性和可预见性。有秩序的社会是一个整齐有序、严密控制的世界,在其中,"某些事情比在其他的情景中发生的可能性要大得多,而其他的事情更不可能发生或者是根本不可能发生"⑤。曾几何时,上帝曾经是秩序社会的设计者,而在现代社会,上帝已经处于长期休假状态,设计和服务于秩序的使命就落在人类的肩上。秩

---

① [英]齐格蒙特·鲍曼:《现代性与大屠杀》,杨渝东、史建华译,译林出版社2002年版,第149页。
② [英]齐格蒙特·鲍曼:《现代性与矛盾性》,邵迎生译,商务印书馆2003年版,第4页。
③ [英]齐格蒙特·鲍曼:《流动的现代性》,欧阳景根译,中国人民大学出版社2018年版,第93页。
④ [英]齐格蒙特·鲍曼:《流动的现代性》,欧阳景根译,中国人民大学出版社2018年版,第7—8页。
⑤ [英]齐格蒙特·鲍曼:《流动的现代性》,欧阳景根译,中国人民大学出版社2018年版,第106页。

序是现代性的内在诉求,"'成为现代'意指追求'最终的完美状态'"①,秩序是理性进入现实的表达,现代性是塑型现实的指南。

鲍曼认为,福特公司现代化管理模式就是秩序化社会的典范。在福特工厂生产线上,人们把秩序的逻辑性和清晰性以行动的方式加以验证,工业化管理"在设计与执行、倡议与服从命令、自由和遵从、发明和决策之间的严谨的分离,因为在这些二元对立中的对立物的严密的联结,以及命令从每一对关系中的第一个要素向第二个要素的顺利传递,毫无疑问是迄今为止以秩序为目标的社会工程的最高成就"②。福特主义所倡导的秩序化管理,为现代社会的建设发展定下一个参考性的样板,从全球层面到国家层面,从国家层面再到个体生活,秩序化的社会工程以"福特式"理想模型渗透于世界上每一个角落和缝隙。

现代性是一种社会实践。自启蒙运动以来,现代性以对自然世界的科学而卓越管理而备受推崇,它以强大变革能量推动历史进步和社会发展。鲍曼指出:"科学活动不是为了科学而科学,首要的,它应当充当一个力量强大的工具,以允许工具持有者改善现状,根据人类的计划和设计改造现实,并帮助推动这个工具达到自我完善。"③构建完美社会,是现代性的原动力,"现代精神的梦想是一种完美的社会,清除了人类现有的各种弱点,其中首要的就是根据理性及其发言人的启示制定的人类潜能的标准衡量为不合格的人的一种社会。……现代思想将人类习性看作一个花园,它的理想形态是通过精心构思的灌木、花丛的生长——并毒死或根除其余不需要的及计划外的杂草来实行。"④进而,现代性以科学技术、民主自由、文明制度等策略改造自然界,推动

---

① [英]齐格蒙特·鲍曼:《流动的现代性》,欧阳景根译,中国人民大学出版社2018年版,第5页。
② [英]齐格蒙特·鲍曼:《流动的现代性》,欧阳景根译,中国人民大学出版社2018年版,第109页。
③ [英]齐格蒙特·鲍曼:《现代性与大屠杀》,杨渝东、史建华译,译林出版社2002年版,第94页。
④ [英]齐格蒙特·鲍曼:《生活在碎片之中——论后现代道德》,郁建兴、周俊、周莹译,学林出版社2002年版,第227页。

社会变革发展,"现代性把自己界定为文明——作为一种努力去驯服自然环境;去创造一个不像创造品的世界:一个人造的世界,一个艺术品的世界,一个同任何艺术工作一样必须寻找、建立和保卫自身基础的世界"①。鲍曼认为,以现代性为原则的社会建设目标,既不是以真理、理智、科学和合理性之名进行的一场声势浩大的宣传教育,也不是一场出于高尚的理想,把智慧之光带给充满困惑的受压迫者的救赎运动。事实上,现代性本身是推动社会发展的实践历程,这体现在两方面:"第一,国家扩张它的权力,它的胃口在增大;原来由教会履行的牧人式的职能(在某种程度上,这只能算是初步的,与国家相比更加温和谦让),现在转交给了国家;经过重新组织后的国家,其核心是规划、安排、管理这些与社会秩序的维持相关的职能。第二,创造了一个全新的、有意设计的训导人们行为的社会机制,目的在于规范和调整作为这个教育者和管理者的国家的臣民的社会生活。"②

二、现代性的基本表征

鲍曼主要从三个方面把握和理解现代性的基本特征,他指出现代性具有开放、秩序和流变的重要特征。这是我们把握现代社会发展的重要立足点。

一是开放特征。开放,即对内包容,对外敞开,是现代性最重要、最本质的特性。现代性首先是一项精心筹划,面向未来的规划,必然把开放性突出出来。面向未来,追求美好,是现代性根本指向,也是历史发展的趋势,鲍曼指出:"唯一重要的历史,是一个现在还没有实现但将来会实现而且注定会实现的历史,那就是未来。"③未来无限,开放也无限,开放是现代性的天然属性,"现代性向未来无限开放,这是不可避免的;事实上,向未来的无限开放,被看

---

① [英]齐格蒙特·鲍曼:《生活在碎片之中——论后现代道德》,郁建兴、周俊、周莹译,学林出版社2002年版,第31页。
② [英]齐格蒙特·鲍曼:《立法者与阐释者——论现代性、后现代性与知识分子》,洪涛译,上海人民出版社2000年版,第106页。
③ [英]齐格蒙特·鲍曼:《流动的现代性》,欧阳景根译,中国人民大学出版社2018年版,第222页。

作是现代性最重要的或许是最本质的特征"①。开放意味着要透明,鲍曼认为,稳定而复杂的现代社会,安全而流动的生活,必须置于彼此熟识的人际关系网中,每个人都有固定的身份和位置,国家机构才能有条不紊地开展日常工作,"这样的'透明性'乃是人们日常生活的实在,社会中的每个成员,以及所有成员,都在别人的眼皮底下生活,就总体而言,每个人的生活都是公开的,'透明性'是这种生活的自然而然的产物"②,美好世界因彼此信任、明了清晰而得以健康发展。在现代国家看来,不稳定和不确定性因素都是危险的来源,而透明性把不确定、模糊和混乱彻底消除,现代性对秩序的建构才会更加顺畅便捷。开放意味着面向未来,鲍曼分析到,前现代是没有历史的社会形态,人类社会发展处于停滞状态,个人从出生到死去,他的一生早已被设定好,各阶层身份趋于固化,社会形态具有无时间性特征。现代社会则是面向未来的历史进程,社会形态具有不断发展、进步向上的时间性特征,对美好生活的向往和追求是最大社会价值。

二是秩序特征。以理性为根本原则的现代性,在社会实践中表现的最大的特征就是秩序。秩序化是理性价值和科学规范的最直接体现,现代性始终按照秩序化理性发展,整个现代时期就是理性化秩序的实践过程,人们"得到改造从而进入有序的社会(近似于理性戒律),以理性方式设计的社会是现代国家公然的终极因"③。鲍曼指出:"现代化就是一条从始至终预先设定好了行进路线的道路,是一场注定一切会好起来的行进之旅"④。文明之旅也是构建新秩序之旅,"现代是进行文化运动的时代,是向传统的偏见、迷信、狭隘以及'阴魂不散的传统'无情地开战的时代,现代性是取消或根除特权——它被

---

① [英]齐格蒙特·鲍曼:《立法者与阐释者——论现代性、后现代性与知识分子》,洪涛译,上海人民出版社2000年版,第155页。
② [英]齐格蒙特·鲍曼:《立法者与阐释者——论现代性、后现代性与知识分子》,洪涛译,上海人民出版社2000年版,第53页。
③ [英]齐格蒙特·鲍曼:《现代性与矛盾性》,邵迎生译,商务印书馆2003年版,第31页。
④ [英]齐格蒙特·鲍曼:《流动的现代性》,欧阳景根译,中国人民大学出版社2018年版,第9页。

视为是在生命中只听命于理性时,所希望实现的人类统一进程中的障碍,它是训练、栽培、文化、教育以及转变的时代。通过对差异的转化及吸收,现存的多元化将被一致地完美的人们构成的'新秩序'所取代。"①现代性以秩序建设为标杆,引领现代社会发展的方方面面。现代国家因科学的秩序管理受到尊重,国家将统治功能和管辖功能合二为一,稳定的行政机构正常运转,规范的社会运行秩序是现代国家的永恒目标,鲍曼认为:"现代国家为了给自己建立至高无上、无可匹敌的主权,不得不将那种传统偏狭的混乱加以根除,为了让普适、永恒(因而也是唯一以及无可匹敌的理性的声音:留给后代的仅有一项任务,那就是对理性的声音加以阐明,并以教诲的方式应用它)能够被听到,以及那'必然为真的确证性'能够被理解,那种不谐之音必须被制止。现代统治者和现代哲学家首先是立法者,他们发现了混乱并着手加以控制,代之以秩序。"②

三是流变特征。流变是现代性内在的规定性特点,现代性的一个基本特点就是永无休止的变化状态,万事万物成为现代,具备现代性,就意味着没有"最终的完美状态",没有终极状态。鲍曼指出:"消除现实的危害,以便使之更宽松、更易于管理、更易于变化,这是现代精神的规定性特征。"③鲍曼发现了现代性流变这一新奇的特点,认为现代性从起点就处于液化流变状态。现代性的流变特质旨在表达的是一种解放精神、创新精神,这原本就是现代性之现代的精神风貌。现代性具有"瓦解传统""亵渎神明"变革现实的内在动力,这种变革态势"就是要否认和放弃过去,而且首要的是否认'传统'——现在仍然保留下来的过去的积淀和残余,因而,这又要求粉碎那些允许传统抵制'液化'进程、对传统起保护作用的信仰和忠诚"④,以资产阶级为代表的现代

---

① [英]齐格蒙特·鲍曼:《生活在碎片之中——论后现代道德》,郁建兴、周俊、周莹译,学林出版社2002年版,第188—189页。
② [英]齐格蒙特·鲍曼:《现代性与矛盾性》,邵迎生译,商务印书馆2003年版,第36页。
③ [英]齐格蒙特·鲍曼:《被围困的社会》,郁建立译,江苏人民出版社2005年版,第2页。
④ [英]齐格蒙特·鲍曼:《流动的现代性》,欧阳景根译,中国人民大学出版社2018年版,第26页。

精神把瓦解封建残余作为变革的根本任务。正如马克思所刻画的现代工业精神一样,生产不断地变革,科学技术不断地革新,社会状态持久变动,现代精神冲垮了一切旧有观念、旧有关系和旧有等级、任何新形成的局面尚未定型也会很快陈旧,流变是现代性的活力体现。鲍曼指出:现代性"要永远处于'变化之中',避免完成,保持未定状态。旧结构一被宣告落伍或一过时有效期就失效,取而代之的每一个新结构,都只是另一次被承认为暂时性的、'有待进一步通知'的短暂安排。在任何阶段和任何时间,一直处于'事后'状态这也是现代性的一个不可或缺的特点。"①现代性保持流变态势,"除了要改进我们继承的或先赋的禀赋、资源、魄力、意志和决心中的缺点外,我们还要永无止境地改进和自我改进,并且不管人们制造的是什么东西,人们都可以毁灭它。成为现代,等于意味着——就像今天一样——我们无法停止下来,甚至于更加不能保持静止状态。"②

三、现代性事业的破碎

鲍曼明确指出:"并非所有的理论都毫无保留地颂扬现代性。尤其快到19世纪末的时候,现代的种种现象看起来可以说是福祸参半。人类成就巨大,这是毋庸置疑的,但代价也是很高的,或许可以说代价巨大。"③现代性一贯坚持的原则、理念和模式在现实中受到越来越多的质疑和抵制,既有认知观念上的革命性对立,也有实践上的冲突,更有处处存在的困境矛盾。

一是现代性世界观受到后现代世界观的否定。随着时代的发展,现代性诸多观念受到挑战和质疑,现代性和后现代性是两种截然对立的认知观念,后现代观念从本质上否定现代性原则。鲍曼分析到,典型的现代型世界观认为,

---

① [英]齐格蒙特·鲍曼:《流动的现代性》,欧阳景根译,中国人民大学出版社2018年版,第4—5页。
② [英]齐格蒙特·鲍曼:《流动的现代性》,欧阳景根译,中国人民大学出版社2018年版,第66页。
③ [英]齐格蒙特·鲍曼:《立法者与阐释者——论现代性、后现代性与知识分子》,洪涛译,上海人民出版社2000年版,第151页。

第二章 反思现代性:现代性深陷两难困境

"世界在本质上是一有序的总体,表现为一种可能性的非均衡性分布的模式,这就导致了对事件的解释,解释如果正确,便会成为预见和控制事件的手段。控制('征服自然','规划'或'设计'社会)几乎总是与命令性行为关联,或与其同义,这种命令性行为被理解为一种对于可能性的操作。控制的有效性依赖于对'自然秩序'的充分了解"①。另一方面他又指出:典型的后现代型世界观坚持认为,"世界在本质上是由无限种类的秩序模式构成,每种模式均产生于一套相对自主的实践。秩序并不先于实践,因而不能作为实践之有效性的外在尺度。每一种秩序模式唯有从使其生效的实践角度看才是有意义的。"②现代性所坚持的统一的秩序总体,被后现代无限种类秩序模式所否定,对自然世界的可操控性被后现代相对自主的独立性所否定,自然秩序先于实践并指导实践的认知,被后现代秩序的有效性不足所否定,等等。上述彼此对立的哲学认知从根本上瓦解了现代性事业对未来的规划。

二是构建完美秩序困难重重。现代性追求秩序是题中应有之义,消除秩序的混乱,清除矛盾障碍,为理想社会建设助力。鲍曼认为:"现代性曾试图用立法理性消除矛盾和忧虑,精心地策划清晰的外部环境,不给优柔寡断、反复无常和矛盾心理留下任何空间,并且在希望与能力之间求得协调。然而,这一策略与现代性的其他动态特征相互冲突,最终的失败是其注定的命运。结果,现代性不仅没有能够用彻底立法的秩序的清晰性与透明性取代前现代时期的'自然的混乱',反而制造出整体的人为混乱,稳定成了不断消退的幻境。"③鲍曼认为:"更多的矛盾性则是现代的、碎片的、对秩序的欲求的终极产物。难题的解决导致了难题的产生。追求秩序的行动产生了新的混乱领域。"④科学是追求秩序的最伟大工具,它始终在自然世界和人类社会中寻求

---

① [英]齐格蒙特·鲍曼:《立法者与阐释者——论现代性、后现代性与知识分子》,洪涛译,上海人民出版社2000年版,第4页。
② [英]齐格蒙特·鲍曼:《立法者与阐释者——论现代性、后现代性与知识分子》,洪涛译,上海人民出版社2000年版,第5页。
③ [英]齐格蒙特·鲍曼:《个体化社会》,范祥涛译,三联书店2002年版,"译者序"第5页。
④ [英]齐格蒙特·鲍曼:《现代性与矛盾性》,邵迎生译,商务印书馆2003年版,第22页。

解释,从经验中摸索规律,探讨秩序。然而,科学又处于长期开放状态,永远处在不断修订完善的过程中。海森堡不确定性原理告诉我们,我们获知的越多,确定的越少,既做不到以绝对的精准性描述物理事件,也做不到以绝对的确定性阐释社会事件。现代性将自己规定为万能的主人,掌控着客观世界的秩序,可问题是,"世界并没有突然变得服从人类的欲望;犹如以前,它经常藐视人类的意图与努力,并轻而易举地破坏人类劳动的财产。但是,外在世界在游戏中使人们日益想起其另一个参加者,而非规则的制定者和严厉的裁判;而且,作为游戏中的一个参加者,规则是在游戏过程中不断地被制定。生活在这样一个世界中的经历就是游戏参加者的经历;而且,在游戏参加者的经历中,我们并没有办法区分必要性与偶然性、决定性与可能性"①。

事实上,人们逐渐发现,"预想中的理性王国实现的进程正在放慢,这已愈来愈明显。更要紧的是,理想王国究竟是否会到来,这一点已开始变得不那么明确了。理性王国其实从来都意味着它的代言人的统治。现在这种统治变得愈来愈遥远,愈来愈少可能性。人类并没有变得更富有人性,也就是说,不是那些更具有人性的人,而是其他的一些类型的人,在规划着社会秩序,并负责规划的实施,'被启蒙的'那一部分人的权力在日益增长,而启蒙者的地位也愈来愈趋于中心,两者的联合却已破裂"②。上述论述同法兰克福学派的观点具有高度一致性,二者都认为理性走向了反面,启蒙也开始反启蒙,理性成为新的上帝,统治着人们认知世界的规律,完美的秩序成为了危险的失序。鲍曼认为:"即使是最为深入细致的计划,也会危险地走向失误并产生难以消除的后果,我们'使事情归从于秩序'的热切努力常常导致更多的混乱。"③。"由于有序化活动从来没有产生一种单一的、有限的秩序,它不得不导致与清

---

① [英]齐格蒙特·鲍曼:《后现代性及其缺憾》,郇建立、李静韬译,学林出版社 2002 年版,第 103 页。
② [英]齐格蒙特·鲍曼:《生活在碎片之中——论后现代道德》,郁建兴、周俊、周莹译,学林出版社 2002 年版,第 151 页。
③ [英]齐格蒙特·鲍曼:《流动的现代性》,欧阳景根译,中国人民大学出版社 2018 年版,第 230 页。

第二章 反思现代性:现代性深陷两难困境

洁相伴的垃圾,与美丽相随的丑陋,与清晰相伴的矛盾,与有序相随的混乱,因而复新性挑战的供应不可能被耗尽。"①鲍曼以反人道主义、非人性残暴重大事件为例,指出某些看似宏大计划实则是反动的阴谋,科学技术、管理手段成为危险人物的工具,其衍生后果不堪设想。这也从另一方面印证:当现代性的宏大计划是最为有效的时候,恰恰也是最为有害的时候,"各种各样的立法者是用他们的双手和头脑使行动计划'现代化'的人,他们很可能是自欺的、危险的,在最坏的情况下,他们会成为像希特勒和斯大林这样的人。这两人宣称他们能够创造一个更'完美的'世界,但他们制造的是人间地狱"②。大屠杀如同一扇窗户,我们透过它可以看到现代性的另一面,看到现代权力被滥用的伤痕,"在集中营中,被置入试验的并非只是人的忍耐性,同时试验还表明,人类最终秩序这项伟大的现代工程的可能性不可避免地是一种非人的秩序。……今天,并没有多少热心者为计划好的、国家管理的秩序这一梦想所吸引。我们看来安心于世界的不可治愈的混乱,或者忙于追求消费社会引人的诱饵而无暇考虑其危险性,即使我们愿意或能加以注意,我们也没有勇气和精力去作斗争。这并不意味着集中营及种族灭绝大屠杀的时代结束了"③。1975年,印度尼西亚军队占领邻国东帝汶,随后,三分之一的东帝汶人遭到屠杀。对此,美国当局容忍这种侵略屠杀,澳大利亚和印度尼西亚签订贸易条款开发东帝汶油田,英国向其提供轰炸平民区的大量武器;同样,从1960年到1979年,种族灭绝屠杀事件依然严峻,"在伊拉克的库尔德人,在苏南的南方人,在卢旺达的图西人,在布隆迪的胡图人,在印尼的中国人,在东巴基斯坦的印度人以及其他的孟加拉人,在巴拉圭的亚克人以及在乌干达的许多人……"④。

---

① [英]齐格蒙特·鲍曼:《生活在碎片之中——论后现代道德》,郁建兴、周俊、周莹译,学林出版社2002年版,第159页。
② [英]丹尼斯·史密斯:《后现代性的预言家:齐格蒙特·鲍曼传》,萧韶译,江苏人民出版社2002年版,第59页。
③ [英]齐格蒙特·鲍曼:《生活在碎片中——论后现代道德》,郁建兴、周俊、周莹译,学林出版社2002年版,第231页。
④ Helen Fein, *Genocide: A Sociological Perspective* (Sage, 1993), p.6.

"即使考虑到大屠杀惨绝人寰的一面,提供给我们参照框架的也不是令人发指的种族灭绝暴力中那段血淋淋的历史,而是正驾驭着现代社会的权力的'正常'运转"①。再者,"现代为幸福而立法的理性之梦结出了苦果。最恶劣的反人性的罪行以理性的统治、更佳的秩序与更大幸福的名义得以施行。当秩序的伟大工厂继续带来更多的混乱而反矛盾态度的圣战制造了更多的矛盾时,这也被证实是失败的。有理由对现代的承诺有所警惕,并审慎地对宣称将这些承诺变成现实的某些人。有理由去小心留意哲学的必然性,有理由认为这种警惕是审慎而现实的"②。鲍曼总结到,现代性筹划以及对美好秩序的向往,根本没有实现,"建构一个全新的、更加完美的秩序,以取代弊端重重的旧秩序之任务,当前还没有提上日程"③,人们看到的是一个支离破碎的局面,这个"世界充满了完成一半的和支离破碎的'现代的'计划。这个没有条理的世界的居住者处在困惑的状态之中,他们不理解正在发生的事情"④。

三是民族国家建设任重道远。民族国家是现代性筹划中的一个整体设计,是文明国家典范。但是,鲍曼认为:"民族—国家的这种模型似乎依旧是一个'未竟的计划',即使在民族—国家最繁荣的那些年也不例外。在绝大多数的时候,绝大多数民族都是脆弱的联盟,它们不可能完全和平相处。同化的压力和文化运动是所有的民族建构必不可少的伴生物,但是,它们很少实现设想的、以类同性为基础的共同目标。联盟近乎是不稳定的,离心力始终存在。"⑤民族—国家治理模型体现了现代政治组织的宏伟设想,它将民族利益融进国家利益,国家利益体现民族利益,对民族的热爱要求遵守本地的法律,

---

① [英]齐格蒙特·鲍曼:《现代性与大屠杀》,杨渝东、史建华译,译林出版社2002年版,第157页。
② [英]齐格蒙特·鲍曼:《生活在碎片之中——论后现代道德》,郁建兴、周俊、周莹译,学林出版社2002年版,第217页。
③ [英]齐格蒙特·鲍曼:《流动的现代性》,欧阳景根译,中国人民大学出版社2018年版,第30页。
④ [英]丹尼斯·史密斯:《后现代性的预言家:齐格蒙特·鲍曼传》,萧韶译,江苏人民出版社2002年版,第59页。
⑤ [英]齐格蒙特·鲍曼:《被围困的社会》,郇建立译,江苏人民出版社2005年版,第10页。

第二章 反思现代性:现代性深陷两难困境

忠诚服务于国家,国家则声明坚决捍卫民族利益,给全体民族成员安全保障。民族共同体以国家形态呈现,成为当今世界上最具制度化、最具活力的现代化政治组织。20世纪30年代的德国被《泰晤士报》《费加罗报》描述为现代社会的典范,他们把"德国说成是文明之国的杰出典范、繁荣昌盛的杰出典范、社会安定的杰出典范、工会忠顺合作的杰出典范以及法律和秩序的杰出典范"①,然而,奥斯维辛集中营的大屠杀事件让德国形象彻底破碎,野蛮、非理性、残暴成为纳粹人统治德国的时代形象。鲍曼认为,民族和国家的联姻与其说是反复无常的爱恨,不如说是彼此利用,推动民族国家形成发展的根本动力,是主权国家强制性力量,"民族国家更加明显地放弃其传统的职责,从建立作为大众普遍权利保护者的民族社团的计划转向让人们自己去过颇有体面和尊严的生活,而把促进市场的发展作为大众普遍有机会自力更生、发财致富的充分保证。这却使得新出现的穷人的痛苦雪上加霜——在他们受到的伤害上又添加凌辱,使贫穷又抹上一层羞辱"②,主权国家力量成为少数人的特权、经济上的压榨者,人们对国家的忠诚度、信任感越来越低。在此情境下,"民族国家主权继续削弱的后果之一就是种族性力量再次变得松散、失控、不定、游离和难以控制。它脱离了民族国家时期压在身上的经济和社会管理重担,自由地漫游于感情的稀薄空气之中。种族特点的力量如今比过去整个欧洲历史上任何时候更强大"③。

现代国家的整合力遇到个体民主的力量的抵制,个体发展同国家发展没有在同一轨道上。鲍曼认为:"我们生活在残酷无情的时代里,而这是一个竞争的、胜人一筹的时代,在这个时代,我们周围的人看来都守口如瓶,很少有人会急着要帮助我们;人们在回应我们救援的呼声时,我们听到的却是让我们自力更生的劝告;只有迫不及待地要抵押我们的财产的银行,在向我们献媚并想

---

① [英]齐格蒙特·鲍曼:《现代性与矛盾性》,邵迎生译,商务印书馆2003年版,第30页。
② [英]齐格蒙特·鲍曼:《个体化社会》,范祥涛译,上海三联书店2002年版,第99页。
③ [英]齐格蒙特·鲍曼:《生活在碎片之中——论后现代道德》,郁建兴、周俊、周莹译,学林出版社2002年版,第286页。

要说'同意',而且即使是它们,也仅仅是在商业宣传中而不是在它们的办事处才是如此。"①鲍曼认为:"现代性是一种民主力量,它使所有人都成为个体,不管是现实的还是未来的。但是集体不朽的公式需要个性的压抑;而个体不朽的公式只有在个体保持少数人的特权的情况才有意义。"②作为集体公式,国家权威对个体民主造成巨大压力,顺服顺从是现实选择。作为个体公式,私人领域迎来了新前景,即消费时代的来临。消费市场成为个体施展自由的崭新舞台,商品经济开始统领现代人的日常生活,"在国家放弃控制之后无人掌管的文化控制台并没有变成知识分子的私产。相反,它被市场的力量所夺得。如果说政治监督已经彻底放松其控制,那么市场的以赢利为标准的控制所施加的束缚被证明等同于(也许更甚于)过去的政治控制"③。

第二节　现代性凸显矛盾性

无论从历史分期上,还是从社会实践进程上看,现代性并非一个单纯的完美结果,它在自身的发展变革的历史长河中也凸显另一种社会迹象:对立和抗争,这"使得现时代成为尤为惨烈的反矛盾性的战争时代"④。鲍曼认为:"为幸福而立法的现代理性之梦已带来了苦果。在理性规则、更好的秩序、更大的幸福的名义之下,(现代理性之梦)已经对人性(并且通过人性)犯下了最大的罪行。具有普遍理性和完美的现代浪漫被证明是一种代价很高的行为;它也被证明是失败的,因为秩序的大工厂仍然不断地产出更多的混乱,同时反对二元矛盾的圣战也引起了更多的二元矛盾。"⑤

---

① [英]齐格蒙特·鲍曼:《共同体》,欧阳景根译,江苏人民出版社2003年版,第4页。
② [英]齐格蒙特·鲍曼:《后现代性及其缺憾》,郇建立、李静韬译,学林出版社2002年版,第189页。
③ [英]齐格蒙特·鲍曼:《生活在碎片中——论后现代道德》,郁建兴、周俊、周莹译,学林出版社2002年版,第273页。
④ [英]齐格蒙特·鲍曼:《现代性与矛盾性》,邵迎生译,商务印书馆2003年版,第6页。
⑤ [英]齐格蒙特·鲍曼:《后现代伦理学》,张成岗译,江苏人民出版社2003年版,第280页。

第二章 反思现代性:现代性深陷两难困境

一、何谓矛盾性

不同于传统视角对矛盾的理解,鲍曼主要从社会哲学、语言学、心理学角度对矛盾性作出深刻论述,并以此透视现代社会中的困境难题。

矛盾性是一种对立对抗。鲍曼认为,矛盾性首先是哲学层面的对立局面,"是与非""肯定与否定""进步与落后"是矛盾性局面的基本判断用语。矛盾性对立问题贯穿人类社会发展进程,是理性、进步、善良、正义等社会价值的另一面问题。鲍曼指出,现代性在构建秩序的同时出现秩序的难题,如果秩序意味着理性、一致、协调、连贯、界定、清晰,那么秩序的"他者",秩序对立面表现有"不可界定性、不连贯性、不一致性、不可协调性、不合逻辑性、非理性、歧义性、含混性、不可决断性、矛盾性"①。上述一对对相互否定、对立的哲学认知反映出矛盾性。这一哲学观察视角深刻影响着鲍曼分析现代社会的术语概念,他一贯采用成对的"矛盾性"概念透析现代社会问题,譬如文明与落后、理性与人性、熟人与陌生人、生产者与消费者、本地人与异乡人、个体与公共体、安全与危险、和平与恐惧等,并从中挖掘背后的理论阐释框架。

矛盾性是一种语言界定功能的缺失。鲍曼认为,矛盾性是人们在语言运用过程中出现的一种特有迹象,矛盾性的出现同语言表述功能性缺失密切相关。现代社会发展瞬息万变,以精准描述为特质的现代语言对特定事物的界定越来越困难,矛盾丛生、排斥对立不可避免。在鲍曼看来,矛盾性并不是语言或言语病变的产物,而是人类语言实践运用中的必然产物,"它产生于语言的一个主要功能:命名和分类功能。矛盾的大小取决于发挥这一功能时的功效。因此,矛盾性是语言的变了形的本我,是恒久的伴侣——确切地说,是它的正常状况"②。能进行命名/分类的客体或事物才会确保秩序和稳定,不能进行命名/分类的客体或事物就会产生矛盾和混乱,鲍曼认为,矛盾性是人类语言表述功能缺失的体现,"即那种将某一客体或事件归类于一种以上范畴

---

① [英]齐格蒙特·鲍曼:《现代性与矛盾性》,邵迎生译,商务印书馆2003年版,第11页。
② [英]齐格蒙特·鲍曼:《现代性与矛盾性》,邵迎生译,商务印书馆2003年版,第1页。

的可能性,是一种语言特有的无序,是语言应该发挥的命名(分隔)功能的丧失"①。人类语言在进行命名的进程中产生矛盾,命名既是一种归属、认同行为(可分类),也是一种分离、阻隔行为(不可分类),能进行分类归属的事物就不会产生认知混乱问题,不能进行分类归属的事物就会产生认知混乱问题,不可分类性就是矛盾性。鲍曼指出,完成语言分类行为一般经历三个步骤,第一步假定世界是由各具特点、互不相连的实体组成;第二步假定每一实体各有一组自己所归属的实体;第三步将不同的分类行为与不同的实体种类关联起来,通过操作性界定命名达到实体分类目的。表面上看,语言分类命名行为的目的是为了消灭矛盾,但是无论界定、命名实体的归纳项目多么明确清晰,无法归纳的情况,即矛盾性始终存在。鲍曼指出,分类命令"行为是通过类别划分的均整性、定义边界的准确性和客体归类的明确性来衡量的。然而,这类尺度的运用以及它们所监控的活动的进展是矛盾性的最终源泉,同时这也是为什么无论建构的/秩序化的努力有多大、多么有闯劲,矛盾性总是不太可能真正绝迹的原因"②。语言命名分类总是幻想理想目标,即语言具有界定一切事物的功能,堪比是"包容一切文件的、宽敞的文件柜"。事实上,盲目追求这种一种万能"文件柜"恰恰是矛盾性层出不穷的根源,包容一切客体的命名分类在实践中不具有可执行性。鲍曼分析道:"每一次命名行动都将世界一分为二:合乎名称的实体;不合乎名称的余下部分。某些实体可以归入某一类——形成一类——但只有当其他实体被排斥,即被遗弃在外之后。"③显然,命名分类行为是一种施加于客观世界暴力行为,这种强制施加的暴力分量若还处于"认知解读"的范围内就能持续下去。一旦强制施加的暴力分类超过"认知解读"的范围就难以持续下去,从而发出强烈的矛盾性信号:即无法分类命名。鲍曼认为,矛盾性是人们分类命名行为的副产品,而要消灭矛盾、同矛盾作斗争只能通过更加准确的命名和更加精确的定义加以进一步的分类。精细化命

---

① [英]齐格蒙特·鲍曼:《现代性与矛盾性》,邵迎生译,商务印书馆2003年版,第1页。
② [英]齐格蒙特·鲍曼:《现代性与矛盾性》,邵迎生译,商务印书馆2003年版,第5页。
③ [英]齐格蒙特·鲍曼:《现代性与矛盾性》,邵迎生译,商务印书馆2003年版,第5页。

名分类是一个无法穷尽的过程,矛盾性的产生也是一个无限的进程。

矛盾性是一种混乱的情感体验。矛盾性是一种焦虑性体验,它引发人们对失序、混乱的注意力。鲍曼认为:"矛盾之所以是矛盾,主要是因为如果没有矛盾的感觉就不能对它进行考虑:它既有吸引力,又有排斥性,它提醒人们他们所希望而又害怕成为的样子。"[①]矛盾性是一种由于混乱不适而引起的情感性冲突。鲍曼认为,矛盾性体验以可怕、恐惧、不安、危险等心理感知状态呈现,"现代的实践,由于它对秩序过分的入神而从其他的实践之中脱颖而出,而所有的秩序所关注的是整齐的分工和明确的分类,并自动地将一切矛盾性看成是主要的、最可怕的杂草"[②]。混乱是对秩序的否定,是对常识的消解,成为人们建设美好世界要消除的问题。"矛盾是一切有序活动发誓、决心并希望要消除的东西。矛盾是一切有序化事务的原因:生活事务需要情况的澄明、选择及其结果的确定性,那种澄明与确定性的失却反弹为矛盾性,触发了引进秩序的努力。……几乎没有一对事务像秩序与矛盾那样难以分离,矛盾性是秩序生存所不可丧失的敌人"[③]。

二、矛盾性的基本表征

鲍曼认为,现代社会把矛盾视为混乱、失控和问题而加以解决,现代性的使命就是消除矛盾的使命。作为一种现实威胁,鲍曼主要从三个方面描述矛盾性的基本特点:排斥、无序和差异。

一是排斥特征。排斥,是矛盾性的天然属性。对立对峙、相互否定是矛盾排斥的态势,更是现代性需要解决的混乱难题。井然有序的世界是一个发现排斥,解决矛盾的世界,鲍曼认为,鉴别矛盾要从排斥局面入手,即从对立面、

[①] [英]齐格蒙特·鲍曼:《生活在碎片之中——论后现代道德》,郁建兴、周俊、周莹译,学林出版社2002年版,第243页。
[②] [英]齐格蒙特·鲍曼:《生活在碎片之中——论后现代道德》,郁建兴、周俊、周莹译,学林出版社2002年版,第252页。
[③] [英]齐格蒙特·鲍曼:《生活在碎片之中——论后现代道德》,郁建兴、周俊、周莹译,学林出版社2002年版,第245—246页。

被压制的一面、被驱逐的一面入手,从异于自身的他者寻找问题症结,"对立产生于对含混性的恐惧,成了矛盾性的主要源泉。任何分类的执行总是注定会引发反常现象的产生"①。鲍曼列出一长串相互排斥的对立面,"反常是正常者的他者,越轨是守法的他者,患者是健康的他者,野蛮是文明的他者,动物是人类的他者,女人是男人的他者,异乡人是本地人的他者,敌人是朋友的他者,疯狂是理性的他者、外邦人是本国人的他者、外行的普通人是专家的他者"②。矛盾的排斥特征,为探寻矛盾,分析矛盾,解决问题提供了路径和方法,但是,鲍曼认为,要从统一的高度认识矛盾困境,排斥的一面既是相互对立的一面,又是彼此依赖的一面,任何孤立的处理策略都不会产生良好的社会效益。

二是无序特征。无序是"秩序的他者"——混乱的直接体现,代表着对现代性秩序化理想的否定。鲍曼把无序视为人类"面对不可面对的"客观事实,要求"客观如实地面对无序"③。从某种意义上讲,人类自始至终处于无序状态,"一个自古以来的'残酷'事实是,人类存在于从未取得完全成功因而从未停止过的逃离无序的努力之中",正如鲍曼所描述的,像"犯罪""疾病",无序被视为危险的病态。可见,无序既是一种矛盾状态,更是人类境况状态,"这种状态以所有元素的流动性、无定型性、不确定性、无差别性和整体的混乱为特征"④,它隐藏在社会运行进程中,渗透于日常生活。鲍曼还指出,"'无序'是作为一个失败的信号和一则破产的通知、对野心中所含的傲慢的提醒和随后所做各种努力的脆弱性而突然闯进我们的生活的。无序格外地威胁着既定的习俗所高扬的承诺"⑤。无序的体验会引发极度的焦虑,鲍曼认为:"无序的主要征兆是,在我们不能恰当地解读特定的情境时,以及在可抉择的行动间不

---

① [英]齐格蒙特·鲍曼:《现代性与矛盾性》,邵迎生译,商务印书馆2003年版,第92页。
② [英]齐格蒙特·鲍曼:《现代性与矛盾性》,邵迎生译,商务印书馆2003年版,第23页。
③ [英]齐格蒙特·鲍曼:《生活在碎片之中——论后现代道德》,郁建兴、周俊、周莹译,学林出版社2002年版,第10页。
④ [英]齐格蒙特·鲍曼:《生活在碎片之中——论后现代道德》,郁建兴、周俊、周莹译,学林出版社2002年版,第4页。
⑤ [英]齐格蒙特·鲍曼:《生活在碎片之中——论后现代道德》,郁建兴、周俊、周莹译,学林出版社2002年版,第6页。

能作出选择时,我们所感受到的那种极度的不适。正是由于不适所引起的焦虑以及随后而生的迟疑不决,我们才将矛盾性体验为一种无序。"①这种无序更是一种威胁和不安,人们原本拥有对秩序性和可计算性的控制感,而偶然性、随机性的无序世界使得已有认知发生动摇,"矛盾性混淆了对事件的计算,搞乱了那些熟记的行动模式的意义"②,从而导致人们无法判断问题,丧失控制权。

三是差异特征。差异构成了现代社会的多彩的一面,是矛盾多样性特质的标志。鲍曼认为:"差异失去了框架,急遽增多,它们处于自由的状态中,可能形成,移动,连接和利用新的结构。差异层出不穷,以前被认为与事物的整个计划无关因而被忽视的事物,现在成为生活世界的背景。以前被认为无法相提并论的差异,出人意料地融为一体或者成为争论的目标。相互竞争的计划交叠、冲撞,纯粹出于偶然,才可能组成一幅'正规的'、具有普遍约束力的地形图。"③差异是对一致性、齐正度、标准化的否定,是矛盾性彰显的多重叙述。但是,差异并不代表对立且无法化解的矛盾,也不意味着失控、混乱和不安,如何看待差异的独特性成为透析矛盾的重要方法。随着消费社会的到来,多样化的差异是矛盾性特有的存在方式,鲍曼认为,差异化个性成为现代社会的时尚,文明因差异而开放,生活因差异而精彩,"我们处在了一个喜欢差异的时代。对于关注灵活性和开放性的追求刺激者或寻求体验者而言,差别是十分珍贵的。……差异——我们的差异以及他人的差异——都是人类文化的产品"④。

三、矛盾性的现代社会

现代社会是一个"处处矛盾、时时矛盾"的世界,矛盾性的客观存在这一

---

① [英]齐格蒙特·鲍曼:《现代性与矛盾性》,邵迎生译,商务印书馆2003年版,第1页。
② [英]齐格蒙特·鲍曼:《现代性与矛盾性》,邵迎生译,商务印书馆2003年版,第4页。
③ [英]齐格蒙特·鲍曼:《后现代性及其缺憾》,郇建立、李静韬译,学林出版社2002年版,第12页。
④ [英]齐格蒙特·鲍曼:《后现代性及其缺憾》,郇建立、李静韬译,学林出版社2002年版,第32—33页。

基本事实是人们认识世界的独特工具。鲍曼认为,现代社会的进步历程既是追求秩序、向往美好的发展史,也是直面矛盾并同矛盾共存共生的斗争史。

矛盾性是人类社会的持久状况。鲍曼认为,"世界具有矛盾性,尽管其殖民者和统治者并不喜欢这样,而且不择手段地试图将它变成不具矛盾性的世界"①,现代性向来把解决矛盾视为己任,精心设计美好社会,"现代思想将人类习性看作一个花园,它的理想形态是通过精心构思、细致补充设计的计划来预定的,它还通过促进计划所设想的灌木、花丛的生长——并毒死或根除其余不要的及计划外的杂草来实行"②。显然,解决问题,清除矛盾是"现代化社会工程"的常态工作。鲍曼还发现,"尽管这一筹划决意要根除矛盾性,但却造成了它的泛滥:尤其是发现了证据不足的说明/矛盾性/偶然性是一种人类持久的状况,确切地说,是这一状况的最主要特征"③。现代性筹划把秩序放在首位的同时,也把矛盾放在首位,消除矛盾的过程反而成了矛盾再生的过程。鲍曼这样解释,现代性"试图用同一性代替多样性,用连贯的、明晰的秩序替代相互矛盾的状态——然而,这种努力不可抑制地产生了很多的分界、多样性和矛盾状态,比它想尽力去除掉的更多"④。鲍曼强调,矛盾具有内生性,"对矛盾性的斗争既具有自身毁灭性也具有自身推进性。它之所以能以不竭的力量继续下去,是因为它在解决难题的同时又在创造着自身的难题"⑤。鲍曼认为,同现代性文化一样,矛盾性也是一种文化,"现代性的历史是社会存在与其文化间充满张力的历史。现代存在迫使其文化成为自己的对立面。这种不和谐正是现代性需要的和谐"⑥,歧义性、偶然性、失常性成了每天面对的棘手问题,现代性在对立矛盾中解决问题,也在解决问题中发现矛盾,我们可以看

---

① [英]齐格蒙特·鲍曼:《现代性与矛盾性》,邵迎生译,商务印书馆2003年版,第271页。
② [英]齐格蒙特·鲍曼:《生活在碎片之中——论后现代道德》,郁建兴、周俊、周莹译,学林出版社2002年版,第227页。
③ [英]齐格蒙特·鲍曼:《现代性与矛盾性》,邵迎生译,商务印书馆2003年版,第25页。
④ [英]齐格蒙特·鲍曼:《后现代伦理学》,张成岗译,江苏人民出版社2003年版,第6页。
⑤ [英]齐格蒙特·鲍曼:《现代性与矛盾性》,邵迎生译,商务印书馆2003年版,第6页。
⑥ [英]齐格蒙特·鲍曼:《现代性与矛盾性》,邵迎生译,商务印书馆2003年版,第15页。

到,"现代世界是冲突的世界,它也是冲突已经被内化了的世界"①,每一个人必须学会在矛盾世界里生活,"有必要首先在秩序、确定性和齐一性的现代推进的接受端进行挣扎,有必要学会忍受一个无法确定的世界所具有的多义性、矛盾性和无限可能性"②,不管科学技术如何先进,文明制度多么进步,人们是不可能创造一个没有矛盾的世界,"秩序的多元性和矛盾性——热情地或勉强地——得到了永久居住权"③。

矛盾性衍生恐惧。矛盾性是失序、不确定、混乱的源头,也是危险、恐惧和灾难的源头,鲍曼指出:"不确定性具有混乱的性质,给人以不舒服的感觉。而从最坏的方面说,它给人以危险感。"④鲍曼认为,异乡人是矛盾实体在现代社会中的鲜活标签,是繁殖不安和恐惧感的温床。异乡人闯入新世界,来源不明、身份不明、行为不明,对世界秩序和社会稳定构成极大威胁,当地人从认知框架和情感上难以接受认同,这主要因为异乡人"未邀自到,径自进入生活世界,并因此将我抛向他的主动行动的接受端,使我成为行动的客体,而他则是行动的主体:这一切正像我们所记得的那样,是敌人的一个声名狼藉的标志。但是,与其他'赤裸裸的'敌人不同,他并不在一个令人放心的距离之外,也不在战线的另一端。他是世界秩序的一个始终如一的威胁"⑤。由于人们对异乡人不了解也不理解,更无法对其进行分类,因而"他们必须被禁止、解除武装、受到压制、遭到肉体的和精神的放逐——否则世界就会毁灭"⑥。从另一方面讲,异乡人被本地人定义为"既非朋友亦非敌人"的极端分子,成为一种文化上的入侵者、不可信任者,具有强烈的排斥外在性,"正是这种对外在的

---

① [英]齐格蒙特·鲍曼:《现代性与矛盾性》,邵迎生译,商务印书馆2003年版,第269页。
② [英]齐格蒙特·鲍曼:《现代性与矛盾性》,邵迎生译,商务印书馆2003年版,第298页。
③ [英]齐格蒙特·鲍曼:《现代性与矛盾性》,邵迎生译,商务印书馆2003年版,第347页。
④ [英]齐格蒙特·鲍曼:《现代性与矛盾性》,邵迎生译,商务印书馆2003年版,第85页。
⑤ [英]齐格蒙特·鲍曼:《现代性与矛盾性》,邵迎生译,商务印书馆2003年版,第89页。
⑥ [英]齐格蒙特·鲍曼:《现代性与矛盾性》,邵迎生译,商务印书馆2003年版,第88—89页。

观点的意识(即由异乡人的地位所体现的一种观点),使得本地人感到不舒服,感到在回家之路和真理之路上的不安全"①。异乡人带来的无序和混乱搅乱了日常生活,鲍曼指出:"生活世界被不协调的、相互自治的权威的干预所辖制,它充满了矛盾的信息、背道而驰的压力以及那些不牺牲或不危及其他需要就无法得到满足的需求。这一切进一步加剧了真正的危险和对错误的恐惧。"②

异乡人的矛盾世界。异乡人的出现,成为现代社会矛盾问题的聚焦点。"异乡人带来了一个独一无二的、绝对矛盾的混合体"③,"这个异乡人揭示了世界秩序的虚伪:秩序只能掩盖却无法治愈由对立维系的含混性"④。鲍曼主要从自我建构和社会建构两个方面深刻阐释了异乡人的矛盾世界。一方面,从自我建构方面讲,异乡人是现代性的灾星,是一个根深蒂固的矛盾实体。鲍曼认为,作为矛盾性的化身,异乡人代表着否定、反常和不可分类性的存在。异乡人否定了现存的秩序结构,其独有的不可分类性,意味着既非朋友亦非敌人。异乡人打破了朋友和敌人这一对立概念的平衡状态,凸显了矛盾性的存在事实。朋友、敌人是彼此对立的概念,前者的是乃后者的非,反之亦然。异乡人对固有的二元化结构分类进行了彻底的否定,"具有既非/亦非的性质,这就是说,它们对不是/就是的性质产生不利的影响。它们那证据不足的说明正是其效力:因为它们什么都不是,所以它们有可能什么都是。它们总结了对立所具有的秩序化权力,因此也终结了对立之叙事者秩序化权力。它们将外带入内,用混乱的怀疑来毒化秩序的舒适,这正是异乡人的所作所为"⑤。鲍

---

① [英]齐格蒙特·鲍曼:《现代性与矛盾性》,邵迎生译,商务印书馆2003年版,第117页。
② [英]齐格蒙特·鲍曼:《现代性与矛盾性》,邵迎生译,商务印书馆2003年版,第339页。
③ [英]齐格蒙特·鲍曼:《现代性与矛盾性》,邵迎生译,商务印书馆2003年版,第126页。
④ [英]齐格蒙特·鲍曼:《现代性与矛盾性》,邵迎生译,商务印书馆2003年版,第270页。
⑤ [英]齐格蒙特·鲍曼:《现代性与矛盾性》,邵迎生译,商务印书馆2003年版,第84—85页。

第二章 反思现代性:现代性深陷两难困境

曼认为,"正如绝大部分既为我们生活其中的世界又为我们的在世生活同时安排秩序的那些对立一样,这一对立也是内者与外者间主要对立的一种变异"①。而异乡人的不可归类性,引发已有社会规范的反常,鲍曼强调:"没有一种反常现象比异乡人更加反常。他处在朋友与敌人、秩序与混乱、内与外之间。他代表了朋友的不可信任性,代表了敌人伪装的狡猾性,代表了秩序的不可靠性,代表了内在的易受伤害性。"②可见,异乡人的存在,就是一种混乱状态,冲击并瓦解世界秩序结构。人们无法把异乡人纳入正常的世界规则、稳定的社会结构中,被敌视、驱逐和消灭成为异乡人的宿命,这也是秩序本质所决定的秩序功能。道德是社会规范,更是社会秩序,而异乡人混乱的社会角色定位,使其成为丧失道德资格,远离道德文明的异类。鲍曼把异乡人视为现代性建构秩序中的废弃物,要像剔除杂草一样给予消灭,异乡人在文明制度中找不到所属位置,任何同化异乡人或者驯化异乡人的努力,"等于再次确认异乡人的生活方式是低劣的、不合社会道德标准的以及不合适的;等于宣布异乡人的初始状态是一个必须洗刷一净的污点;等于承认异乡人生来有罪"③,让异乡人不再是异乡人是一件不可能的事。

另一方面,从社会建构方面讲,异乡人是普遍性的独特存在,是构建美好社会的客观障碍。异乡人在社会生活中逐渐形成独有的属性,即"成为异乡人,也就意味着要遭到拒绝,意味着放弃自身构造、自身界定、自身认同的权利。成为异乡人,也就是意味着要从与本地人的关系中以及从本地人审视的目光中获得自身的意义。成为异乡人,也就意味着要放弃自主、放弃自己的生活具有意义的权力。成为异乡人,也就意味着要能够生活在永远的矛盾性之中,过着装腔作势的替代性生活"④。鲍曼还指出,异乡人"威胁到了社交本

---

① [英]齐格蒙特·鲍曼:《现代性与矛盾性》,邵迎生译,商务印书馆2003年版,第80页。
② [英]齐格蒙特·鲍曼:《现代性与矛盾性》,邵迎生译,商务印书馆2003年版,第92页。
③ [英]齐格蒙特·鲍曼:《现代性与矛盾性》,邵迎生译,商务印书馆2003年版,第108页。
④ [英]齐格蒙特·鲍曼:《现代性与矛盾性》,邵迎生译,商务印书馆2003年版,第136页。

身,即社交的可能性。它要让敌友间的对立亮出其老底:它是世界全图,是耗尽一切差异并在自身之外不留它物的差异。由于那一对立是一切社会生活和拼凑并维系这一生活的一切差异的基础,因此异乡人会削弱社会生活本身"①。异乡人同社会秩序格格不入,是对立对抗的存在,他"会侵犯存在之地图上的一条重要边界,因此必须受到坚决抵制。异乡人有着离去的自由,他也有可能是被迫离去……异乡人损害着世界的空间秩序,即经过斗争而来的、道德的和地形的接近性之间的协调。异乡人扰乱了物理和心理距离间的共振。因为,他具有物理上的临近性,同时又保持了精神上的疏远性"②。异乡人是物理上临近性和心理上疏远性的统一体,在空间上他随时植入生活世界的各个角落,成为日常生活中不得不面临的外来的共处对象;在情感上他"所作的承诺、所保证的忠诚、所表现的奉献,是不可信赖的"③。

现代人不知道如何同异乡人相处。一般而言,朋友意味着共同的责任,是信任依赖的对象。敌人意味着对手,是抵制斗争的对象。而面对异乡人这一新角色,人们既没有可遵循的规则,也没有处置的办法。"人们在责任的另一端遇见朋友,在剑尖处遇到敌人。不存在任何遇见异乡人的明确规则。与异乡人的互动,总是一种不一致。它代表了由异乡人的混乱状态所引起的规则的不可通约性"④。为此,鲍曼提出的相处之道便是,将异乡人的存在视为一种特殊的相遇,或称之为一次实际上不是相遇的相遇,一次假装不是相遇的相遇,一次错遇,即有艺术的错遇。错遇既是一种相处技术,也是一种相处艺术,"首先是一套技术,用来对与他者的关系去道德化。其全部的作用是,否定异乡人是道德客体和道德主体,或者确切地说,排除这类景况与异乡人的道德意义间的相符性"⑤。鲍曼认为,异乡人坚决拒绝现代国家的同化,拒绝被划分

---

① [英]齐格蒙特·鲍曼:《现代性与矛盾性》,邵迎生译,商务印书馆2003年版,第83页。
② [英]齐格蒙特·鲍曼:《现代性与矛盾性》,邵迎生译,商务印书馆2003年版,第90页。
③ [英]齐格蒙特·鲍曼:《现代性与矛盾性》,邵迎生译,商务印书馆2003年版,第91页。
④ [英]齐格蒙特·鲍曼:《现代性与矛盾性》,邵迎生译,商务印书馆2003年版,第94—95页。
⑤ [英]齐格蒙特·鲍曼:《现代性与矛盾性》,邵迎生译,商务印书馆2003年版,第95页。

为"我们"和"他们",朋友和敌人,"既顽固又惹人生气地保持着不确定性——他们的数量和损害力似乎随着二分作用的加强而增长。对异乡人的直接进攻从一开始就应该得到大量技术的支持、加强和补充——这些技术本来就是用来使得与异乡人的长期的共同存在成为可能"①。主要有两种解决处理异乡人的路径:一是激进的解决异乡人处理办法,即从物理上进行永久的革除,用暴力手段消灭那些被认为不和谐的一切。鲍曼分析到,犹太人因其同德国日耳曼的异质性,成为奥斯维辛集中营大屠杀的首选对象,这是因为犹太人是"充斥着地方性秩序的世界上的、野性的最后残余,是由精心整理的花园所组成的世界中的、自身繁衍的野草,是定居者中间的流浪者。他们是众民族不得不组织自身以对之加以防范的危险"②。二是柔和地解决异乡人的手段,即推广"文化栅栏"运动,在行动上尽可能减少同异乡人的接触,出台严格的禁止通婚、通商和共生的规定,目的是将异乡人排除在日常生活之外,进而消除其影响力③。鲍曼认为,深陷矛盾状态,不是异乡人选择的结果,也不是异乡人所能够控制得了的局面,这种对立状态源生于现代性,即由试图消除差异性所引起的文化现象。这一过程可导出这样的启示:"矛盾性无法从存在中抹去,与生活方式和信仰中的'纯文化的'、暂时的以及人为的差异相比,局外性有更牢固的基础,更小的可操作性。文化同化的实践越成功,这一'真理'越是能够更快地'被发现'。因为,文化同化中的异乡人所具有的日益顽固的非齐一性,本身就是其同化的人工制品"④。鲍曼还认为,异乡人不仅是一个纯粹的社会哲学概念,还是活生生的现实群体,他们散落在全世界各地,每天背负着精神上的疏离感和身份上的排斥感,主要表现在三个方面:一是他者的身份,异乡人借助全球化时代的便利在不同的国家、地区和时空流动,在享受资

---

① [英]齐格蒙特·鲍曼:《现代性与矛盾性》,邵迎生译,商务印书馆2003年版,第99页。
② [英]齐格蒙特·鲍曼:《现代性与矛盾性》,邵迎生译,商务印书馆2003年版,第127页。
③ [英]齐格蒙特·鲍曼:《现代性与矛盾性》,邵迎生译,商务印书馆2003年版,第102页。
④ [英]齐格蒙特·鲍曼:《现代性与矛盾性》,邵迎生译,商务印书馆2003年版,第111页。

源和机遇的同时却无法融入到当地文化中,终究得不到本地人的认同,"无家可归"的漂流身份是外来者的真实写照;二是焦虑不安,作为外邦人,异乡人如何同本地人交往成为其生活最忧虑的困难,既不想被抵制排斥又不想被同化改造,还希望在融入本地文化时保留自身属性,这必然导致精神上长期压抑和内心焦虑;三是普遍的无根性,异乡人是"永久的流浪者,是非领土性的象征,是无家性,是根的缺场"①,找不到家的归宿,成为现代社会的陌生人。

第三节 现代性辩证法

辩证法是鲍曼现代性思想的重要内容,"这也许来自他的马克思主义基础训练,……以此展现他的理论和世界的样式"②。鲍曼认为,现代性具有强烈的内在二元张力,即它所允诺的美好理想和目标并未得到兑现,甚至在某种程度上还进一步恶化、颓废、反动。鲍曼主要对现代性与矛盾性、秩序与失序、个体与共同体、消费社会的繁荣与隐忧、全球化的福与祸等重要问题给予了精彩的阐释。

一、现代性与矛盾性

现代性是一个矛盾体,它自身内嵌着不可调和的矛盾性。鲍曼认为,现代性寻求一种完美秩序的努力现如今变成了一整套令人恐惧的力量,基于现代性所凸显的矛盾性难题,鲍曼提出了"现代性产生了矛盾态度"的经典论断。"在过去的几十年里,许多现代性的内在矛盾已经达到了严重的地步,它导致了现代社会结构和现代秩序的变革"③。精要地说,现代性产生矛盾态度,指

---

① [英]齐格蒙特·鲍曼:《现代性与矛盾性》,邵迎生译,商务印书馆2003年版,第127页。
② [英]丹尼斯·史密斯:《后现代性的预言家:齐格蒙特·鲍曼传》,萧韶译,江苏人民出版社2002年版,第64页。
③ [英]丹尼斯·史密斯:《后现代性的预言家:齐格蒙特·鲍曼传》,萧韶译,江苏人民出版社2002年版,第168页。

第二章 反思现代性:现代性深陷两难困境

的是现代世界越来越复杂,越来越难以把握,世界不是我们被告知的样子,或者被强迫相信的样子。现代性衍生出了众多问题,它已经动摇了我们对既定规则、理念和价值的信仰,增加了人们认识社会的困惑和疑虑。从另一方面讲,现代性本身就是问题的制造者,它在解决问题的同时产生了新的问题,从而陷入了恶性的"矛盾再生"怪圈。现代性试图用理性消除矛盾和忧虑,精心地筹划清晰的外部环境,不给优柔寡断、反复无常和矛盾心理留下任何空间。然而,这一宏伟的筹划与现代性的本质特征相互冲突,其结果便是"现代性不仅没有能够用彻底立法的秩序的清晰性与透明性取代前现代时期的'自然的混乱',反而制造出整体的人为混乱,稳定成了不断消退的幻境。"[1]在鲍曼看来,现代性本身就是对矛盾性问题的最佳诠释,"典型的现代实践(即现代政策、现代智力、现代生活之实体)乃是为根除而作的努力,是一种为精确界定——并为压制和消灭不能或不会被精确定义的一切而作的努力。"[2]然而,具体的现代实践却否定了现代性的努力和筹划。鲍曼指出,现代国家是一块纷争之地,世间的骚动不安、暴力行径、恐惧担忧是对现代秩序、规律运行理想世界的瓦解和否定;现代智力追求的精准性也遭到了抵制,它在本质上是一项"无奈"的努力,智识上的分类和命名是另一种形式的"排斥",每一次命名行动都将世界一分为二,"合乎名称的实体;不合乎名称的余下部分。……矛盾性是分类劳动的副产品。"[3]因而,矛盾性在理性功能丧失的那一刻不可避免地出现,矛盾性不是语言或言语病句的产物,它是现代实践的产物。现代生活是一种焦虑的、碎片化的生存方式,"现代性的历史是社会存在与其文化间充满张力的历史。现代存在迫使其文化成为自己的对立面。这种不和谐正是现代性需要的和谐。"[4]现代性还把世界的不和谐、碎片化作为自己的最大的"炫

---

[1] [英]齐格蒙特·鲍曼:《个体化社会》,范祥涛译,上海三联书店2002年版,第4—5页。
[2] [英]齐格蒙特·鲍曼:《现代性与矛盾性》,邵迎生译,商务印书馆2003年版,第12—13页。
[3] [英]齐格蒙特·鲍曼:《现代性与矛盾性》,邵迎生译,商务印书馆2003年版,第5页。
[4] [英]齐格蒙特·鲍曼:《现代性与矛盾性》,邵迎生译,商务印书馆2003年版,第15页。

耀","一个可以崩溃成问题泛滥的世界,亦是一个可以管理的世界"①。事实已经证明,碎片化的世界是一个不可控制、管理的矛盾世界,它与现代性共生相伴,"矛盾性是现代时代最真切的担忧和关切,因为和其他被战败、受奴役的敌人不同,矛盾性随着现代权力的每一次胜利而不断强壮。"②

二、秩序与失序

秩序与失序的矛盾,是鲍曼审视现代性筹划的重要角度。秩序和失序辩证地存在于现代性的筹划中,秩序意味着对失序的否定,失序也意味着对秩序的破解。而在现实中,秩序和失序又共存于事物的具体发展进程中。质言之,秩序和无序是同生共存的辩证关系。鲍曼指出:"秩序就是混乱;混乱乃是无秩序。秩序和混乱是现代之孪生儿。"③现代性在自身的筹划中衍生了秩序和无序问题。为了建构理想中的美好社会,人们普遍推崇秩序而贬低无序,但是在现实中,越是努力建立秩序,无序混乱的局面越是增加,"秩序的肯定性是为了反对无序而建构自身,但是无序的存在却是秩序自身构成的产物:是它的副作用、它的废弃物,而且还是它的(反身的)可能性的绝对必要条件。没有混乱的否定性,便没有秩序的肯定性;没有混乱便没有秩序。"④他还进一步阐释到,秩序是对失序的"洞识",是确定与歧义的抗争、明朗对晦涩的抗争、清晰对模糊的抗争;无序是"秩序的他者",是不可界定性、不一致性、不合逻辑性、不可协调性的矛盾凸显。秩序和无序孕育并发展壮大于"既不知必然也不知偶然的审定世界的分化和瓦解中",是人们的现代意识把事物的发展命名为秩序和无序的"两元对立"中。建立秩序,寻求一个井然有序的世界是现代性的核心任务。

人们希望生活在有序、和谐、稳定的社会里,一个有秩序的世界是人类理

---

① [英]齐格蒙特·鲍曼:《现代性与矛盾性》,邵迎生译,商务印书馆2003年版,第19页。
② [英]齐格蒙特·鲍曼:《现代性与矛盾性》,邵迎生译,商务印书馆2003年版,第24页。
③ [英]齐格蒙特·鲍曼:《现代性与矛盾性》,邵迎生译,商务印书馆2003年版,第7页。
④ [英]齐格蒙特·鲍曼:《现代性与矛盾性》,邵迎生译,商务印书馆2003年版,第11页。

想社会的重要目标。有序的世界有两大基本特征,一是可计算性,二是永恒性。鲍曼指出,一个井然有序的世界是一个完美的世界,"在这里人们知道如何继续下去(或者说,知道一成不变的意味着什么,人们知道如何找到——且是确切地找到——继续下去的方式),在这里人们知道如何计算事件的或然性,如何增加或减少这种或然性;一个井然有序的世界也是这样一种世界,在这里某些情境间的连接以及某些行动的效力总的来说一直是恒常不变的,这样,人们就可以将过去的成功当作未来成功的导向。"①可见,人们对世界的秩序一向抱有兴趣和期待。但是,秩序和失序是一对矛盾体,无论人们建构秩序化世界的工作有多努力,失序总是相伴相随,难以真正的绝迹。鲍曼明确指出,建立秩序这一任务是现代性诸多承诺中最不可能完成的任务和目标,他分析道,现代性的秩序理想不可能实现,这源于秩序本身就属于一种建构,非自然秩序,失序诞生于秩序建构中。鲍曼强调,秩序和失序共同催生了现代性,即只要存在秩序和无序二元之分,它便具有了现代性;只要存在对秩序和无序作出抉择的境况,它便具有了现代性。

三、个体与共同体

个体和共同体是考察现代社会组织载体的重要范畴,个体意味着自由和无所依托,共同体意味着认同和归属,个体的自由流动性和共同体的认同确定性时而合二为一,时而不可调和。个体和共同体之间既存在不可逾越的鸿沟,也可以相互亲密无间,和谐相处。总之,个体和共同体的关系就是辩证统一的关系,鲍曼指出,一旦个体"失去共同体,意味着失去安全感;得到共同体,如果真的发生的话,意味着将很快失去自由。确定性和自由是两个同样珍贵和渴望的价值,它们可以或好或坏地得到平衡,但不可能永远和谐一致,没有矛盾和冲突"②。

马克思有句关于创造历史的名言——"人们自己创造自己的历史,但是

---

① [英]齐格蒙特·鲍曼:《现代性与矛盾性》,邵迎生译,商务印书馆2003年版,第4页。
② [英]齐格蒙特·鲍曼:《共同体》,欧阳景根译,江苏人民出版社2007年版,第6—7页。

他们并不是随心所欲地创造,并不是在他们自己选定的条件下创造"①,反观现代生活,我们可以说,人们能够创造生活,但不能选择创造生活的条件。个体是单个人的生存、生活状态的状态,"天意决定我们就是现在的个体",这种"天定"的个体有自由的选择权。但是"日趋分化了的个体"在力争给自己的生活赋予意义和目的的时候,个体遭遇了前所未有的困境。这种困境使得个体在存在方式、思维方式和行为方式上无法获得自由和安全这个双重目的。为了摆脱个体的困境,共同体为个体的焦虑、恐慌和无助提供解决方式:"栖息地"公共体。在鲍曼看来,共同体是一个相互依赖、信任的庇护所,它犹如宁静的港湾和温暖的家,为个体遮风避雨、驱寒保暖、提神振气。个体在共同体中体味到了欢乐、和睦、友爱和团结。一旦远离共同体,个体就深陷险情环生、威胁不断的处境,每时每刻都处于高度紧张和警惕中,精神极度疲惫。从这个意义上讲,个体向往共同体,共同体是个体的归宿,"在我们悲伤失意的时候,总会有人紧紧地握住我们的手。当我们陷于困境而且确实需要帮助的时候,人们在决定帮助我们摆脱困境之前,并不会要求我们用东西来作抵押;除了问我们有什么需要,他们并不会问我们何时、如何报答他们。"②

但是,共同体却是一个虚妄的想象,是人们对传统美好生活的向往,对重新拥有和谐世界的渴望和追求。鲍曼指出,现代社会虽然致力于把个体从传统社会解放出来,但是它依旧遵循着"丛林法则"的争强好胜和残酷无情,个体遭遇困境的局面得不到有效的解决。现代人不可能融入"想象的共同体"中,作为人们美好向往的共同体,"它试图具体化,妄称梦想已经实现,并(以这一共同体假定要提供的正义的名义)要求无条件的忠诚,把缺乏这种忠诚的所有事物看作不可饶恕的背叛的体现。如果我们要让自己努力成为其中的一员,那么这一实际存在的共同体将要求我们坚定地服从它,以换取它提供或许诺的提供的服务。你需要确定性吗?那么放弃你的自由,或至少是放弃你

---

① 《马克思恩格斯文集》第2卷,人民出版社2009年版,第470页。
② [英]齐格蒙特·鲍曼:《共同体》,欧阳景根译,江苏人民出版社2007年版,第3页。

很大一部分的自由。"①因而,在鲍曼看来,个体的自由和共同体的稳定是无法共存的,"共同体与个体之间的争执,永远不可能解决,并因而可能会在将来漫长的时间里长期存在"。②

四、消费社会的繁华与隐忧

鲍曼指出:"我们的社会是一个消费者社会。"③消费社会是鲍曼描绘现代社会景象的重要视域,现代世界已经由生产型社会形态转变为消费型社会形态,消费是现代人最重要的生活方式,"我们在街道上购买,在家里购买,在工作或闲暇时、在醒来时或在睡梦中,都在购买。无论我们在做什么,也无论我们把我们的行为称作什么,它都是一种购买,一种像购物那样展现的行为。"④在鲍曼看来,消费社会的繁华不只是物质性商品的海量生产,它还体现在消费理念、消费文化、消费哲学等精神领域里的革新和繁华。他指出,现代人的生活在本质上是消费生活,"我消费我存在"、"不在购物,就是在购物的路上"等理念深入人心,成为现代人的生存方式。消费社会最大限度地为现代人提供自由福利和生活幸福感,"新的自由领域已经在消费的空间出现,这是一个有着汽车展示室、大型地毯销售商店和提供额外供给的世界。这是一种甜美的、没有痛苦的自由,它带来了具有安全感的快乐……花费提供了服从于比我更大的某种东西的快乐,提供了直接的、感官的快乐,它们包括享受美味、芬芳、佳酿和遛车,提供了被漂亮的、闪光的、悦目的物品环绕的快乐。"⑤可以看出,鲍曼尤为肯定消费社会以及消费文化的巨大效能和影响力。但是,鲍曼还深入地剖析消费社会所暗藏的隐忧,即欲壑难填的消费欲求是消费社会内在的

---

① [英]齐格蒙特·鲍曼:《共同体》,欧阳景根译,江苏人民出版社2007年版,第6页。
② [英]齐格蒙特·鲍曼:《共同体》,欧阳景根译,江苏人民出版社2007年版,第7页。
③ [英]齐格蒙特·鲍曼:《全球化:人类的后果》,郭国良、徐建华译,商务印书馆2013年版,第76页。
④ [英]齐格蒙特·鲍曼:《流动的现代性》,欧阳景根译,中国人民大学出版社2018年版,第133页。
⑤ [英]丹尼斯·史密斯:《后现代性的预言家:齐格蒙特·鲍曼传》,萧韶译,江苏人民出版社2002年版,第125页。

运转机理,富人和穷人被重置新的身份:消费者和有缺陷的消费者,消费自由是一种虚假的自由。首先,消费哲学是一种欲望哲学。长期以来,人们的消费目的是生存需求(包括生理生存和社会生存),一旦"需求"被"满足",更多的消费就失去了意义。然而,鲍曼指出:"消费社会和消费主义文化的明显标志并不是这样的消费,甚至也不是数量迅速提升的消费。消费从先前限定其多少的手段中解放了出来……在消费社会中,消费本身就是目的,因此它是自我推进的。在消费社会中,社会成员的需求恰恰相反,它即使在得以满足之后也不会消失——如果可能的话,它将变得更加强烈。"①消费社会不是关于满足的社会,消费由一系列欲望组成,它本身是一个自我产生和自我永恒的欲望机器,"它注定是永远无法满足的——不管其他的(身体或精神)目标提升到什么样的高度。最重要的'生存',不是消费者身体或社会认同的生存,而是欲望本身的生存:恰恰是欲望——消费的欲望——造就了消费者。"②其次,富人和穷人被重置为理想消费者和有缺陷的消费者。鲍曼认为,消费社会在本质上依然维护资本主义生产,捍卫资产阶级利益,"市场诱惑消费者去购买商品,以维持和再生产资本主义的秩序。"③不过,消费社会以更加隐蔽的手段掩饰其资本增值的本性,它借用新的身份来指称富人和穷人,即把富人设定为理想的消费者,把穷人设定为有缺陷的消费者。有缺陷的消费者是消费社会抛弃的人,他们没有任何地位和价值,"在消费社会里,导致社会(地位)降格和'内部'的首要原因,是个人作为消费者的不适当。这种不适当,这种无法尽消费者义务的不作为,转变成为被抛弃、被剥夺权力以及被降格。"④从这个意义上讲,消费社会制造出毫无任何地位的新穷人,"在消费取代生产并成为社

---

① [英]齐格蒙特·鲍曼:《被围困的社会》,郇建立译,江苏人民出版社 2005 年版,第 190 页。
② [英]齐格蒙特·鲍曼:《被围困的社会》,郇建立译,江苏人民出版社 2005 年版,第 190—191 页。
③ [英]丹尼斯·史密斯:《后现代性的预言家:齐格蒙特·鲍曼传》,萧韶译,江苏人民出版社 2002 年版,第 136 页。
④ [英]齐格蒙特·鲍曼:《工作、消费、新穷人》,仇子明、李兰译,吉林出版集团 2010 年版,第 85 页。

会运转的轴心的消费社会,穷人无力再与富人和精英势均力敌,而是成为毫无用途的'废弃的生命'和'有缺陷的消费者'"①。最后,消费自由是一种虚假的自由。由消费主义主导的消费社会,现代人的自由权益越来越取决于购物的消费自由度。消费占据了现代人生活方式、价值选择、文化认同的主导地位,人们在消费社会中享有前所未有的自由。但是这种消费自由是一种虚假的、带有欺骗性质的自由。消费市场通过引诱性的消费文化来实现其资本增殖的目的,鲍曼指出:"大众消费给资本主义带来了巨大的变化。它给予资本主义一种新的方式以维护其力量和安全。可以这么说,资本主义不再像19世纪那样迫使民众屈从,而是学会了哄骗民众的艺术,即让他们相信资本主义是对他们是有益的。"②消费主义以引诱消费者购物的行为来取代以往的暴力镇压行为,以电视媒体等广告说辞取代以往的政治性宣言,以创造出来的消费欲望取代强制性规范。现代人进入消费领域,个体自由首先是作为消费者的自由,"你购买的东西是你的身份。从你目不转睛地看电视的那一刻起,广告商就训练你如此思考。消费者被诱惑成购物的角色。"③为此,鲍曼指出了消费自由的欺骗性问题,"这种欺骗性表现在消费欲望主导的自由、快乐和幸福都是虚假的,而且是永难满足的。由于购物和消费品的依赖性是所有自由的必要条件,而自由依赖消费者选择的程度是通过使用大量的生产和推销的商品,从而最普遍具有诱惑力的是,把生活视为一系列消费选择的经历。消费除了自身的维持和强化外没有别的目的。"④

---

① [英]齐格蒙特·鲍曼:《工作、消费、新穷人》,仇子明、李兰译,吉林出版集团2010年版,第12—13页。
② [英]丹尼斯·史密斯:《后现代性的预言家:齐格蒙特·鲍曼传》,萧韶译,江苏人民出版社2002年版,第103页。
③ [英]丹尼斯·史密斯:《后现代性的预言家:齐格蒙特·鲍曼传》,萧韶译,江苏人民出版社2002年版,第183页。
④ [英]齐格蒙特·鲍曼:《工作、消费、新穷人》,仇子明、李兰译,吉林出版集团2010年版,第6页。

五、全球化的福与祸

全球化是当今时代发展的鲜明标签,是现代社会发展无法逆转的过程。全球化理念影响到现代人生活的方方面面,渗透到人们的思维、语言和生活习性中,甚至被视为"一把意在打开通向现代与未来的一切奥秘的万能钥匙"。鲍曼主要从两方面阐述全球化给现代社会带来的后果,即从幸福和祸害的角度审视全球化问题。

一方面,就幸福源泉而言,人们体验到并享受到全球化所带来的便捷、速度和自由。鲍曼指出,"时/空压缩"这一术语形象地描绘了全球化在改变现代社会结构方面所作出的贡献,以计算机—互联网为基础的全球化趋势彻底地改变了人们时间感和空间感,全球化不断推动社会时间和社会空间趋于"一体化",即现代时间的尺度就是现代空间的距离,时间和空间在某种程度上合二为一,时间所抵达的边界就是空间所处的位置,人们的时间感和空间感前所未有地如此接近。他阐释道:"以计算机为服务器的万维网终结了——就信息而言——'旅行'和要旅行的'距离'这种观念,使信息在实践中也和在理论上一样,在全球范围内瞬间可达。"①空间距离、时间长度已不再是限制现代社会发展的瓶颈,人们地域空间的概念越来越淡化,"我们却可以越来越有信心说目前正处于'地理终结'期。距离已不再重要,而地球物理边界这一观念在'现实世界'中越来越难以为继"②。此外,全球化的交通工具把整个世界贯通为一个"四通八达"的天地,"交通方式的不断进步是现代历史的标记。交通和旅行是变化尤其巨大、迅速的领域;这里所谓的进步,正如熊彼特很久以前指出的,不是马车的数量加倍的结果,而是新的交通工具——火车、摩托车和飞机——的发明和大批量生产的结果。正是由于人们可以获得快捷的旅

---

① [英]齐格蒙特·鲍曼:《全球化——人类的后果》,郭国良、徐建华译,商务印书馆2013年版,第14页。
② [英]齐格蒙特·鲍曼:《全球化——人类的后果》,郭国良、徐建华译,商务印书馆2013年版,第11—12页。

行工具,才触发了以地域为基础的社会和文化'总和'的消弱和损害,使之成为一个典型的现代进程。"①作为现代化的必然进程,全球化带来了史无前例的自由,现代人可以跨越任何物质性的障碍,享有闻所未闻的远距离移动和行事的能力。但是,人们并非均等地享受到全球化的福利,实际上全球化朝着两极化拓展,"这对某些人意味着自由,而对另一些人却预示着患上了空虚症。当今之世,有些人可以随心所欲地撤离任何地方,而其他人只能无可奈何地看着他们所居住的惟一的地区从他们脚下移开。"②

另一方面,就悲惨的祸根而言,全球化是一种新的剥削方式,它与资本共谋成为剥削、奴役和管控现代人的工具。特别是全球化经济霸权将自己的逻辑强加给现代世界和现代国家,明显具有极权主义倾向。对此,鲍曼指出:"'全球化'无非是极权主义将它们的逻辑延展到了生活的各个方面而已。国家没有足够的资源或机动的自由来抵抗压力——原因很简单,那就是'只要几分钟就足以使企业和国家本身都垮台了':在全球化这场巴莱歌舞表演中,国家要跳脱衣舞。到节目结束时,它光溜溜地只剩下了遮羞布:镇压权。民族国家的物质基础被摧毁了,主权和独立权被剥夺了,政治阶级被消除了,它也就成了那些大公司的一个普普通通的保安部门……世界的新统治者不必直接执政,各国政府代表他们担负起御事经管的重任。由于自由贸易规则无限制和不阻挡的传播,尤其是资本和金融的自由流动,'经济'已逐渐地摆脱了政治控制。"③全球化强有力地冲击以地域性为特征的国家的基础,国家主权的独立性在资本全球化面前不堪一击,受制于资本的奴役和管控,政治独立性的标准在全球化面前发生了重大变化,"在这样的一个世界中,支配一个地区并不需要领土入侵,也不需要派兵占领和监管被征服的领土,以及设置永久性驻

---

① [英]齐格蒙特·鲍曼:《全球化——人类的后果》,郭国良、徐建华译,商务印书馆2013年版,第13页。
② [英]齐格蒙特·鲍曼:《全球化——人类的后果》,郭国良、徐建华译,商务印书馆2013年版,第17页。
③ [英]齐格蒙特·鲍曼:《全球化——人类的后果》,郭国良、徐建华译,商务印书馆2013年版,第63页。

军和设立行政办公室。同现在可用的新方法相比,所有这些策略似乎都是笨拙、麻烦、令人讨厌和代价高昂的。"①资本进入其他国家和地区的方式更加隐蔽、便捷、迅速,它以全球化的市场经济、国际贸易、金融交易、股票流通的形式安营扎寨。地区性国家职能开始扮演资本流动的销售员角色,提供一个舒适的、好客的和诱人的环境,以便他们愿意在这里'搭建帐篷',资本主义经济发展摆脱地域性国家的政治控制,穿透一切妨碍性制度,寻求增长源。鲍曼指出:"目前的全球化要求传统国家大幅度地消减主权。相反,主权国家放弃自己的传统特权,就全球资本的比赛者而言,是全球资本的支配不会受到挑战的最可靠、最渴望的保证。"②在全球化时代,资本的本性并未改变,它一如既往地在落后国家和地区寻找廉价劳动力,"它喜欢在中欧、东欧、非洲、亚洲和拉丁美洲寻找工人。这是它维持高利润和低耗费的方法。"③当资本与全球化合谋后,资本的魔性逐渐彰显,它单方面地促使富人成为真正的"全球人",穷人只能是被遗弃的"本地人","穷人和下层社会的人除了被'囚禁'在他们生活的地区,就别无选择。这些地域越来越受到他们所匮乏的东西的限制,包括勇气、影响力、社群、公共生活和机会。对贫困的惩罚是把一个人圈在一个地方性区域,去忍受无意义的生活"④。

---

① [英]齐格蒙特·鲍曼:《被围困的社会》,郇建立译,江苏人民出版社 2005 年版,第 69 页。
② [英]齐格蒙特·鲍曼:《被围困的社会》,郇建立译,江苏人民出版社 2005 年版,第 70 页。
③ [英]丹尼斯·史密斯:《后现代性的预言家:齐格蒙特·鲍曼传》,萧韶译,江苏人民出版社 2002 年版,第 171—172 页。
④ [英]丹尼斯·史密斯:《后现代性的预言家:齐格蒙特·鲍曼传》,萧韶译,江苏人民出版社 2002 年版,第 182—183 页。

第三章　批判现代性:现代性霸权在全球

现代性孕育于启蒙时代,经由19、20世纪两百余年的实践发展,在21世纪大显光芒。现代性已经成为现代社会运转、治理和发展的思维方式和理论原则,镶嵌在人们的潜意识中,内化为言语习性和行为规范,是人们改造社会、创新发展的世界观、方法论。但是,以技术理性、自由市场、全球化、共同体为核心议题的现代性,在造福现代社会,服务现代生活的同时,越发凸显专断专制、虚假欺骗、灾难后果的面容,成为一种新型霸权,"更确切地说,是主宰的霸权形式的一个方面,或曰是企图通过霸权而进行主宰的一方面。现代性从一开始就是这么一种形式、这么一种企图"[1]。鲍曼坚持从批判角度反思现代性,"不管是从社会角度来说,还是从心理的角度来说,现代性都不可救药地是自我批评的"[2],鲍曼认为,构建秩序是现代性的雄心,科学的设计、管理和监督是现代性的内在要求。正如亚里士多德和柏拉图所言,人们无法想象一个没有奴役的良好或邪恶社会,那么现代人也无法想象一个没有管理、设计、监督的社会。生活在秩序化的世界里,"不能想象这样一个社会——无论是这个社会是幸福的还是悲惨的,它会没有管理者、设计者和监督者来联合制定别人必须遵从的规章条文,逐步实行让这些规章制度时刻挂在行动者的嘴上,

---

[1] 齐格蒙特·鲍曼:《现代性与大屠杀》,杨渝东、史建华译,译林出版社2002年版,第351页。

[2] [英]齐格蒙特·鲍曼:《后现代性及其缺憾》,郇建立、李静韬译,学林出版社2002年版,第82页。

而且把每一个想自己创造的规则的'叛逆者'烧死或打入地牢"①。这个世界是一个由控制塔和控制台控制的世界,现代人的希望和梦想都取决于台上那个最高指挥部。在鲍曼看来,我们必须关注现代性走向异化的趋势,"我们有理由对现代的承诺保持警觉,并且我们有理由对声称可以使现代的承诺变成现实的工具进行怀疑。我们有理由对哲学的确定性保持谨慎和留意,并有理由认为这种谨慎是明智的和现实的"②。在这一点上,英国学者戴维·托若维尔评论到,鲍曼著作里蕴含着浓厚反理性主义思想,对现代性异化研究颇有见地。

第一节 技术理性凸显异化

现代社会因技术理性而进步,也因技术理性而变革,有的变革引领社会向前发展,有的变革阻碍社会文明进步。鲍曼向来对理性持谨慎态度,"由于我们一直被教育要尊重和崇尚技术效率和认真计划,因此我们只能承认,在赞扬我们的文明所带来的物质进步时,我们已经过分低估了它的真实潜力"③,这种隐藏的潜力就是不易被发觉却现实存在的矛盾境遇,技术理性在自身的发展中会呈现出反文明、反人类的异化面容。

一、理性不再是解放力量

自启蒙运动以来,理性成为现代人信奉的价值,人们不再信仰上帝,宗教也不再是庇护所,科学成为真理"化身",科技是第一生产力,极大地促进社会变革,人类依循理性原则高效地组织物质生产,处理国家事务,治理现代社会,推动人类进步发展,"科学家们和工程师们勘探了环境的财富,并且企图发现

---

① [英]齐格蒙特·鲍曼:《流动的现代性》,欧阳景根译,中国人民大学出版社2018年版,第105页。
② [英]齐格蒙特·鲍曼:《后现代伦理学》,张成岗译,江苏人民出版社2003年版,第280页。
③ [英]齐格蒙特·鲍曼:《现代性与大屠杀》,杨渝东、史建华译,译林出版社2002年版,第12页。

对物质的操作的规则。他们改进了操纵自然界的工具,肯定了人类对自然界的影响力。武器变得越来越致命,药品变得越来越有效,发动机的功率变得越来越大。运输和传播系统已经渗入世界的深处"①。但是,理性既可以作为解放力量,也可以作为束缚力量。对待理性问题,鲍曼认为,理性最初(17世纪和18世纪初)是一种解放力量,它有力地动摇瓦解封建迷信的统治权,为人类自由解放提供指引,引领人类历史向前发展。然而到了19世纪,"理性不再是一种解放力量,成为权力机构的工具,特别是国家和专家手中的工具。结果是出现了一个社会不平等和不自由的强制性政权"。② 科学在改造自然、创造美好生活的同时,在破坏自然,毁灭美好生活,这一切当中最恐怖的是:"科学已经显示了它危险的一面。我们运用科学和技术越来越快地驾驭着世界,从自然中榨取越来越多的东西,这都是为了给自己一种更好的生活。但是,我们没有感到自己能控制局面。风险急剧增加,切尔诺贝利核电站爆炸,臭氧层空洞的发现,对英国牛肉的恐慌,对艾滋病的震惊和我们对治疗这种疾病的束手无策,所有这一切都散播着一种悲观的论调"。③ 鲍曼早已洞察出理性走向极端的另一面,"科学、技术、艺术,所有这些在人类精神向着改善与完美突飞猛进的过程中所产出来的东西,与它们的创造者和初始时候的目的愈来愈不相干"④,人类并没有因为理性的成就变得更富于人性,相反,科学技术让人类彼此更加疏远,理性脱离它最初服务人类的目的,成为纯粹的工具。他指出:"现代理性,特别是采取理性化形式的理性,已经被证明对具体的人类存在是有害的"⑤。以秩序理性、程序理性、立法理性、资本理性、道德理性、权威理性

---

① [英]丹尼斯·史密斯:《后现代性的预言家:齐格蒙特·鲍曼传》,萧韶译,江苏人民出版社2002年版,第8页。
② [英]丹尼斯·史密斯:《后现代性的预言家:齐格蒙特·鲍曼传》,萧韶译,江苏人民出版社2002年版,第111—112页。
③ [英]丹尼斯·史密斯:《后现代性的预言家:齐格蒙特·鲍曼传》,萧韶译,江苏人民出版社2002年版,第11页。
④ [英]齐格蒙特·鲍曼:《立法者与阐释者——论现代性、后现代性与知识分子》,洪涛译,上海人民出版社2000年版,第215页。
⑤ [英]丹尼斯·史密斯:《后现代性的预言家:齐格蒙特·鲍曼传》,萧韶译,江苏人民出版社2002年版,第142页。

等为代表的理性呈现形式,在各自领域遭遇自身难题,衍生并制造出众多矛盾和混乱,导致人类生活在文明和野蛮交融的矛盾时代。

鲍曼认为,每一个文明人的内心深藏着野蛮的人性,这个野蛮一直沉睡在现代人体内并随时醒来发作,压制野蛮是现代性实践的战斗前线,"为了这一战线,在整个现代史上,最精巧的武器不断地被制造出来;为了这一战线,每一个现代人都准备着去做战士,这场战斗一直在继续;每一个现代的身体是一座监狱,每个现代人是监守着内部那个危险的精神病患者的狱吏,而这些狱吏的职责是锁上栅栏并使警钟长鸣"[①]。不过,理性并不是万能的,在压制野蛮的人类斗争史中竟然同野蛮非人性走到一起。理性甚至会演化为骇人听闻奥斯维辛集中营的帮凶,鲍曼研究认为,现代科学中最受尊敬的原则和成就的致命潜力在大屠杀中暴露无遗,科学从一开始就把理智从感情中解放,将理性从规范压力中解放,将效用从道德中解放作为战斗口号,但是"这些口号一旦被执行,它们就使得科学及其产生的大量可怕的技术应用变成了不道德力量手中温驯的工具。在使大屠杀得以持续的过程中,科学既直接地又间接地扮演了黑暗而不光彩的角色"[②],就其直接现实结果而言,科学特别是科学家以技术手段的方式帮助大屠杀的实施者严格管理并残害犹太人。

理性的"解放和束缚"双重角色在现代风险社会里更加显现,正如贝克所论述"期待科学解决风险终究是一个梦想",鲍曼也认为,"不论在客观上,还是在主观上,科学和技术都是社会系统中使产生风险的倾向永恒的力量,而不是阻碍产生风险倾向的力量"[③],"在现代化过程中,技术的人工力量所表露的危险和威胁不断地增长,直到我们从现代性阶段的'工业社会'进入'风险社

---

① [英]齐格蒙特·鲍曼:《生活在碎片之中——论后现代道德》,郁建兴、周俊、周莹译,学林出版社2002年版,第164页。
② [英]齐格蒙特·鲍曼:《现代性与大屠杀》,杨渝东、史建华译,译林出版社2002年版,第143—144页。
③ [英]齐格蒙特·鲍曼:《后现代伦理学》,张成岗译,江苏人民出版社2003年版,第243页。

会'"①,致力于解决问题,破解矛盾的理性无法应对不确定性社会的复杂性,理性解放的威力受到越来越多现实的稀释。鲍曼一直认为,追求进步、构建秩序是理性天然的本能,可问题是理性的神奇力量是一种矛盾的力量,表现在它最初是以有秩序的、得到聪明组织、严密管理的生活环境的景象取代自然界飘忽不定的凌乱,"技术行为经常用一种秩序代替被认为是无序的东西;但是在技术行为结束后很久,通常会产生一种局部秩序;随着技术总是将世界看成碎片的集合体,并且每一次为近距离调焦总是挑选一个片断,遍及各处的局部秩序的结果只能是全球性的混乱。局部秩序不能与其余秩序保持平衡,局部的改善很少胜过新的不均衡的副作用"②。这充分印证了鲍曼对理性解放力量失能的判断,理性建构秩序的梦想毁灭于局部秩序碎片化的现实,"不论现代化进程传播的多么遥远、多么宽广,现代性所带来的解放(从自然中解放出来、传统束缚的脆弱性、人类潜能的无限性、单独由理性引导的秩序的可能性)从一开始就是并且将永远是一种终极的局部性现象"③。

二、技术理性成为霸权工具

鲍曼对技术理性进行了深入剖析批判,认为技术理性在权威上专断霸道,在程序上沦为权力工具,在市场上追逐经济利益,在道德伦理上愈加自私排外,这一系列反常问题佐证了理性的局限性,必须警惕现代性崇拜理性、推崇理性至上的弊端。

一方面,技术理性被推崇为最高立法者,是专断的裁决者。在鲍曼看来,理性总是以不容置疑的权威凌驾于个体之上,漠视具体个人的道德关怀,反而制造出更多的野蛮、隔离和冷酷。鲍曼认为,现代国家是按照近乎完美的"造

---

① [英]齐格蒙特·鲍曼:《后现代伦理学》,张成岗译,江苏人民出版社2003年版,第234页。
② [英]齐格蒙特·鲍曼:《后现代伦理学》,张成岗译,江苏人民出版社2003年版,第229页。
③ [英]齐格蒙特·鲍曼:《后现代伦理学》,张成岗译,江苏人民出版社2003年版,第251页。

园国"模式去建设,一切按理性法则计算并配以精密的机制制度加以实施,"这种被假定为由至高无上且毋容置疑的理性权威所规定的设计,为评价当今现实提供了标准。这些标准将全体民众分成应予助长并精心繁殖的有用植物和应被铲除或连根拔掉的杂草。它们高度重视有用植物的需求,剥夺那些已被宣布为杂草的民众的需求"①。鲍曼把理性的专断裁决比喻为"造园工艺"的裁剪师,他具有最高的审查权并把现代人分为:精心培育的有用"植物"——可造之人,应被铲除拔掉的"杂草"——非可造之人。现代国家为了获得主权的权威,拥有统治权的合法性,"不得不将那种传统偏狭的混乱加以根除,为了让普适、永恒能够被听到,以及它那'必然为真的确证性'能够被理解,那种不和谐之音必须被制止"②,这种人为秩序的理性追求,在政治领域具有强烈的排他性,即统治管辖内一致化的整合,确保边界安全,压制和根绝一切含混之物,"在政治领域中,清除矛盾性意味着,隔离或放逐异乡人,认可某些地方权力并将那些未认可的地方权力去合法化,填补'法律的豁口'"③。鲍曼举例说到,纳粹德国科学家,诸如医学家、动物学家、精神病学家联合当局以理性权威"科学的方式"实施"美好社会""健康社会""有序社会"宏伟计划,认为犹太人如同先天性疾病携带者、智力低下者、身体残缺者等是"精心设计未来花园"里的杂草,必须给予拔根扫除;还推动种族改良举措,强制认定所谓的偏离规范、失序混乱的分子:桀骜不驯的年轻人、游手好闲者、不合群者、娼妓、同性恋者等。在纳粹德国,"科学家满怀欣喜之情登上了由纳粹机车拉动的列车,驶向勇敢的、新的、种族纯净的德国统治的世界。研究计划一天随着一天更加雄心勃勃,研究机构也一刻随着一刻地更加壮大,更有实力。其他的则不重要"。④ 鲍曼指出,生物医学家在纳粹种族计划的策动、管理和

---

① [英]齐格蒙特·鲍曼:《现代性与矛盾性》,邵迎生译,商务印书馆2003年版,第31—32页。
② [英]齐格蒙特·鲍曼:《现代性与矛盾性》,邵迎生译,商务印书馆2003年版,第36页。
③ [英]齐格蒙特·鲍曼:《现代性与矛盾性》,邵迎生译,商务印书馆2003年版,第37页。
④ [英]齐格蒙特·鲍曼:《现代性与大屠杀》,杨渝东、史建华译,译林出版社2002年版,第145页。

第三章　批判现代性：现代性霸权在全球

执行中扮演了主导性的角色,以普洛克托为代表的科学家将犹太人作为生物标本加以研究,从学术上印证犹太人邪恶和无用。在这个意义上讲,科学理性扫清了大屠杀发生的障碍,它主要"通过侵蚀权威、质疑各种规范性思想的约束力量,特别是宗教和道德的约束力量来完成的"①,人们将工具理性作为卓越的目标,道德因无法将人类的要求进行合法化便失去了社会约束力,进而科学以狂热的激情拆除了前进道路上的一切障碍。如同造园师对美丽花园进行精心剪裁一样,现代国家在理性权威的界定下,以合法强制力根除"不合标准"生命体,漠视生命价值,丧失基本人文关怀,鲍曼把这一过程称为"造园—培育—外科手术"的抱负,"正是这一结合,将人转变成建构新秩序的砖瓦,抑或转变成清理建筑工地时必须清除的瓦砾。它最终地并且不可逆转地剥夺了人的道德主体的权利"②。

另一方面,技术理性成为权力机构的工具,是反文明行径的帮凶。鲍曼认为,技术理性与集权具有天然的内在黏力,"有一种选择性亲和,存在于立法理性的策略和国家权力的实践之间,现代哲学以及现代普遍的科学精神中的立法理性,回应了由现代国家所设定的实践任务。……正像可能成为专制的人需要其特定意图的普遍有效性得到保证一样,立法理性也无法轻易地抵御这样的诱惑:训练专制者,即给专制者启蒙以适应其执行者的角色"③。在20世纪中的某一段时期,身穿制服是令人可怕的象征,鲍曼指出,"制服是国家公仆的标志,是权力的源泉,当然,它首先是合法的强制性权力的源泉,穿上制服,人们就拥有了可以发挥作用的权力;穿上军靴,人们就以国家的名义进行各种践踏行为。国家之所以使某些人穿上制服,其目的是让他们能够进行各种践踏行为,并被赦免践踏行为的罪恶,这样的国家把自己视为有序生活的源

---

①　[英]齐格蒙特·鲍曼:《现代性与大屠杀》,杨渝东、史建华译,译林出版社 2002 年版,第144页。
②　[英]齐格蒙特·鲍曼:《现代性与矛盾性》,邵迎生译,商务印书馆 2003 年版,第57页。
③　[英]齐格蒙特·鲍曼:《现代性与矛盾性》,邵迎生译,商务印书馆 2003 年版,第40页。

泉、保护者和唯一保证"①。理性和统治者是一种扭曲的捆绑关系,理性帮助统治者树立权威形象,而统治者通过专制美化理性。实际上,理性和集权成为同谋,鲍曼认为,"最邪恶、最残忍、最嗜血的统治者必须保持他作为理性之坚定传播者和守护者的形象——否则,就只有灭亡。对臣民致辞,他必须是'与理性对话'。总的来说,所有的统治者都能依靠理性为他们服务"②。

首先,技术理性让武器杀人属性更加隐蔽,远离战场的操作室和高科技装备成为现代国家捍卫权益的首选,鲍曼以战场电子信息发展为例,指出"关于'现实战争'的电子传播手段使大量的惊吓场面更为简单。人们易于忘记枪击和爆炸是什么,毕竟,他并不真的在射击或投弹,而只是移动飞机操纵杆和按下按钮。他们从来都不用亲眼目睹受害者;他们在屏幕上计数的只是亮点,而不是死尸。……而他的世界范围的崇拜者们屏息注视着电视屏幕上他们在游乐中心娱乐时就熟知的画面:重合在交叉上的亮点。他们所看到的就是一场精彩的游戏"③。"由于电子监视系统及精巧的导弹,人们现在会在他们有机会作出反应之前被杀死,而且是在刽子手看不见受害者且不必清点尸体的远处被杀死"④。鲍曼指出:"不知怎地,对昔日大屠杀的羞愧结果却不足以防止今日的屠杀者,进步的理性令人惊叹的阐释意义的能力,竟使这种不顶用的防止力量保持软弱状态。……受害者并不总是在伦理上优于压迫者,使受害者看起来更道德,并使他们对这种效果的要求显得可信的事实是:弱者少有机会施行残暴。对未来灾难的防备不是伦理的姿态,而是大量的、强大的武

---

① [英]齐格蒙特·鲍曼:《后现代性及其缺憾》,郇建立、李静韬译,学林出版社2002年版,第17页。
② [英]齐格蒙特·鲍曼:《现代性与大屠杀》,杨渝东、史建华译,译林出版社2002年版,第265页。
③ [英]齐格蒙特·鲍曼:《生活在碎片之中——论后现代道德》,郁建兴、周俊、周莹译,学林出版社2002年版,第169—170页。
④ [英]齐格蒙特·鲍曼:《生活在碎片之中——论后现代道德》,郁建兴、周俊、周莹译,学林出版社2002年版,第208页。

器"①。同时,依靠电子辨认系统所攻击的只是一些符号而不是可辨认的人体,"敌人"已完全而且不见了,而新武器还预示着另一种突破,"战争,曾经被描述为'战斗',而现在更近似于一种经常与死刑、惩罚性远征,或治安扫荡相关的事物:预料行动的目标不会回击,所有的行动是单向的,一切主动的行动者只是单方面的。在战斗过程中并不期望证明什么,早在第一声枪被打响之前,其中的角色和权力已被划分,被安排好了。……最先进的武器和战略就是大屠杀、大杀戮,不是战斗的武器,战斗的战略"②。

其次,技术理性通过科层组织、程序环节中的科学制度机制,排除扫清道德情感上的顾虑牵绊,从而达到实施非人性动作的正当性目的。鲍曼从大屠杀中看到的官僚体系及其机构的组织严密性、程序严谨性,认为技术理性沦为杀人的工具,"集中营已有它们自己的、可怕的合理性。集中营是那种任务的工具,是完成这一令人憎恶的目标的有力手段,它们用于进行三种重要工作。它们是实验室,在那儿前所未闻的新型统治与控制得以探索、试验;它们是学校,一些人在那里受到以前所未闻的残暴对待普通人的训练。它们还是利剑,悬挂在留在有刺铁丝网的藩篱内的人头上,使他们明白,他们的不同意将不被容忍,他们的同意也是不需要的,他们所选择的抗议或欢呼是根本不被在乎的"③。集中营被视为实验室、学校,看成如同正常社会一样运转管理。鲍曼认为,正是由于工具理性精神以及将它制度化的现代官僚体系,才促使大屠杀在实践的方案上不仅成为可能,而且显得格外"合理合法",极大地增加了大屠杀发生的可能性。"在大屠杀漫长而曲折的实施过程中没有任何时候与理性的原则发生冲突。无论是哪个阶段'最终解决'都不与理性地追求高效和最佳目标的实现冲突。相反,它肇始于一种真正的理性关怀,并由一个忠实于

---

① [英]齐格蒙特·鲍曼:《生活在碎片之中——论后现代道德》,郁建兴、周俊、周莹译,学林出版社2002年版,第207—208页。
② [英]齐格蒙特·鲍曼:《生活在碎片之中——论后现代道德》,郁建兴、周俊、周莹译,学林出版社2002年版,第172页。
③ [英]齐格蒙特·鲍曼:《生活在碎片之中——论后现代道德》,郁建兴、周俊、周莹译,学林出版社2002年版,第229—230页。

它的形式和目的的官僚体系造就而成"①。大屠杀不是人类前现代的野蛮未被完全根除之残留的一次非理性的外溢,相反,它是技术理性大厦里的合法状态。

鲍曼详尽分析普通德国人如何转变为大屠杀的刽子手,他指出程序的正当性、技术的合理性促使这一局面的形成:暴力被赋予了权威,即刽子手的暴力行为通过享有合法权利的部门的正式命令来实现,例如,警察部门的任何人员可以被派出成为隔离犹太人的警卫。行动被例行化了,即刽子手的实施行动通过规章约束的实践和对角色内容的精确阐释来实现的,例如,刽子手在面对道德责难和良知的考验时,上级权威和命令指令成为最高道德戒律和荣耀,"纪律取代了道德责任,唯有组织内的规则被作为正当性的源泉和保证,现在这已经变为最高的美德,从而否定个人良知的权威性"②。为此,鲍曼得出技术理性工具化的结果,"设计赋予了大屠杀以合法性;国家官僚体系赋予了它工具;社会的瘫痪则赋予了它'道路畅通'的信号"③。从另一个角度看,杀害犹太人事件好比工厂里的流水线工作安排,屠杀任务被分解为一系列环节和步骤:有的人负责汇总报送名单;有的人负责押送运输;有的人负责监视监管;有的人负责把俘虏"骗进"毒气室;有的人负责按下放毒气的按钮;有的人负责收捡尸体。一整套流畅、严密的操作流程把杀害犹太人视为产品一样处理完毕。在其中,每一个实际办事员并不觉得自己在杀害生命,他认为自己在"按按钮",思想上根本不存在屠杀犹太人的意识,想得更多的是如何在既定时间高质量完成分配的任务和指标。鲍曼认为,程序理性从三个维度弱化主体人的道德愧疚感:即责任制度化,高效的运行组织要求人们只对遵守纪律和指令负责,而不必对最终的结果负责;考核指标化,行政机构只在乎执行任务

---

① [英]齐格蒙特·鲍曼:《现代性与大屠杀》,杨渝东、史建华译,译林出版社2002年版,第24页。
② [英]齐格蒙特·鲍曼:《现代性与大屠杀》,杨渝东、史建华译,译林出版社2002年版,第30页。
③ [英]齐格蒙特·鲍曼:《现代性与大屠杀》,杨渝东、史建华译,译林出版社2002年版,第151页。

第三章　批判现代性：现代性霸权在全球

是否到位,而忽略最终结果的道德评价;行为破碎化,主体人所从事的工作只是整个过程的某种环节,只能充当维持体系运转的零部件而已,没有能力从总体上思考整体的社会效益。最后,受害者也倾向选择精于算计的理性,这是一种恶的理性,恰恰纳粹也在为受害者灌输营造一个算计理性的世界,"在此世界里面,服从就是理性;理性就是服从。理性是合算的——至少在一段时间内——但是在那个世界里没有别的、更长的时间。朝向死亡之路上的每一步都经过了细心的打磨,以便能够用所得与所失、奖励与惩罚来计算"①。鲍曼用这样一个事例进行说明,14个犹太人想逃出去,但是几小时后被全部抓获,并被带回集中营集合场地上。纳粹刽子手宣布一道命令:"你们肯定得死,不过在死之前,你们每个人去选一个人陪你们一起死"。这一命令遭到众声拒绝:"这办不到"。随后,刽子手严厉驳斥:"如果你们不肯选择,那我替你们选择。不过由我选择的,陪你们的人数是50,而不是14人"。如此简单理性的计算却成为了集中营的控制之术。纳粹统治者扭曲了理性,在集中营的世界里,理性是道德的敌人,它使得幸存者的理性行动变成"非理性"行为,逻辑的算法要求犹太人站在犯罪一边。理性地保护自己的生存需求则要求对他人的毁灭无动于衷。困于理性算计的权衡得失,犹太人"被害群体被吞没在整个权力结构里,又在其中广泛地承担了一系列任务和职责,显然他们有了一定的选择余地。而选择与不共戴天的敌人和未来的刽子手合作不无他们自己的理性衡量。犹太人因此能够在其压迫者的控制下活动,更快地完成自己的任务,把自己的灭亡拽得更近,然而引导他们行为的却是经过理性解释的目标,那就是:继续活下去"②。这种理性让受害者相互敌对,泯灭了他们共同的人性。正是在算计理性的支配下,受害者一步步走向被理性描述的世界,他们相信走进的不是毒气室,实际上他们安安静静、高高兴兴迈进了毒气室。鲍曼对此评

---

① ［英］齐格蒙特·鲍曼:《现代性与大屠杀》,杨渝东、史建华译,译林出版社2002年版,第246页。
② ［英］齐格蒙特·鲍曼:《现代性与大屠杀》,杨渝东、史建华译,译林出版社2002年版,第161页。

论到,理性成为纳粹廉价的、更容易得手的、更有效的杀人工具:屠杀上百万人的竟只需要寥寥无几的一些持枪分子。

第二节 自由市场虚假虚伪

20世纪80年代是一个"转型的年代",是资本主义蓬勃兴起的年代,以自由市场为核心的资本经济发展迅速,消费主义盛行,消费文化深入人心。在自由市场的影响下,"积极的公民权利和参与性的民主轻易地就被消费主义和全球资本主义的力量所吞没了"①,现代人对自由的理解发生变革,自由消费成为现代社会的核心价值。"市场经济如同一个自由的王国,一个解放的化身,闪烁着迷人的光芒"②,鲍曼认为,资本主义市场以自由为名,标榜自由,引诱自由消费,深刻冲击着现代生活结构、文化结构和社会结构。

一、不平等的自由

自由,现代社会追求的价值理念,在市场经济条件下演变出众多"自由面相"。现代资本主义号称是自由世界,自由贸易、自由生活、自由人权,神圣而不可侵犯。但是,鲍曼发现,以自由为名的现代资本主义,实则是自由的统治,而不是自由的普及,"一个团体的自由可以依赖另一个团体自由的匮乏,……在商业组织的顶端存在着许多自由,但是其底层却几乎没有自由"③,不平等的自由是现代生活的真实体验。

自由是一种特权。被视为不证自明的公理,自由理所当然存在于社会。实则不然,自由既非普世,也非必然,只有作为一种社会关系时方能存在。从

---

① [英]丹尼斯·史密斯:《后现代性的预言家:齐格蒙特·鲍曼传》,萧韶译,江苏人民出版社2002年版,第57页。
② [英]齐格蒙特·鲍曼:《立法者与阐释者——论现代性、后现代性与知识分子》,洪涛译,上海人民出版社2000年版,第225页。
③ [英]丹尼斯·史密斯:《后现代性的预言家:齐格蒙特·鲍曼传》,萧韶译,江苏人民出版社2002年版,第124页。

自由漫长、曲折而复杂的实践进程来看,自由是一种历史创造物。对个人而言更是如此,个体既要受到"外部约束",权力、阶级、权威等都对个人选择产生现实影响,也要受到"内部制约",自我动机、意愿倾向、期望抱负都会受到特定社会意识形态的灌输教育,"自由个体,远远不是一种人类的普遍状态,而是一种历史和社会的创造物"[1]。鲍曼认为,在资本主义社会,自由首先是一种社会关系,即不对称的社会关系、权力关系,"既是特权又是权力"。自由的产生发展、占有享有,同资本主义的物质生产和权力生产具有内在的统一性,"个体自由是连接个体生活世界与社会及社会系统之间的中心环节,这种中心位置的确立原本来自生产领域和权力领域"[2]。奴隶转变为自由民,源于奴隶主对奴隶人身自由的选择,"是有权者释放某些屈从于其权力的人的决定"[3],早期资本主义那种活力四射的自由已经消失,从"赤贫到暴富"的拓荒者寥寥无几,"少数非常成功的巨头的独特生活经历永远不会成为大众个人发迹的万能模式"[4]。自由从来就带有深刻社会地位的烙印,自由只有放在社会关系中才能得到真正理解。事实上,自由从诞生之日起,就同物质生产和社会结构变化发展联系在一起,不平等的社会必然有不平等的自由。在鲍曼看来,"在资本主义竞争中真正能行使自由的人数总是有限的。自由是一种少数人享有的特权"[5],资本家占有生产资料,占据社会统治地位,资本家则占有更多自由权益,反之,无产阶级处于被剥削、被压迫的位置,只能出卖劳动力谋生,丧失更多的自由权益。垄断资本主义寡头,在自由市场上享有国家政策的保护,普通工人却在车间厂房受到雇主的严厉监控和严酷规训。同时,更应该看到,看似自由的现代市场,却隐藏着不自由的现实,"自由的现代版还以其与资本主义的亲密关系为标志"[6],经济自由是现代社会繁荣的标志,没有自

---

[1] [英]齐格蒙特·鲍曼:《自由》,杨光、蒋焕新译,吉林人民出版社2005年版,第9页。
[2] [英]齐格蒙特·鲍曼:《自由》,杨光、蒋焕新译,吉林人民出版社2005年版,第10页。
[3] [英]齐格蒙特·鲍曼:《自由》,杨光、蒋焕新译,吉林人民出版社2005年版,第35页。
[4] [英]齐格蒙特·鲍曼:《自由》,杨光、蒋焕新译,吉林人民出版社2005年版,第80页。
[5] [英]齐格蒙特·鲍曼:《自由》,杨光、蒋焕新译,吉林人民出版社2005年版,第79页。
[6] [英]齐格蒙特·鲍曼:《自由》,杨光、蒋焕新译,吉林人民出版社2005年版,第58页。

由就没有经济活动,然而,现实中自由却被视为一种工具性的算计,是一种权力支配的运用,它只考虑目的收益。如此一来,"在资本主义社会中,竞争的主要竞技场是市场。在那里,每个人被同样的交换规则所束缚。自由主义意味着在竞争中做得不好的人不会受到保护而逃脱严重的剥夺,正如做得好的人也不会被阻碍去获得丰厚的回报。自由主义意味着成为不平等的平等的自由"①,一部分人占有自由,必然要求另一部分人丧失自由,富人阶层占有了自由的一极,穷人阶层则被移到自由的另一极,他们受到规约、限定和强制,成为富人群体手中操纵的器具,成为服务资本利益的筹算手段,"如同物品一样"②。

  消费自由并不自由。鲍曼认为,自由在现代社会首先作为消费自由而存在,自由场景从生产领域进入了消费新领域,"迅速拓展似乎是无限制的消费市场中,开拓了比以往更广泛的空间。在这里,资本主义似乎最终找到了智者里程碑的秘密:从消费者的立场看,消费世界(不同于财富和权力的生产和分配)摆脱了消除竞争和垄断的祸根"③,为人类自由提供了更大的空间。自由自产生以来,就代表着两种截然不同的生存状态,"想要获得并享受自由,就意味着从一个相对低等的社会状态升迁至另一个较为优越的状态"④,这在以消费为特征的现代社会里表现为,能够购买商品服务就能享受自由,想要享受自由就要具备购买能力。消费能力等于自由能力,享受消费就是享受自由。自由从财富自由,过渡到权力自由,再到消费自由,自由表现为消费选择的多样性和丰富性,正如鲍曼所评价,消费市场本应是一个"奖赏"的世界,"更多的生活在其中的人可以作出自主的选择,生活在其中的男女具有更准确、更明智的对自己个人的和公众的利益的认识,他们对自己行为的可能结果具有更多的了解。人们设想这一世界具有更多的自由、更多的平等和更多的正义。

---

  ① [英]丹尼斯·史密斯:《后现代性的预言家:齐格蒙特·鲍曼传》,萧韶译,江苏人民出版社2002年版,第101页。
  ② [英]齐格蒙特·鲍曼:《自由》,杨光、蒋焕新译,吉林人民出版社2005年版,第60页。
  ③ [英]齐格蒙特·鲍曼:《自由》,杨光、蒋焕新译,吉林人民出版社2005年版,第76页。
  ④ [英]齐格蒙特·鲍曼:《自由》,杨光、蒋焕新译,吉林人民出版社2005年版,第1页。

然而,这一结果并没有得到保证"①。消费自由并非真正的自由,它"是大商业公司诡计和阴谋的产物"②,这是因为"公司垄断了对美好生活的定义以及对美好生活的具体需求和满足方式的解释"③。消费市场总是以利润为导向,以服务资本主义政治统治为目的。市场经济促使现代人在私人领域寻找自由,但是公共服务,诸如医疗健康、良好教育、医疗卫生、交通服务等高昂费用足以击倒众多消费者,"在消费者自由的社会里,每个人的身价是以他们的消费量为评价标准"④,私家车代替公交车、私人定制健康取代普通健康、私人优质教育替换大众教育等费用开支,对穷人来讲根本消费不起。对此,鲍曼指出,在消费市场,"一些人总是享受着消费市场的单向自由,并且,他们作为市民的行为能力已经凋谢、死亡。与此同时,穷人被拒绝在所有自由之外"⑤。

二、操纵性的市场

自从资产阶级开辟全球市场以来,资本家始终突出市场的优先地位,充分利用原有市场,努力夺取占领新市场,不断在全球提升消费市场的广度力度深度,导致经济市场化、文化市场化、社会市场化,甚至"人际关系"市场化的发展趋势。然而,市场化的进程,也是市场对现代人日常生活操控化的进程。

市场是一种整合机制。鲍曼认为,市场是商品社会得以高效运转的经济系统和保障机制,"市场是一种系统整合的机制,它倾向于控制所有可以想象的系统合法化的方式,并将它们纳入自己的范围。国家的作用已经被简化为一种运用政治手段服务于使市场统治的条件永恒化的工作"⑥。在资本的裹

---

① [英]丹尼斯·史密斯:《后现代性的预言家:齐格蒙特·鲍曼传》,萧韶译,江苏人民出版社2002年版,第25页。
② [英]齐格蒙特·鲍曼:《自由》,杨光、蒋焕新译,吉林人民出版社2005年版,第78页。
③ [英]齐格蒙特·鲍曼:《自由》,杨光、蒋焕新译,吉林人民出版社2005年版,第99页。
④ [英]齐格蒙特·鲍曼:《自由》,杨光、蒋焕新译,吉林人民出版社2005年版,第119页。
⑤ [英]丹尼斯·史密斯:《后现代性的预言家:齐格蒙特·鲍曼传》,萧韶译,江苏人民出版社2002年版,第29页。
⑥ [英]齐格蒙特·鲍曼:《立法者与阐释者——论现代性、后现代性与知识分子》,洪涛译,上海人民出版社2000年版,第252页。

挟下,国家机器都成为市场普及的工具,消费,不断地消费,这一号召力把所有人凝聚在一起,这一"消费者文化的特征,只能用市场的逻辑来予以解释,从这里产生并发展出当代生活的所有其他方面,这样,文化的每一个方面都成为商品,成为市场逻辑的从属者,不管是通过一种直接的经济的制度,还是通过一种间接的心理的机制"①。面对日益复杂的需求,单独借助国家对社会进行良好治理的效能日趋降低,市场是最优补充力量,一款新上市的香水便可赢得异性的青睐,一次愉悦的旅游度假便可消解工作中的烦恼,一场直击心灵的心理服务便可精神清爽,消费市场为处理社会关系问题提供了多种方案,"由于缺乏社交技能而产生的对市场化的物品和服务的依赖,很快便转变为一种对市场的从属。物品和服务将自身引入真正的关于人性问题当中去,并被当作对这些问题的解决"②,人们相信,任何社会需求和生活难题都可以在消费市场上找到解决办法,商品所载负的说明书所阐释的承诺更加激起消费者这种信念:市场是一把神奇的钥匙。鲍曼指出,"由于生活必需品的数量急剧膨胀,并向各个领域扩张,市场依赖的现象在进一步加剧。在所有这些必需品中,包含着一种生活规划的需要,现在,生活是围绕着对于未来所要购买之物品的时间序列组织起来的"③,"市场把社会成员改造为许多消费个体"④。鲍曼指出,市场塑造起一个全新的消费世界,身居其中的每一个人都成为消费者,市场交易原则成为生活黄金法则,"人格自律、自我认识、真诚生活、人格完善,这些个体的需要都被彻底地转化为占有并消费由市场提供的商品的需求"⑤,人们对世界的看法,对未来的期待,对生活的向往都被纳入市场标准,

---

① [英]齐格蒙特·鲍曼:《立法者与阐释者——论现代性、后现代性与知识分子》,洪涛译,上海人民出版社2000年版,第222页。
② [英]齐格蒙特·鲍曼:《立法者与阐释者——论现代性、后现代性与知识分子》,洪涛译,上海人民出版社2000年版,第219页。
③ [英]齐格蒙特·鲍曼:《立法者与阐释者——论现代性、后现代性与知识分子》,洪涛译,上海人民出版社2000年版,第221页。
④ [英]齐格蒙特·鲍曼:《立法者与阐释者——论现代性、后现代性与知识分子》,洪涛译,上海人民出版社2000年版,第253页。
⑤ [英]齐格蒙特·鲍曼:《生活在碎片之中——论后现代道德》,郁建兴、周俊、周莹译,学林出版社2002年版,第253页。

需要借助市场来理解日常生活、政治权益和未来世界。人生轨迹成为市场的从属物,被市场规划,由市场支配,"说到底是对'一个人自己的意愿'、对生活目的以及对生活方法论的选择,而这一切是超个体的市场机制为个体早已界定和界定好的"①,日常生活必然朝着市场所肯定的商品生活迈进,自由权益也被简化为消费选择,政治权力、公民权益、福利权益的重心转移到消费市场,浓缩为如何购买优质商品服务。进一步讲,市场化提供的需求满足、互惠交换本质上隔离人与人的情感。鲍曼举例说道,在直接的货币交易中,我们只是购买了"被人爱的幻觉",在医疗健康保险行业,"人们获得服务,而不承担互惠的义务。货币支付将病人或客户与分析者之间的关系改变为非人际关系的关系"②。

市场是一种控制机制。控制是市场的重要特征,且控制之术较为隐秘。鲍曼认为,市场的控制方式主要表现在三个方面,一是消费资格操控。"对于是否能够成为消费者社会的合格成员,市场提供了一种决定性的测试"③,测试的标准是以金钱为基础的消费潜能。金钱是进入消费市场,享受消费产品的必备条件,以所谓的民主公开形象迎接每一个人,实则迎接的是金钱,"市场是一种民主制度,它向每一个人开放,就像豪华旅馆。在它的内部,它不需要通行证或特别许可。男男女女们要进入市场,钱是唯一需要的东西。没有这个玩意儿,他们只能待在外边——在外面,他们发现了一种性质完全不同的世界"④。进入市场的无形通行证是随身携带的金钱,人们只要具备购买能力,市场就会发挥魔力,想尽一切天才之智设计制造产品,满足一切个人需求。相反,缺乏金钱的人,面对的场景是市场的拒绝、禁止甚至驱逐,有一堵厚厚的

---

① [英]齐格蒙特·鲍曼:《立法者与阐释者——论现代性、后现代性与知识分子》,洪涛译,上海人民出版社2000年版,第253页。
② [英]齐格蒙特·鲍曼:《现代性与矛盾性》,邵迎生译,商务印书馆2003年版,第310—311页。
③ [英]齐格蒙特·鲍曼:《立法者与阐释者——论现代性、后现代性与知识分子》,洪涛译,上海人民出版社2000年版,第241页。
④ [英]齐格蒙特·鲍曼:《立法者与阐释者——论现代性、后现代性与知识分子》,洪涛译,上海人民出版社2000年版,第224—225页。

城墙树立在眼前,把所有的丑恶都遮挡起来,形成有钱人的消费者看不到的"第三世界":"残酷剥削工人的工厂,无组织并且无能为力的工人,靠救济度日的可怜人"①。市场随时随地启用价格标签和商品供应这两大"绝招"达到其对社会的深刻影响力,鲍曼指出:"市场,它用价格与'有效需求'掌握着区分真假、善恶、美丑的权力。……市场用一种实用的评价标准——可以被量化的需求来衡量文化的标准,从而使文化精英成了众多的'具有不同的趣味的利益集团'中的一个,这些集团为了消费者的光临而相互竞争"②,整个社会活力皆因消费而再次活跃。二是自由引诱操控。把消费和自由融合在一起,是市场操纵消费者的重要手段,鲍曼认为,"消费市场之所以成为一种被控制者心甘情愿和满腔热情地接受的控制形式,并不仅仅是因为它对顺从者提供了琳琅满目的奖赏。主要魅力也许在于它提供给公众诱人的自由,而这些公众在其他生活领域中发现的仅仅是常令人感到压抑的束缚。使市场所提供的自由更加诱人的,是它不具备玷污大多数其他自由形式的那种污点:也就是说提供自由的这个市场,同时也提供了确定性"③。市场解决了现代自由面临的困境,把自由的风险性与安全的确定性的对立矛盾巧妙化解,现代人在选择商品的过程中找到了身份确定的安全感,也体验个性消费的愉悦感。三是消费符号操控。符号消费是市场升级消费内涵,引导消费趋向的新型控制方式,把消费层级从普通的日常生活必需品,拓展到高端精神文化消费品质,进而构建自我形象。消费符号截然有别于纯粹的商品的使用功能、寿命期限、出售价格,它用显著的视觉识别、感官冲击和特征标志诠释消费者的社会地位、精神追求,"这些象征符号是与顾客的生活类型相联系的,顾客希望借助符号达到这种生活,组成最终形象的要素在展示之前事先被精心地安排好了"④,法国波

---

① [英]齐格蒙特·鲍曼:《自由》,杨光、蒋焕新译,吉林人民出版社 2005 年版,第 119 页。
② [英]齐格蒙特·鲍曼:《立法者与阐释者——论现代性、后现代性与知识分子》,洪涛译,上海人民出版社 2000 年版,第 211 页。
③ [英]齐格蒙特·鲍曼:《自由》,杨光、蒋焕新译,吉林人民出版社 2005 年版,第 81—82 页。
④ [英]齐格蒙特·鲍曼:《自由》,杨光、蒋焕新译,吉林人民出版社 2005 年版,第 85 页。

尔多的红酒、大众私家车、意大利燕尾服等品牌,都明确指向幸福家庭和美好生活,"这种符号正是人们垂涎、寻求、购买和消费的对象。我们需要商品不是用来改善身体和心智(使人更健康、更富裕、更斯文),而是渴望用它们魔法般的潜力给予身体一种特别的、与众不同的、令人羡慕的气质(那是一种属于标明差异位置的特殊外观)"①。

三、欺骗性的消费

鲍曼认为,现代市场充斥着哄骗和欺诈,现代人在消费文化的引诱下相信市场所作出的承诺。市场散发的魅力吸引着源源不断的消费者,鲍曼形象地描绘到,"市场犹如一个勾引人的女子,她在迷人的花园里使我们落入陷阱,同时告诉我们:我们是自由的"②。从另一角度讲,欺骗艺术也是资本转变维护其统治的一种特有方式,曾经的暴力压迫、强制管控、硬性规定越来越不适于现代资本主义的社会治理。消费普及化,人人成为消费者,在行动上沦为消费奴隶,反而更有利于资本增值,缓解不同阶级对抗压力,事实也充分说明,"大众消费给资本主义带来了巨大的变化。它给资本主义一种新的方式以维护其力量和安全。可以这么说,资本主义不再像19世纪那样迫使民众屈从,而是学会了哄骗民众的艺术,即让他们相信资本主义对他们是有益的"③。

一是通过产品更新欺骗消费者。消费者每天面对新上市的商品,"新产品的作用主要在于使昨日的产品过时,并使人们不再想到这些'旧'的产品不曾兑现其承诺。希望是从不会完全落空的;相反,它始终处于一种持续的兴奋状态下,兴趣总是在变化,为不断出现的新的对象而转移。……时尚似乎是一种机制,通过这种机制,永不停止的创新之链维持着'基本秩序'(对市场的从

---

① [英]齐格蒙特·鲍曼:《自由》,杨光、蒋焕新译,吉林人民出版社2005年版,第78页。
② [英]丹尼斯·史密斯:《后现代性的预言家:齐格蒙特·鲍曼传》,萧韶译,江苏人民出版社2002年版,第69页。
③ [英]丹尼斯·史密斯:《后现代性的预言家:齐格蒙特·鲍曼传》,萧韶译,江苏人民出版社2002年版,第103页。

属)"①,正是这种创新的永恒性,使个别产品的(并且不可避免的)失败对秩序而言是无关紧要的,不会危及秩序本身。消费市场不断地更新升级产品,创新商品服务,淘汰过时产品,其根本动机不是提升产品性能,而是通过产品的新颖性诱惑力促使消费者依附于市场。消费文化等同于时尚文化,引领社会潮流,成为现代人追求的生活品质。但是,作为一种工业文明,时尚既是文化也是欺骗,时尚以新潮引领消费热情,也因时间而过时;时尚消费以"新"欺骗消费者,也以"新"辜负消费者,究其根源,时尚不过是产品变着花样吸引消费者眼球而言的。

二是通过媒体广告欺骗消费者。媒体广告是宣传产品的重要渠道,它直接影响产品的名誉和销售,同时培塑现代人的品牌选择和产品爱好,生活规划也随着媒体广告的说辞而改变。但是鲍曼认为,广告借助知名人士助力推广产品是一种"包装假象",代言人在公众心目中的形象直接透射到产品功效上,鲍曼指出,"产品的广告往往由名人来推介,他(她)使观众相信,他(她)经常使用这种产品,效果特佳,甚而使他(她)出名的个人成功也是全靠使用这种产品而获得的"②,消费者也因广告而产生幻觉,强壮的体育明星得益于每天饮用这个品牌的营养液,青春美丽的女明星得益于这款护肤品的保养。20世纪末期,以电视机为代表的大众媒体对人们的日常生活产生了全面冲击,缤纷绚丽的媒体影音宣传让功能神奇的产品直接浮现在人们眼前,这引诱人们渴求的生活往往就是"电视里的生活",对此,鲍曼评价,"屏幕上的生活,剥夺了现实生活的魅力,并使得现实生活相形见绌:是现实生活看起来不真实,而且只要没有变成和屏幕上的生活一样,那么无论是看起来还是感觉起来它都将宛如梦幻,并不真实"③。

三是通过"专家推荐"欺骗消费者。专家以知识的权威性而著称,其理性

---

① [英]齐格蒙特·鲍曼:《立法者与阐释者——论现代性、后现代性与知识分子》,洪涛译,上海人民出版社2000年版,第220页。
② [英]齐格蒙特·鲍曼:《自由》,杨光、蒋焕新译,吉林人民出版社2005年版,第85页。
③ [英]齐格蒙特·鲍曼:《流动的现代性》,欧阳景根译,中国人民大学出版社2018年版,第149页。

建议为消费者选择提供了可靠的依据。不过,鲍曼指出,超个人的专家知识对个体生活世界的控制具有自身繁殖性,即"专家知识的权威和社会认可不再依赖其结果是否成功"①,反而引起人们对更有效、更科学的专家知识的需求。鲍曼指出:"由于市场得到这些知识极其渊博的专家的帮助,它对开辟了一个从无知转变到理性,从无能转变到对实现个人规划和愿望的道路充满信心。充分利用市场的这种服务唯一的要求是相信并顺从他们的忠告,每一次利用这种服务,个人对市场、专家及其知识的依赖性就被强化。"②基于现实的需求和利益的驱动,专家知识戴着"解决问题"的光环介入了市场,市场成为专家知识服务消费者的渠道,"直接提供的专家服务或包装为消费产品的专家服务主要作为商品出现在现代世界中,它们一面满足消费者需求,一面为销售机构带来利益"③。企业和公司为了确保产品满足消费者的期待需求,提供种类繁多的服务抢占市场。然而,市场的残酷竞争性增加了产品创新的失败率,为此,产品推广"专家建议"成为上佳推广消费产品的重要手段。"专家建议"的服务保障具有赢得消费者的信赖的天然优势,"所以市场力量仿效了鱼类繁殖的大量浪费行为:孕育出成千上万的专家服务,只是为了确保为数很少的集中服务能存活下来,一直活到足够盈利"④。不过,鲍曼始终认为,"专家建议"只要和自由市场结合,表面光鲜的"正确科学"掩盖着"利益追逐",消费专家代言不过是消费欺骗的"精美包装","只要专家知识仍然是一种商品,它就要遵循普遍的市场准则"⑤。

第三节 全球化后果愈演愈烈

作为时代发展的旗帜,全球化是现代社会最鲜亮的时尚名片,现代人最普

---

① [英]齐格蒙特·鲍曼:《现代性与矛盾性》,邵迎生译,商务印书馆2003年版,第320页。
② [英]齐格蒙特·鲍曼:《自由》,杨光、蒋焕新译,吉林人民出版社2005年版,第88页。
③ [英]齐格蒙特·鲍曼:《现代性与矛盾性》,邵迎生译,商务印书馆2003年版,第332页。
④ [英]齐格蒙特·鲍曼:《现代性与矛盾性》,邵迎生译,商务印书馆2003年版,第332页。
⑤ [英]齐格蒙特·鲍曼:《现代性与矛盾性》,邵迎生译,商务印书馆2003年版,第334页。

遍的生存体验。所有人都生活在全球化的潮流中,无论是主动追逐全球化,还是被动卷入全球化,全球人是每一个人的共同身份。不过,相同的身份,却是不同的命运,鲍曼尤为强调,同以往全球化历史有所不同,全球化在当今世界发展进程中显示出独特变化:"对某些人来说全球化标志着一种新的自由,而对许多其他人而言,它则是残酷的飞来横祸"[1];"对某些人而言,'全球化'是幸福的源泉;对另一些人来说,'全球化'是悲惨的祸根"[2]。鲍曼认为,福祸参半的全球化,悲惨后果最为突出。主要表现有:贫富悬殊的鸿沟越拉越大、权力与政治的"婚姻体"走向解体、人类废弃物堆积如山,等等。面对不断蔓延的全球化破坏性影响,及其衍生的焦虑恐慌,鲍曼试图拨开这一苦楚的生存"迷雾",阐释澄清当今人类真实生存状况和现实境遇。

一、富人与穷人鸿沟日益扩大

贫富悬殊是资本主义社会的顽疾,随着全球市场、国际化商业世界的来临,贫富差距、两极分化的鸿沟也日益扩大。鲍曼认为,在经济贸易全球化、社会交流国际化的背景下,贫富鸿沟问题衍生出更多不平等,且有迹象表明两极分化的趋势持续恶化。"资本主义将全部人口纳入创造流动财富的活动当中。这种财富是一种可以用来发动进一步变革的资源"[3],资本家群体越来越富有,窃取庞大的社会资源。相反,工人群体却面临着日益严重的收入问题、就业问题和生活问题。没有边界的世界市场是造成贫富差距的秘密,时至今日,"没有任何迹象表明,在可以预见的未来,这种急遽扩大的分化可能减速或停止,更不用说发生逆转了"[4]。

---

[1] [英]齐格蒙特·鲍曼:《全球化——人类的后果》,郭国良、徐建华译,商务印书馆2015年版,第2页。
[2] [英]齐格蒙特·鲍曼:《全球化——人类的后果》,郭国良、徐建华译,商务印书馆2015年版,第1页。
[3] [英]丹尼斯·史密斯:《后现代性的预言家:齐格蒙特·鲍曼传》,萧韶译,江苏人民出版社2002年版,第8页。
[4] [英]齐格蒙特·鲍曼:《后现代性及其缺憾》,郇建立、李静韬译,学林出版社2002年版,第67页。

第三章 批判现代性：现代性霸权在全球

贫富鸿沟问题遍布世界上所有国家和地区。鲍曼认为，在全球化推动下，经济发展"帮助富人保持富裕并且变得更加富裕，但所起作用明显不是为了那些处于贫困中的人受益。在多数地方，经济快速增长的效应，如今把总体的和'平均'财富的快速速度与同样加快增加的极度贫困，难分难解地联系起来了，大量失业工人、临时工与非正式工人正越来越陷入这种贫困之中"[1]。传统的穷人群体不再局限于不发达国家、落后地区，"不再只是昨天撒哈拉以南非洲或拉丁美洲那些声名狼藉的无计划扩张、肮脏混乱、资金不足、管理欠佳与服务匮乏的城市中的农民"[2]，在发达国家、富裕地区同样居住着穷人群体，鲍曼指出："纽约是世界上第九大不平等城市，而且巨大且繁华的美国城市，如亚特兰大、新奥尔良、华盛顿和迈阿密与肯尼亚首都内罗毕或科特迪瓦首都阿比让的不平等几乎是一致的"[3]。无论是发达的西方国家，还是落后的贫穷国家，都不得不面对贫富鸿沟以及衍生的悬殊对立、扩大加剧的问题。进入21世纪以来，"在全球规模上迅速增加的不平等图画，同样可以运用到每一单一的'民族社会'中，无论是在全球市场的范围之内，还是在代表的'民族经济'较小范围内，穷人和富人间的鸿沟在不断地加深，人们普遍感觉到，富人很可能更富，而穷人必定更穷"[4]，鲍曼一直警告，贫富不平等这颗定时炸弹一直在嘀嗒嘀嗒作响，会在未来的某时某刻突然爆炸。

全球化力量既在重塑世界版图，也在划分贫富版块。鲍曼认为，时/空压缩这一术语，形象地描绘了全球化重构世界的能量和威力，它把流动性置于最高位置，资金流、信息流、资源流越自由便利，商务、金融和贸易越畅通无阻，财富、权力和梦想越容易实现。朝发夕至的国际商务航班，成为现代人快捷的旅

---

[1] [英]齐格蒙特·鲍曼：《来自液态现代世界的44封信》，鲍磊译，杨渝东校，漓江出版社2013年版，第110页。
[2] [英]齐格蒙特·鲍曼：《来自液态现代世界的44封信》，鲍磊译，杨渝东校，漓江出版社2013年版，第107页。
[3] [英]齐格蒙特·鲍曼：《来自液态现代世界的44封信》，鲍磊译，杨渝东校，漓江出版社2013年版，第108页。
[4] [英]齐格蒙特·鲍曼：《后现代性及其缺憾》，郇建立、李静韬译，学林出版社2002年版，第67页。

行工具,先进的通讯技术让世界距离"触手可得","以计算机为服务器的万维网终结了——就信息而言——'旅行'和要旅行的'距离'这种观念,使信息在实践中也和在理论上一样,在全球范围内瞬间可达"①,全球化"把速度提高到极限,把距离甚至缩短为行动计算中可忽略的因素,它不可能是昔日的地域扩张"②,彻底改变了全球面貌。新的世界空间是速度—空间,速度重构了世界格局,让地球上所有国家在距离上彼此邻近相连。然而,"由于技术因素而导致的时间/空间距离的消失并没有使人类状况向单一化发展,反而使之趋向两极分化"③,流动的自由迅速成为划分社会阶层的主要因素。鲍曼认为,"当今的两极分化以自由流动为中心,呈现出许多侧面。这一中心对贫与富、游民与定居者、'正常'与反常或违法这种传统的区分作了新的阐释"④,全球范围内财富的增加与贫穷的增多并行不悖,这表现在"富裕国家有着某种可怕的力量,能够将自己最讨厌的东西当作穷人最好的东西卖给他们,那可是穷人所能指望到的最好的东西"⑤,富人群体因全球化而享受史无前例的自由,享有闻所未闻的全球化掌控力,穷人群体却被固化在"本土"孤岛,成为全球化的新弃儿。

贫富鸿沟在全球化进程中衍生新的不平等。贫富两极化问题,既表现在财富占有,生活物资享用等经济方面,还表现在公平正义、自由人权等政治方面。国际化与本土化、整合与划分原本就是全球化同一过程的两个方面。我们今天正在经历世界性的阶层划分、等级体系重构过程,这一过程也是不平等体系的重置过程,这必然"造成了特权与缺失、财富与贫困、足智多谋与无能

---

① [英]齐格蒙特·鲍曼:《全球化——人类的后果》,郭国良、徐建华译,商务印书馆 2015 年版,第 14 页。
② [英]齐格蒙特·鲍曼:《被围困的社会》,郇建立译,江苏人民出版社 2005 年版,"引言"第 14 页。
③ [英]齐格蒙特·鲍曼:《全球化——人类的后果》,郭国良、徐建华译,商务印书馆 2015 年版,第 17 页。
④ [英]齐格蒙特·鲍曼:《全球化——人类的后果》,郭国良、徐建华译,商务印书馆 2015 年版,第 3 页。
⑤ [英]齐格蒙特·鲍曼:《现代性与矛盾性》,邵迎生译,商务印书馆 2003 年版,第 415 页。

为力、权力与无权、自由与桎梏的重新分配"①。

此外,鲍曼还把全球化视为"一种新的拦路抢劫形式",富裕群体利用全球化收割财富,而贫穷群体生活状况与日俱增。鲍曼分析指出,"自世纪之交以来,经济增长所增加的价值,几乎都全部进入了最富有的1%人口的腰包,……在全球最富有的国家美国,最富有的16万个家庭控制的资产,相当于最贫穷的1.4亿个家庭的资产总和。最富有的10%的美国人拥有86%的国民财富,而剩下的90%的人只能分享14%的国民财富"②贫富差距以更大的速度拉开拉大,而在全球层次上,鲍曼引用瑞信公司的报告,处于全球底层的人,大约有35亿人,占到全球人口的一半,且只占有全球1%的财富,即仅相当于全球最富有的85人所占有的财富。上述一系列数据显示:"绝不是目前这种两极分化可能达到的极限,因为当前指定给穷人的全球收入份额还要更小"③,这是因为全球化给富人创造了赚钱的更好机遇,他们利用先进技术在世界各地快速周转资金获取丰富利润,却对穷人没有任何价值。政治方面的不平等更加凸显,鲍曼对全球化的悖论作出深刻评价,"它对极少数人非常有利的同时,却冷落了世界上三分之二的人口或将他们边缘化了"④,经济全球化在抢占商业地盘的同时,也在构筑新的空间秩序,"每一种空间秩序模式都把人分成为'受欢迎的'与'不受欢迎的',所用的代号分别是'合法的'(容许的)与'非法的'(不容许的)"⑤,有钱的富人是受欢迎的、合法的群体;没钱的穷人是不受欢迎的、不合法的群体。穷人因其不具备全球化空间资格,也就不可能

---

① [英]齐格蒙特·鲍曼:《全球化——人类的后果》,郭国良、徐建华译,商务印书馆2015年版,第67页。
② [英]齐格蒙特·鲍曼:《怀旧的乌托邦》,姚伟等译,中国人民大学出版社2018年版,第128—129页。
③ [英]齐格蒙特·鲍曼:《全球化——人类的后果》,郭国良、徐建华译,商务印书馆2015年版,第67页。
④ [英]齐格蒙特·鲍曼:《全球化——人类的后果》,郭国良、徐建华译,商务印书馆2015年版,第68页。
⑤ [英]齐格蒙特·鲍曼:《来自液态现代世界的44封信》,鲍磊译,杨渝东校,漓江出版社2013年版,第208页。

从全球化中获益。更令人揪心的是,世界上的穷人大都看不透全球化迷雾,受到资本主义自由贸易的精心蒙蔽。资本家操纵的全球媒体巧妙地掩盖了"世界穷人"的现实处境,人们"绝对不会猜到暴富和速穷源于同源,绝对不会猜到悲惨者的'困在地上动弹不得'与成功者天马行空的新自由一样,都是'全球本土化'压力的合理结局"①。当世界精英在世界之巅追逐自我梦想的时候,穷人却陷在愈演愈烈的混乱不堪的旋涡中,全球媒体还把贫穷、匮乏问题简化为"饥饿问题",提出的解决之道便是"供应食物"。很显然,"穷人=饥饿"这一等式掩盖了贫富鸿沟的真实问题,鲍曼深恶痛绝地指出:"恶劣的生活和住房条件、疾病、文盲、敌对行为、家庭解体、社会联系削弱,毫无前途和无生产力——这一切磨难和不幸是不可能用高蛋白饼干和奶粉来医治的。"②西方世界主流媒体、政治家对贫富鸿沟问题置之不理,他们在经济上最在意利润增值、财富的积累,在政治上只关注以"福利饭票"换取"政治选票",根本不关心贫穷群体的政治权益、社会福利和发展利益。

二、权力与政治走向分道扬镳

鲍曼认为,"全球化带来的最重要影响,首先就是权力与政治的分道扬镳,并且政治当局曾经负担的功能发生偏转,转到市场一方"③,全球化引起地方政府治理权力再分配再重置。传统意义上,权力与政治具有不可分割性,是一对"婚姻体",两者联袂凝固在一起,发挥国家统治职能,表现出强烈的主权性、独立性和自治性。跨入全球化时代,全球化"它掌握的权力已因其'破坏性'而臭名昭著——打破了最牢固的界线,忽视了地方自治权,而且,它们的自由运动几乎不受在政治上形成和施加的限制,事实上,它们荒唐的特权(像

---

① [英]齐格蒙特·鲍曼:《全球化——人类的后果》,郭国良、徐建华译,商务印书馆 2015 年版,第 69 页。
② [英]齐格蒙特·鲍曼:《全球化——人类的后果》,郭国良、徐建华译,商务印书馆 2015 年版,第 70 页。
③ [英]齐格蒙特·鲍曼:《来自液态现代世界的 44 封信》,鲍磊译,杨渝东校,漓江出版社 2013 年版,第 184 页。

资本、金融、贸易、信息、犯罪、恐怖主义、贩毒、武器走私、人口走私,还有最近的海盗活动的权力)几乎不受影响"①,国家经济的虚弱性在全球资本面前不堪一击,譬如,"纯投机性的货币金融交易额每天就高达 13000 亿美元——这比商业交换额大 50 倍,几乎与世界上所有'国家银行'储备总额 15000 亿美元相当。没有一个国家,能长达数天顶住'市场'的投机压力"②,全球化问题泥沙俱下,对现行的国家政治统治和社会管辖带来巨大挑战,"目前的民主、政治和伦理控制机构不再适应日益不受约束和自由流动的全球金融、资本和贸易。其他的选择只能延续并加深'风险资本'许可带来的灾难性影响:如全球日益增加的不平等和两极分化,大规模的民不聊生,整个地区和人口的贫困"③。

全球跨国公司强力稀释并争夺国家主权,全球化的自由贸易,金融资本的自由流动,关税的废除,所有这些全球化的力量获得了类似军事征服的支配力。全球资本"支配一个地区并不需要领土入侵,也不需要派兵占领和监管被征服的土地,以及设置永久性驻军和设立行政办公室"④,如同强国不用付出高的成本让小国俯首帖耳一般,全球资本也让弱小国家乖乖听话。鲍曼认为,"在当前的全球市场内大展身手的跨国公司的整体力量,远远超过大多数民选国家政府的干预能力"⑤,跨国公司依托雄厚财力资金、先进技术、先进管理等实力,成为干涉当地国家和政府的"入侵者"。早在 1992 年,美国通用汽车公司营业额为 1324 亿美元,埃克森石油公司为 1557 亿美元,荷兰壳牌公司为 996 亿美元,相比而言,当年的丹麦国民生产总值仅为 1235 亿美元,挪威为

---

① [美]C.J.波利赫罗纽:《全球化与资本主义——齐格蒙特·鲍曼访谈》,《学术交流》2017 年第 6 期。
② [英]齐格蒙特·鲍曼:《全球化——人类的后果》,郭国良、徐建华译,商务印书馆 2015 年版,第 64 页。
③ [英]齐格蒙特·鲍曼:《被围困的社会》,郇建立译,江苏人民出版社 2005 年版,"引言"第 17 页。
④ [英]齐格蒙特·鲍曼:《被围困的社会》,郇建立译,江苏人民出版社 2005 年版,第 69 页。
⑤ [英]齐格蒙特·鲍曼:《后现代性及其缺憾》,郇建立、李静韬译,学林出版社 2002 年版,第 64 页。

1129亿美元,波兰为838亿美元,埃及为335亿美元。全球五个最大公司的营业额是非洲撒哈拉沙漠以南所有国家国民生产总值的2倍。由此可见,一个跨国公司的经济实力就碾压一个国家的经济实力,一个国际商业巨头的影响力就堪比一个国家的影响力,全球化市场成就跨国公司庞大的商业版图,而要维持国际企业的全球运行、管理和利润,必然会出现对经济主导权的控制和争夺。问题是,如今作为一个整体的地球正处于治理管辖的空档期,"全球化以前时代遗留下来的现存政治机构,明显难以应付全球相互依赖的新现实,而面对稳步上升、明显且自认为非政治领域的强大力量,足以匹敌的政治手段显然是付之阙如的。这些力量系统地脱离既定政治机构的控制,并且认为完全并真正是全球性的"[1]。现代国家发现,他们深陷于来自准主权主体的激烈竞争和侵略,诸如跨国金融公司、工业公司、贸易公司,他们的联合数量和竞争力超过了单一民族国家的约束力和控制力,国内市场、国外市场,国内治理和国际治理没有了本质区别,跨国资本的经济渗透力直击国家主权,鲍曼认为,"全球化的力量剥夺了政府大部分的至高无上的特权和能力,他们根本无法抗拒,更不用说控制了"[2]。把部分国家权力让渡、国家职能割让,是无奈且不得不进行的选择。

全球化力量正在塑造并维持超越民族、国家边界的崭新秩序,它以资本自由流动为核心,跨国协同治理为手段,是一种新型的强权政治。全球权力不断挤压现代国家权力,联合国组织,国际性政治、经济、军事、文化等机构,特别是跨国公司,改变了现代人的生存结构和社会结构,引发新的社会治理模式。全球秩序、全球方案、全球图景成为现代世界的意图和决心,"全球金融市场将它们的法规强加于世界,'全球化'无非是极权主义将它们的逻辑延展到了生活的各个方面而已,国家没有足够的资源或机动的自由来抵抗压力——原因

---

[1] [英]齐格蒙特·鲍曼:《来自液态现代世界的44封信》,鲍磊译,杨渝东校,漓江出版社2013年版,第149页。

[2] [英]齐格蒙特·鲍曼:《废弃的生命——现代性及其弃儿》,谷蕾、胡欣译,人民出版社2006年版,第54页。

很简单,那就是'只要几分钟就足以使企业和国家本身都垮台了'"①,现代国家丧失其制定本国经济政策的职责,沦为全球经济剥削的得力"帮手"。鲍曼认为,国家的经济物质基础被全球资本抽离,民族国家的政权基础开始动摇,"随着国家将集中的职能割让给本质上是脱离管制和私有化的市场力量"②,现代国家相关行政部门转型化身为世界市场的"分支机构",成为跨国公司"安保部门","国家倾向于退化为一个扩大的和受尊敬的警察监管区,它被期望执行的功能就是维持当地的法律和秩序并因此防止这片土地变成流动资本的'禁区'"③。

三、废弃物堆满全世界

环顾人类居住的环境,鲍曼强调指出,"这个星球已经满载"④,"这是一个拥挤的世界"⑤。现代化生活方式在全球快速传播,已经波及到世界上最遥远的地方,人类的脚印踏遍全球,所有人不得不严肃直面这个"物满和客满的屋子"。在满载的地球上,鲍曼认为,"废弃物是所有生产中最羞于被提及,最黑暗的秘密"⑥,它长期被光鲜亮丽的外表所覆盖,人们看不到整洁干净家庭背后的厨余垃圾,看不到时尚漂亮商品背后的废料废品,看不到富裕阶层背后的失业人群,看不到经济繁荣背后的难民问题,等等。废弃物这一概念早已从单纯的物体的废弃,拓宽到包括活生生人的废弃。废弃物及其所衍生的问题

---

① [英]齐格蒙特·鲍曼:《全球化——人类的后果》,郭国良、徐建华译,商务印书馆 2015 年版,第 63 页。
② [英]齐格蒙特·鲍曼:《生活在碎片之中——论后现代道德》,郁建兴、周俊、周莹译,学林出版社 2002 年版,第 177 页。
③ [英]齐格蒙特·鲍曼:《被围困的社会》,郇建立译,江苏人民出版社 2005 年版,第 69—70 页。
④ [英]齐格蒙特·鲍曼:《废弃的生命——现代性及其弃儿》,谷蕾、胡欣译,人民出版社 2006 年版,第 68 页。
⑤ [英]齐格蒙特·鲍曼:《被围困的社会》,郇建立译,江苏人民出版社 2005 年版,"引言"第 13 页。
⑥ [英]齐格蒙特·鲍曼:《废弃的生命——现代性及其弃儿》,谷蕾、胡欣译,人民出版社 2006 年版,第 21 页。

再也无法隐匿,"像秩序建设和经济进步这样的典型现代化进程发生在世界的每个角落,因而世界的每个角落都在以不断增加的数量产生和倾倒'人类废弃物'"①,如何处理人类废弃物,既是技术问题,也是文明进步、社会发展问题。

传统废弃物迅速攀升并冲击威胁生态平衡。传统废弃物,即生活废物、经济废弃物和工业废弃物,它们伴随着现代制造业的发展而肆意泛滥。鲍曼这样评论,我们都为汽车工业导致的"交通问题"以及尾气污染而愤慨,但是绝大多数人依旧青睐私人小汽车,事实上汽车行业的兴衰直接关系到国家经济;我们都为有毒废弃物的堆积而气愤,但是绝大多数人会把有毒废弃物倾倒"他人之处"而缓解心中的恐惧。现代城市就是废弃物的场所,"尤其是像伦敦这样的巨无霸城市,是倾倒全球化制造的各种问题的垃圾桶"②,各种不易降解、难以腐蚀和不可分解的垃圾堆积如山,生活家园变成"一座由无法毁灭的废弃物品所堆砌的堡垒"③。传统废弃物在当下滋生着严重危机,采矿场就是矿脉挖尽刨完后的坟墓,工业废料是技术革命抛弃的垃圾,过期商品是任何产品都逃不过的宿命,尤其在消费社会,今天的新颖时尚就是明天的过时陈旧,商品注定要被扔进垃圾,鲍曼认为,"现代性的全球化胜利所导致的一个非常致命的(可能也是最为致命的)结果就是人类废弃物处理产业的严重危机",④废弃物已经不单单是技术处理问题,更是社会问题,"这些死去物品的灵魂从大地和水面升起,它们的呼吸预示着灾难"⑤,环境日趋恶化这一灾难性后果不可避免。

---

① [英]齐格蒙特·鲍曼:《废弃的生命——现代性及其弃儿》,谷蕾、胡欣译,人民出版社2006年版,第68页。

② [英]齐格蒙特·鲍曼:《来自液态现代世界的44封信》,鲍磊译,杨渝东校,漓江出版社2013年版,第184页。

③ [英]齐格蒙特·鲍曼:《废弃的生命——现代性及其弃儿》,谷蕾、胡欣译,江苏人民出版社2006年版,"导言"第4页。

④ [英]齐格蒙特·鲍曼:《废弃的生命——现代性及其弃儿》,谷蕾、胡欣译,江苏人民出版社2006年版,第69页。

⑤ [英]齐格蒙特·鲍曼:《废弃的生命——现代性及其弃儿》,谷蕾、胡欣译,江苏人民出版社2006年版,"导言"第5页。

第三章　批判现代性:现代性霸权在全球

　　人口废弃物成为新型社会问题,鲍曼指出:"难民、无家可归者、寻求避难者、移民和非法移民都是全球化的废弃物。"①不同于传统废弃物,人口废弃物是指,被现代社会界定为"过剩人口"的新型群体,他们始终面临被排斥、被抛弃的生存难题。过剩人口是现代化新常态问题,我们要接受这一事实,"社会上永久性地存在着一些多余的人……地球上存在'社会'的地方,并没有保留这些'人类废品'(或者更确切地说,废弃人口)的空间"②。鲍曼认为,"全球化造就的无家可归、无国可依的受害者数量增加得太快了,难民营的设计和建造速度已经跟不上了"③。失业者、难民等"过剩人口"在现实中找不到生存空间,无论是在物质生产上还是在精神生产上都被认为是多余的,他们是没有社会地位的群体,受到无端的指责和仇恨,懒惰、诈骗、偷窃等污蔑莫名而来,概言之,"多余的人总是处于劣势"④。

　　难民是最为棘手的全球人口多余问题,"一朝为难民,终身为难民"⑤,道出了难民之"难":"无国可属、无地可立、无业可从",甚至"赤裸生命"的延续还得依赖国际人道主义援助。鲍曼认为,难民,无论是生灵涂炭的战争难民,还是穷困潦倒的经济难民;无论自愿移民他国,还是被迫移民他乡,"越来越发现自己处于交叉火力的中间,确切地说是在双重困境之中,他们不是受到了暴力的驱逐,就是吓得逃离了本国,但他们无法进入其他地方"⑥,始终被抛在"虚无之地""虚无之境"。"我们生活在移民呈全球性增长的时代"⑦,现代国

---

① [英]齐格蒙特·鲍曼:《废弃的生命——现代性及其弃儿》,谷蕾、胡欣译,江苏人民出版社2006年版,第56页。
② [英]齐格蒙特·鲍曼:《废弃的生命——现代性及其弃儿》,谷蕾、胡欣译,江苏人民出版社2006年版,第5页。
③ [英]齐格蒙特·鲍曼:《废弃的生命——现代性及其弃儿》,谷蕾、胡欣译,江苏人民出版社2006年版,第75页。
④ [英]齐格蒙特·鲍曼:《废弃的生命——现代性及其弃儿》,谷蕾、胡欣译,江苏人民出版社2006年版,第36页。
⑤ [英]齐格蒙特·鲍曼:《废弃的生命——现代性及其弃儿》,谷蕾、胡欣译,江苏人民出版社2006年版,第80页。
⑥ [英]齐格蒙特·鲍曼:《被围困的社会》,郇建立译,江苏人民出版社2005年版,第104页。
⑦ [英]齐格蒙特·鲍曼:《共同体》,欧阳景根译,江苏人民出版社2003年版,第125页。

家解决外来难民等陌生人有两种策略:一是同化策略,即"吃掉难民",把难民消融为本国公民;二是排斥策略,即"吐出难民",把难民驱逐出本国国境。事实上,上述两个策略被证明都不太成功,同化难民难以在政治、文化和心理上达成认同,排斥难民却丧失道义制高点,有碍国家形象和名誉。

从现实处境来讲,鲍曼认为,难民的身份就是被废弃的对象,他们没有国籍,丧失基本人权,没有法律保护,"漂泊"是他们唯一的生存状态。难民即使能够在某一国家暂时驻足,也不意味着能够永久居住,"他们永远无法从短暂性、不确定性和任何定居的有条件性所带来的痛苦中解脱出来"①。零容忍、隔离、永久驱除是难民每天面对的问题,鲍曼这样说道:澳大利亚军舰曾把阿富汗难民运至人间罕见的岛屿上。在难民寻求出路的征途上,"除了壁垒、铁丝网、控制大门和武装警卫之外,什么也没有留下……从最低程度上看,他们被回收并重新成为人类社会合法的、获得承认的成员的前景是暗淡的、遥不可及的"②。"非自愿聚集区"既是难民临时的落脚处,又是隔离区。以美国黑人聚集区为例,难民居所就是一个"监狱化"的封闭社区,每天遭受当地警察的随意搜查、盘问、宵禁和清点门户,活动范围始终处于当地政府的严密监控之下,事实上,"美国黑人聚居区已经完全变成了一个实质上的废弃物处理场,它的目的也就只有这样一种。它已经发展成为一个进行赤裸裸驱逐的单向度机器,变成了一个人类仓库,被丢弃在里面的是城市社会中那些被认为是不体面的、应被抛弃的、危险的部分"③。只要现代世界局部战争不断,冲突不止,动荡不安,难民就会不断涌出,数量剧增,四处漂移,成为盘旋在世界各国头上的"恐惧幽灵","在全球化世界中新权力精英的讽刺肖像画里,难民已经变成了超区域的象征,而这是当今人类中存在不确定性的根源,是当今人类最

---

① [英]齐格蒙特·鲍曼:《废弃的生命——现代性及其弃儿》,谷蕾、胡欣译,江苏人民出版社 2006 年版,第 76 页。
② [英]齐格蒙特·鲍曼:《废弃的生命——现代性及其弃儿》,谷蕾、胡欣译,江苏人民出版社 2006 年版,第 79 页。
③ [英]齐格蒙特·鲍曼:《废弃的生命——现代性及其弃儿》,谷蕾、胡欣译,江苏人民出版社 2006 年版,第 83 页。

主要的恐惧和焦虑"①。难民往往被贴上犯罪、邪恶、暴力、恐怖、非法的标签，默默承受着来自他国的偏见、仇恨和憎恶。显然，把难民归置于废弃人口，无助于难民问题的解决，无助于缓解国际社会矛盾和冲突。

第四节 人类共同体危机重重

共同体，是人类历史发展中不可或缺的组织形式和生存方式，是人人向往的美好生活状态。在鲍曼看来，共同体是一个温馨的场所、幸福的家园，身居其中，人与人之间和睦相处，彼此信任，互帮互助，相亲相爱地生活在一起。在现代社会，共同体被赋予新的内涵指向，它既是温暖舒适的庇护所，也是命运与共的栖息地，共同体离不开个体，个体也离不开共同体。鲍曼认为，随着世界现代化、全球化进程的加快，人类境况发生新的变革，滋生着新的灾难危险，"对我们而言，'共同体'这个词听起来尤其甜美。这个词使人回想起的东西，都是我们失去而怀念的一切"②，现代人失去了共同体的天堂。概言之，鲍曼认为，没有了共同体的庇护，人们不得不面对残酷的现实，陷入个体化的泥潭，遭遇恐惧的生活体验，生活在危险环伺的世界里，"一个邪恶横行的世界，一个有着集中营的世界，一个炸弹和毒气的储量在日益增长的世界"③。

一、原子化的个体

鲍曼认为，"今天，我们生活在一种孤立的、原子化的世界中，人们不相信他们自己的制度和组织"④。在这样的彻底个体化、去规则的社会中，人们找不到共同体的温暖和呵护，个体"从本质上看具有特殊性、流变性、转瞬即逝

---

① ［英］齐格蒙特·鲍曼：《被围困的社会》，郇建立译，江苏人民出版社2005年版，第105页。
② ［英］齐格蒙特·鲍曼：《共同体》，欧阳景根译，江苏人民出版社2003年版，"序曲"第4页。
③ ［英］齐格蒙特·鲍曼：《现代性与矛盾性》，邵迎生译，商务印书馆2003年版，第384页。
④ ［英］齐格蒙特·鲍曼：《怀旧的乌托邦》，姚伟等译，中国人民大学出版社2018年版，第66页。

性,同盟与联盟的预期寿命很短,并且会越来越短"①。成为自由个体,承载着人类最高价值追求,是现代性的核心理念。崇尚自由自在,不受任何约束的自由主义,天然地同共同体理念决裂,"个体自由、自我决定,都是从共同体束缚中解放出来的同义词,是漠视继承(天生)的归属能力的同义词"②,逃离集体成了个体的首要选择。不过,鲍曼强调指出,个体化进程,也是孤立化、原子化的进程,自由和安全不可兼得。"人类既需要自由,也需要保障——牺牲任何一方都会成为痛苦的根源"③,绝对的自由,意味着绝对的孤独、无助和焦虑,这是个体化社会的现实困境。

原子化的个体承受着因自由而失去安全的代价。鲍曼认为,"现代性充分展开了世界的不稳定性,开启了重新塑造一切的可能性,也使得与生俱来的人性让位于'个性特性'的重新塑造"④,个体的自由度、差异性和独特性得到充分释放和体现。现代人权认为,个体性是每个人与生俱来、不可分割的权利,这为个人发展开辟了广阔的空间,个人尊严和价值达到了相当丰富的提升,"只要他是一个真正独立的人,他是一个自由的选择者、是一个道德责任的自主承担者、是一个自己生命的主宰者"⑤,表现出强烈的自我成就和自我拥有。事实上,对"绝对自由"的追求,导致个体不得不承担一系列消极后果。自由的代价极高,鲍曼这样阐释到,"最大的自由和最大的安全不会在同一邮包中投寄出来。高水平的自由通常意味着低水平的安全,高水平的安全意味着低水平的自由"⑥,自由和安全是个体存在的必要条件,自由与安全也是一对矛盾关系,个体要追求高度自由性,就必然要失去社会共同体的保护,孤独地面对残酷的自然和社会经济环境,随时面临生存安全问题。高度的自由性,

---

① [英]齐格蒙特·鲍曼:《怀旧的乌托邦》,姚伟等译,中国人民大学出版社2018年版,第136页。
② [英]齐格蒙特·鲍曼:《共同体》,欧阳景根译,江苏人民出版社2003年版,第118页。
③ [英]齐格蒙特·鲍曼:《个体化社会》,范祥涛译,三联书店2002年版,第39页。
④ [英]齐格蒙特·鲍曼:《个体化社会》,范祥涛译,三联书店2002年版,"译者序"第7页。
⑤ [英]齐格蒙特·鲍曼《自由》,杨光、蒋焕新译,吉林人民出版社2005年版,第46页。
⑥ [英]丹尼斯·史密斯:《后现代性的预言家:齐格蒙特·鲍曼传》,萧韶译,江苏人民出版社2002年版,第27页。

高度的独立性,往往也是高度的个体化,彻底脱离共同体,而"失去共同体,意味着失去安全感",①自由和安全不可能永远和谐共存。特别是,当前全球化进程推动个体化自由度前所未有地提升,个体从原有的各种类型共同体中脱域解放出来,却难以依靠个体的力量处理系统性的社会问题和私人问题,诸如金融危机、恐怖风险、环境恶化、失业无业、安全保障等。鲍曼认为,绝对自由只能是想象中的完全孤立,完全隔绝同他人的联系,在理论和实践中是行不通的,个体"解除与社会的联系将让自由的个人单独面对自然的肆虐,……长期脱离人群将导致缺乏保护和加剧不确定的双重困境,每一种困境都足以使自由可以想象得到的收益化为乌有"②。

原子化个体承受着自由选择的沉重后果。鲍曼认为,"把社会中的成员转变为个体是现代社会的特征"③,成为个体往往拥有独特个性,表现为强烈的"自主性",这是自由赋予的权力。但是,作为个体解放与自我抉择的行为,个体背负着一个与生俱来且无法解决的难题,"个性是由个体组成的社会为其成员确立的一项任务——确立为一种个体的任务,由个体完成,由个体利用他们的个体资源去完成。可是,这一任务是自相矛盾的,是自我抵触的:实际上,是无法完成的"④。这是因为,自由个体不是脱离社会而纯粹存在的孤体,"自由个体的形成,必须要具备一系列特殊的客观要素。而且,只有当这些要素持续不变时,自由个体才能得以存活"⑤,客观的社会条件是自由个体的依赖和基础,"对自由的需求和社会交往的需求——尽管相互摩擦,仍是不可分离的——似乎是人类状况永久性的特性"⑥。自由个体,是独一无二的个性存在,它要求与众不同,但是,"事实上的个性并不容易实现,而维持起来更加困

---

① [英]齐格蒙特·鲍曼:《共同体》,欧阳景根译,江苏人民出版社 2003 年版,"序曲"第 6—7 页。
② [英]齐格蒙特·鲍曼:《自由》,杨光、蒋焕新译,吉林人民出版社 2005 年版,第 69 页。
③ [英]齐格蒙特·鲍曼:《个体化社会》,范祥涛译,三联书店 2002 年版,第 43 页。
④ [英]齐格蒙特·鲍曼:《流动的生活》,徐朝友译,江苏人民出版社 2012 年版,第 20 页。
⑤ [英]齐格蒙特·鲍曼:《自由》,杨光、蒋焕新译,吉林人民出版社 2005 年版,"导言"第 9 页。
⑥ [英]齐格蒙特·鲍曼:《自由》,杨光、蒋焕新译,吉林人民出版社 2005 年版,第 72 页。

难。通常用来象征身份的事物如走马观灯一般更替,而其受到推荐的选择又有一种特有的不稳定性。追求个性,没有片刻的喘息的时间"①。鲍曼还说道,自由选择的权力,"对于弱者和没有能力的个体来说,一直是一种幻想和错觉,而且更为糟糕的是,它还是一个无休止的自卑和公开的耻辱的理由"②。个人的"不幸被认为是应该独自承受和解决的,特别不适合于逐渐扩大为一个寻求集体解决个人不幸的利益共同体",③一旦不公平失去了集体特性,人们就不可能通过联合力量拯救自身。对底层群体来讲,自由选择是一种被迫的选择,选择的差异性,同财富收入的差异性保持着惊人的一致性,"穷人与富人、更穷的人与更富的人之间的差距,无论是在社会阶层之内,还是社会阶层之间,都在全球范围内在每一个国家内扩大。在美国,这个世界上最富裕的国家,同时也是利益冲突的中心和证明要求正当的战场"④,个体追求幸福生活的社会资源被切断,穷人争取利益的诉求得不到当局政府的承认,他们权益被排除在"富人利益共同体"之外,成为无助的游离个体。在消费社会中,自由选择没有得到应有的丰富和拓展,反而局限为消费选择权。这种自由选择本质上是金钱资本的选择权,不是幸福生活的选择权,这也正如鲍曼所言,"在通往承认的'文化主义'人权观的道路上,过一种富足生活和体面生活的人权的未竟任务被置之脑后了"⑤。

二、脆弱化的民族国家

作为最高层次的社会共同体,民族国家涵盖了社会中基于共同特征(种族、观念、地位、遭遇、任务、身份等等)而组成的各种类型的团体组织和社区群体,既包括无形的共同体,也包括有形的共同体。民族国家在现代化历史过程中,受到了前所未有的冲击,其基本功能遭到解构稀释,特别是经济功能、文

---

① [英]齐格蒙特·鲍曼:《流动的生活》,徐朝友译,江苏人民出版社 2012 年版,第 25 页。
② [英]齐格蒙特·鲍曼:《共同体》,欧阳景根译,江苏人民出版社 2003 年版,第 123 页。
③ [英]齐格蒙特·鲍曼:《共同体》,欧阳景根译,江苏人民出版社 2003 年版,第 105 页。
④ [英]齐格蒙特·鲍曼:《共同体》,欧阳景根译,江苏人民出版社 2003 年版,第 106 页。
⑤ [英]齐格蒙特·鲍曼:《共同体》,欧阳景根译,江苏人民出版社 2003 年版,第 108 页。

化功能、政治功能逐渐削弱。对此,鲍曼说道:"民族与国家作为当今最大的、最有力、最持久及其制度化的'共同体与社会'的现代化身,二者的联姻在很多情况下,……使他们稳固地结合在一起的与其说是显然反复无常的爱,不如说是相互利用。"①民族利益、民族感情被资本绑架,"国家政治机构所垄断的强权首先用来服务于充当'资本'财富,以及作为'劳动者'的社会成员的'再商品化'"②,国家机器运转的空间越来越小,国家职能越来越弱。

民族与国家逐渐分离解体。传统意义上,民族国家既统治民族群体,又体现国家整体力量,具有至高无上的权威。然而,"民族—国家的这种模型似乎依旧是一个'未竟的计划',即使在民族—国家最繁荣的那些年也不例外。在绝大多数的时候,绝大多数民族都是脆弱的联盟,它们不可能完全和平共处"。③ 国家承诺为民族成员提供安全保障,然而,"9·11"恐怖袭击事件,"美国人突然发现,国家提供的抵御危险的盾牌并不能保护他们的个人安全,它很容易被外部世界的长矛刺穿了"④。在资本全球化的时代,原来以情感为纽带的民族政治演变为"竞选政治",民族成员化身为"投票公民",文化认同、宗教纷争、语言差别不再是国家整合的重要因素,国家政治成了"抢座轮庄游戏","它更加明显地(或许是不可挽回地)丧失了民族—国家所享有或要求的特权位置。国家从总体上丧失了大部分曾经拥有的主权;……总之,国家不再是可靠的、有利可图的投资场所,它几乎完全失去了这种吸引力"⑤。显然,传统的国家机构及其部门职能已经无法适应全球自由流动的资本、金融和贸易,强劲的全球经济力量从民族国家"落后的狭隘性"中解放出来,社会财富越来

---

① [英]齐格蒙特·鲍曼:《被围困的社会》,郇建立译,江苏人民出版社 2005 年版,"引言"第 11 页。
② [英]齐格蒙特·鲍曼:《自由》,杨光、蒋焕新译,吉林人民出版社 2005 年版,第 96 页。
③ [英]齐格蒙特·鲍曼:《被围困的社会》,郇建立译,江苏人民出版社 2005 年版,"引言"第 10 页。
④ [英]齐格蒙特·鲍曼:《被围困的社会》,郇建立译,江苏人民出版社 2005 年版,"引言"第 7 页。
⑤ [英]齐格蒙特·鲍曼:《被围困的社会》,郇建立译,江苏人民出版社 2005 年版,"引言"第 9 页。

越私人化、个体化,现代国家几乎无法顶住全球资本、金融和贸易(包括文化贸易)的压力,"国家越来越没有能力去平衡其内部的利益,也没有能力去实施基本的保护,即基本的集体保险、伦理原则和正义模型"①,民族成员的"私利"同国家整体'公利'之间的鸿沟日益扩大,逐渐无法融合为一体。同时,基于行业利益、领域利益、文化利益、性别利益构建起来的凝聚力对民族—国家忠诚度产生极大影响,特别是商业经济"为自己设定了'具有治外法权的领域',在这里,它实际上可以自由地制定规则"②,从而,民族国家构建的传统秩序迅速瓦解,社会秩序更加动荡不安。我们恰好生活在残酷无情的时代里,"正如在资本与信息的世界范围内的流动中所表现出来的,权力变成了超国家性的东西,然而现存的政治机构依然和以前一样,还是地方性的。这不可避免地导致日益严重的民族国家权力的丧失;由于不能再聚集足够的资源来有效地平衡账目并实行一种独立的社会政策,政府除了寻求一种解除管制——就是把对经济与文化的进程的控制权拱手让给'权力市场',也就是让给了实质上的超国家力量——的策略之外,几乎别无选择"。③ 当民族国家不能提供安全保障时,穷人则被遗弃,"当民族国家一个个地放弃产生确定性与信心的功能时,被民族国家遗弃的人口中的压倒性多数,也属于'脆弱和虚弱'的那一类人"④,为此,鲍曼评论到,传统民族国家的根基开始动摇,国家权威开始破碎,"几乎没有民族—国家可以说是自治的,更不必说自我维持和自给自足。几乎没有现存的国家能经得起严格的国家地位的考验"⑤。

主权与国家逐渐分裂割离。主权是传统民族国家不可分割的权力。全球化的资本流动、资源流通和信息共享,促使传统国家大幅度地消减主权,土地

---

① [英]齐格蒙特·鲍曼:《被围困的社会》,郇建立译,江苏人民出版社2005年版,第57页。
② [英]齐格蒙特·鲍曼:《被围困的社会》,郇建立译,江苏人民出版社2005年版,第67页。
③ [英]齐格蒙特·鲍曼:《共同体》,欧阳景根译,江苏人民出版社2003年版,第120页。
④ [英]齐格蒙特·鲍曼:《共同体》,欧阳景根译,江苏人民出版社2003年版,第124页。
⑤ [英]齐格蒙特·鲍曼:《被围困的社会》,郇建立译,江苏人民出版社2005年版,第67—68页。

面积狭小、资源匮乏,经济上和军事上依赖第三方的国家,在国际上得不到应有的尊严,成为全球经济的"劳动力提供市场"。任何国家的保护政策,都将得到新的全球性律令的惩罚:国际贷款收缩、股票市值大跌、经济制裁、撤回投资等等。惩罚弱小国家的手段多种多样,除了"经济手段",即以贸易制裁、金融制裁、汇率制裁等等,军事威胁、武力威胁也是强国欺负弱国的常用伎俩,"如果日常迹象显示全球性力量的优势并不足以迫使某一国家明白事理、接受劝告并与新的'世界秩序'合作的话,军事手段就可能得到使用"。① 鲍曼认为,"主权国家放弃自己的传统特权,就全球资本的比赛者而言,是全球资本的支配不会受到挑战的最可靠、最渴望的保证"。② 在全球化时代,政治主权的独立性、自治性发生重大变化,"经济——资本及金钱和成就事业、赚取更多金钱、创造更多产品所必需的其他资源——迅猛发展,其气势足以永远领先一步于任何(地区性的)可能企图遏制和转移其运行的政体"③,跨国公司的经济力量早已摆脱限制性区域的束缚,脱离各民族国家的控制。"经济是有效地超越国界的,与真正的所有国家相关联,不论这些国家是大是小,与其人民的日常生活至关重要的大部分经济资产是'外国的'"④,全球性经济思维成为世界各国调整和制定本国政策的主要依据。独立国家的重要角色就是为资本增值、利润攫取提供良好环境,"向那些已经进入的人,即流动资本的'流动销售员',提供一个舒适的、好客的和诱人的环境,以便他们愿意在这里'搭建帐篷'"⑤。

---

① [英]齐格蒙特·鲍曼:《流动的现代性》,欧阳景根译,中国人民大学出版社2018年版,第305页。
② [英]齐格蒙特·鲍曼:《被围困的社会》,郇建立译,江苏人民出版社2005年版,第70页。
③ [英]齐格蒙特·鲍曼:《全球化——人类的后果》,郭国良、徐建华译,商务印书馆2015年版,第53页。
④ [英]齐格蒙特·鲍曼:《后现代伦理学》,张成岗译,江苏人民出版社2003年版,第271页。
⑤ [英]齐格蒙特·鲍曼:《被围困的社会》,郇建立译,江苏人民出版社2005年版,第70页。

为此,鲍曼指出,"全球化剥夺了国家大量的先前的权力之后"①,国家功能消减至维持当地的法律和秩序权力,"国家警察在地方上的有序状况几乎变得越来越像世界商品贸易和经过多国公司负责管理的货币转运站",主权领土成为"警察监管区","自由贸易的实施,关税和消费税的废除,所有这些在当前足以获得军事征服、政权交接和领土占领曾经获得的那种支配"②。跨国公司要支配一个国家和地区,既不需要领土入侵,也不需要派兵占领、永久驻军监管,便可以畅通无阻,成为无疆域、无国界的庞然大物,与此同时,全球资本系统地摧毁任何阻止资本流动和市场自由的一切障碍。鲍曼指出,全球自由贸易、金融活动和信息产业,"为了能够自由运动,不受限制和自由自在地追求自己的目标,它们依赖于政治上的分割",从而导致主权的分割的局面,"任何与经济有关的东西都不允许国家染指,否则就会使自身和国民遭受危险:在这方面的任何努力都会引发银行、证券交易所和金融市场做出迅疾而又愤怒的惩罚性反应。国家在经济上的软弱无能会再度显著地展示出来,使其当前的管理组织惊恐万状"③。

福利与国家逐渐分离分别。作为一项惠及社会所有成员的政策,福利国家的出现是资本主义发展的阶段性产物。福利国家是现代国家的责任和义务,其基本理念"就是要保障其所有主体的'福利'(也就是说,比起活着,要享有更多的东西:在特定时代的特定社会中,有尊严地活着)"④,这是社会文明进步的标志。公共福利及其经济救助是社会健康、国家文明的重要指标,公民享受国家福利是一种政治资格和社会权益,但不能作为经济发展指标。福利国家当今在发达工业社会遭遇了诸多争议和质问,公众福利"对资本主义积

---

① [英]齐格蒙特·鲍曼:《被围困的社会》,郇建立译,江苏人民出版社2005年版,"引言"第11页。
② [英]齐格蒙特·鲍曼:《被围困的社会》,郇建立译,江苏人民出版社2005年版,第69页。
③ [英]齐格蒙特·鲍曼:《个体化社会》,范祥涛译,三联书店2002年版,第249页。
④ [英]齐格蒙特·鲍曼:《工作、消费、新穷人》,仇子明、李兰译,吉林出版集团有限公司2010年版,第95页。

累的冲击会使破坏性的……废除它会有毁灭性的后果……矛盾就在于资本主义无法与福利国家共存,却又不能离开其生存"①。再者,鲍曼还指出,"人们被迫不再对一个忧心忡忡的国家能保护他们的一生抱有什么希望。他们的生活必须与高水平的风险相伴随,他们必须做好他们能够应付的安排。旧有的安全网络已经被撕成碎片。家庭是一个越来越不安定的机构。福利国家不能满足人们对它的要求"②。由此可见,公共福利并没有随着社会发展而丰富完善,完善的福利体制体系也没有成为现代国家的标配。西方国家在对工人的福利问题上,避重就轻,关注就业问题却不解决岗位问题,关心居民生活水平问题却没有持续提升生活质量。国家往往把美好生活的解决方案,指向消费市场。鲍曼说道:"国家日益退出对劳资关系的直接干涉,减少对再生产财富(作为资本)和人类个体(劳动)的领域的关注和责任。在我们现有的体制中,资本主义最初是作为消费者而介入社会行为的。但这种介入并不需要国家的主动干涉。"③繁荣的市场经济改造了国家结构及其基本职能,政府的管辖职能和范围领域也不断变化变样。

西方国家提供的福利政策体系,让所有参与者都处于深深的矛盾困境中,"一方面,每个人都从政府提供的服务中获利;另一方面,每个人都不满付税。没有哪个阶层的自身利益受到威胁的时候,还会对这一体制忠心耿耿"④,无论是普惠性福利,还是选择性福利,都没有达到普惠民众的效应。选择性福利,"给穷人提供的服务依然是贫穷的服务"⑤;普惠性福利,等于"将社区里

---

① [英]齐格蒙特·鲍曼:《工作、消费、新穷人》,仇子明、李兰译,吉林出版集团有限公司2010年版,第98页。
② [英]丹尼斯·史密斯:《后现代性的预言家:齐格蒙特·鲍曼传》,萧韶译,江苏人民出版社2002年版,第11页。
③ [英]齐格蒙特·鲍曼:《自由》,杨光、蒋焕新译,吉林人民出版社2005年版,第105页。
④ [英]丹尼斯·史密斯:《后现代性的预言家:齐格蒙特·鲍曼传》,萧韶译,江苏人民出版社2002年版,第167页。
⑤ [英]齐格蒙特·鲍曼:《工作、消费、新穷人》,仇子明、李兰译,吉林出版集团有限公司2010年版,第102页。

的一部分人的钱交给另一部分人"①,利益理性成为团结友爱的矛盾。鲍曼认为,"福利提供已经从公民权力的实施被转变成了弱者与安于现状者的耻辱。福利接受者由于受到了越来越严格、越来越令人羞耻的财产的检验,他们往往被污蔑为白用了'纳税人'的钱,他们在公众的心目中往往与懒惰、粗心大意、性放纵或药物滥用等联系在一起,总之,他们日益地变成了'罪孽工资'的当代版本。我们不仅支付不起'罪孽工资',而且,由于它的罪孽,也没有道德理由要求我们应该那样做"②。更为突出的现实是,福利国家正在经历衰败,公共福利政策曾经强有力地推动了社会经济发展,在"劳动力商品化"中扮演重要角色:现代国家"通过提供良好的教育、完备的医疗服务,适宜的住宅,并为贫穷家庭的孩子提供健康的营养品,以确保资本主义工业拥有稳定供应的可雇佣劳动力——这是任何一家或几家公司都无法自己确保的效果"③。跨国企业已经不再为某一国家提供"劳动力储备大军",当发现公共福利同资本利润产生矛盾时,商人会携带资本和企业转向其他更盈利的地区。而那些坚持高福利标准的国家和地区会遭受财政收入上的重创,工人失业问题会卷土重来。福利国家重新成为争议的话题,富人阶层坚持认为,公共福利无利可图,浪费社会资源,"福利国家死了,我们需要在尸体散发无法忍受的恶臭之前,就应该挖坑把它埋掉"④;穷人阶层坚持认为,公共福利"杯水之利",不值一提。多元民主式的争论并没有推进福利国家政策的改进和发展,实际上,福利国家面临发展的现实困境,左右受到掣肘,"处于防御的境地,每天都必须反复为自己存在的理由进行道歉和辩论。它在辩论的时候几乎不能使用我们这个时代最为流行的语言,即关于利息和获利性的语言。事实上还可以补充说:

---

① [英]齐格蒙特·鲍曼:《工作、消费、新穷人》,仇子明、李兰译,吉林出版集团有限公司2010年版,第103页。
② [英]齐格蒙特·鲍曼:《后现代性及其缺憾》,郇建立、李静韬译,学林出版社2002年版,第41页。
③ [英]齐格蒙特·鲍曼:《工作、消费、新穷人》,仇子明、李兰译,吉林出版集团有限公司2010年版,第106页。
④ [英]齐格蒙特·鲍曼:《后现代性及其缺憾》,郇建立、李静韬译,学林出版社2002年版,第48页。

无法提供出任何合理的论据以支持福利国家的继续存在"①。

三、高风险的现代世界

鲍曼认为,人类正处于全球风险时代,现代社会是一个高风险社会,我们每天面对各种威胁的严峻考验,风险性、不确定性和不稳定性气息始终弥散萦绕眼前身边。当今时代,全球风险频发,险象环生,鲍曼认为,"社会动荡、城市骚乱、暴力、犯罪、恐怖主义——这些都是极为可怕的景象,它们预示着我们以及子孙后代要遭遇的安全困境"②,"在这个全球化的新世界中,无论是政府还是大企业,都不能操纵一切。事实上,整个星球都处于高度危险中"③。现代风险隐患威胁着地球上每一个人的日常生活,它同整个人类命运、生存发展息息相关。头顶同一片蓝天,脚踏同一个地球,"我们——地球上的人类共居者——现在比以往任何时候都更加接近生死抉择的关头:我们应相向而行,手挽手、肩并肩共同前进,否则我们将一起走向毁灭"④,世界各国必须严肃对待人类共同体遭遇的劫难。

全球风险时代的来临。鲍曼认为,现代社会风险早已突破一国一域,肆意蔓延覆盖地球表面,形成全球化的威胁危害,影响恶劣,后果严重。全球风险是一种高风险,它不同于以往人类遭遇的风险,"我们目前的危险不同于那种风险所努力去争取关注,让世人了解的风险,直到它们突然大量来袭时,人们才给它们命名。孕育我们当代危险的环境,不再为社会所限制,除非其概念与正统内涵相对立,也不再与疆域范围内的民族国家的人口相联系,而是与这个

---

① [英]齐格蒙特·鲍曼:《个体化社会》,范祥涛译,三联书店2002年版,第90—91页。
② [英]齐格蒙特·鲍曼:《来自液态现代世界的44封信》,鲍磊译,杨渝东校,漓江出版社2013年版,第110页。
③ [英]丹尼斯·史密斯:《后现代性的预言家:齐格蒙特·鲍曼传》,萧韶译,江苏人民出版社2002年版,第60页。
④ [英]齐格蒙特·鲍曼:《怀旧的乌托邦》,姚伟等译,中国人民大学出版社2018年版,第230页。

星球上的人口相联系,与全体的人类相联系"①,同每个人的生命安危和幸福生活关联密切。这种风险无论在领域范围上,还是在危险系数上,抑或在频率次数上,都超出了人类现有的认知能力,我们既无法准确预测风险苗头,也无法精确计算风险后果,更无法正确提出科学应对之策。

鲍曼认为,20世纪人类已经具有自我毁灭能力,"如今人类已拥有所有制造集体自杀所需的武器,无论这是出于有意还是无奈——毁灭自己,同时也把地球上所有其他生命都带进地狱"②,全球风险爆炸力足以摧毁整个世界。鲍曼还认为,"我们的社会日益成为一个制造危险、监控危险和对付危险的社会。我们与其说'前进',还不如说清除混乱状况,寻求从以往我们自己制造的浩劫中退出的出口。尽管这些危险是意外的、常常是难以预料或思考的,但它是我们自己的产物"③,彻底化解全球风险是一个"极其艰巨的使命任务",铲除全球威胁"远远超出了任何单一国家的能力范围,不管这个国家有多大和多强,甚至由几个国家组成的联合体如欧盟,也不能解决这个问题"④。从这个意义上讲,全球风险事关全人类整体利益,它需要全球视野、全球方案和全球治理,需要人类命运共同体意识的形成和强力践行,在协同协商中攻克问题难关。

全球风险必然衍生全球危机。鲍曼认为,"残酷的事实是,在我们共同的星球上,有许多不同的存在方式共存着,每天都会在'边界'上出现一些料想不到的'拉锯战'"⑤。全球风险让世界再次陷入动荡不安,"我们的世界再次

---

① [英]齐格蒙特·鲍曼:《来自液态现代世界的44封信》,鲍磊译,杨渝东校,漓江出版社2013年版,第139页。
② [英]齐格蒙特·鲍曼:《流动的恐惧》,谷蕾、杨超等译,江苏人民出版社2012年版,第79页。
③ [英]齐格蒙特·鲍曼:《生活在碎片之中——论后现代道德》,郁建兴、周俊、周莹译,学林出版社2002年版,第325页。
④ [英]齐格蒙特·鲍曼:《怀旧的乌托邦》,姚伟等译,中国人民大学出版社2018年版,第111页。
⑤ [英]齐格蒙特·鲍曼:《被围困的社会》,郇建立译,江苏人民出版社2005年版,"引言"第17页。

变成了一个战争剧场,陷入了一切人反对一切人战争,由每个人发起反对每个人的战争,没有人属于例外。"①一旦战争机器开动就无法停止,它开始具有自己的生命,人类无法控制自己发动的战争机器。地球也成为拥挤的空间,人类废弃物堆满全世界,"我们人类的命运与所有其他生物(因为我们人类集体性的自我放纵、过度发展的自信和欠发达的责任感,它们成了无辜的'附带受害者')的命运是紧密联系在一起的,不可分割。我们——所有人,人类——都在很快地更接近悬崖的边缘"②,所有人的命运紧密相连,生死与共,无一人例外。

全球风险源隐藏散落在世界各地,从繁华的都市生活到荒凉的郊野乡土,从饮食健康安全到自然空气环境,从贫穷底层群体到外来移民难民,从意外恐怖袭击到焦虑恐惧的心理,风险生活是一场常态化生活。鲍曼认为,随着经济的快速发展,越来越多外来的陌生人涌进城市,"他们给城市所有居民的人生追求注入了一大剂永久的不确定性,无所不在的陌生人是焦虑多发的源头,它从不消停,尽管常常是一种隐性的侵犯,然而却一次又一次地爆发",③而且往往视为贩毒、抢劫、犯罪的目标,"城市生活充满着危险,清除大街上冒失的、预示着危险的外地人是实现恢复失去的安全这一目标的最迫切的手段。这种看法是作为不需要任何论证也用不着任何争论的不言而喻的真理出现的"④。除此之外,我们现在开始思考由污染引起的环境恶化风险、生物化肥农药导致的土壤水源毒化危害、食品工业化加工导致的健康危害、甚至不明来源病毒释放所带来的瘟疫危险,等等,"想想这个充斥着残酷、争斗的有着更精密的、更难抵抗的武器的世界;想想在停战阶段每年给拥挤的马路和交通实际上增加

---

① [英]齐格蒙特·鲍曼:《怀旧的乌托邦》,姚伟等译,中国人民大学出版社2018年版,第63页。
② [英]齐格蒙特·鲍曼:《来自液态现代世界的44封信》,鲍磊译,杨渝东校,漓江出版社2013年版,第129页。
③ [英]齐格蒙特·鲍曼:《来自液态现代世界的44封信》,鲍磊译,杨渝东校,漓江出版社2013年版,第194页。
④ [英]齐格蒙特·鲍曼:《共同体》,欧阳景根译,江苏人民出版社2003年版,第182页。

成百上千的新型交通工具,我们在反思的时候都为之叹息"①。工业化的现代社会也是工业化污染的世界,"工业扩张最显赫的成功之处在于,使风险成倍翻番:更多的风险、更大的风险、前所未闻的风险"②。作为现代城市基础的电网,既是科技的发明又是脆弱的发明,供电系统一旦崩溃,整个城市顿时陷入恐慌,社会秩序必然发生混乱动荡。现代化的城市系统越来越依赖众多复杂而庞大的生命和非生命体系维持日常运作,任何"微小的功能紊乱或者废止都会对社会、经济和环境产生一系列巨大的影响——特别是在城市当中,普遍……日常生活中的一部分,不需要什么巨大的灾难,仅仅一个小小的事故就可能造成'巨大的混乱'。灾难可能不宣而至——不会有任何号角向我们宣告耶利哥那不可攻破的城墙将会倒塌"③。鲍曼举例说道,美国是富裕的国家,也是一个高风险国家,美中央情报局和联邦调查局每天警告美国公民提防即将来临的安全威胁,长期保持处于安全警戒状态。

恐怖袭击是一种特殊的威胁,一直处于高风险段位。恐怖主义全球化态势日趋严峻。鲍曼认为,"在当今,适合暴力之种子发芽的肥沃土壤,供应十分充足"④,"只要有一小瓶、一小罐、一小箱流入到这个国家,就会带来一个史无前例的恐怖之日"⑤。全球武器失控失管,全球法律缺失缺位,全球协同举步维艰,全球媒体裹挟帮凶,等等,上述诸多因素彼此勾连,相互强化,促使全球暴力能量大释放,"武器说话的时候,法律就保持沉默。具有伤害性和破坏性的全球化带来了愤恨和复仇的全球化"⑥。武器泛滥同恐怖袭击相随相伴,

---

① [英]齐格蒙特·鲍曼:《生活在碎片之中——论后现代道德》,郁建兴、周俊、周莹译,学林出版社2002年版,第326页。
② [英]齐格蒙特·鲍曼:《现代性与矛盾性》,邵迎生译,商务印书馆2003年版,第410页。
③ [英]齐格蒙特·鲍曼:《流动的恐惧》,谷蕾、杨超等译,江苏人民出版社2012年版,第21页。
④ [英]齐格蒙特·鲍曼:《怀旧的乌托邦》,姚伟等译,中国人民大学出版社2018年版,第50页。
⑤ [英]齐格蒙特·鲍曼:《废弃的生命——现代性及其弃儿》,谷蕾、胡欣译,江苏人民出版社2006年版,第95页。
⑥ [英]齐格蒙特·鲍曼:《流动的恐惧》,谷蕾、杨超等译,江苏人民出版社2012年版,第105页。

国际社会对大规模毁灭性武器控制严格,但对传统武器的自由买卖不顾不管,"关键的问题是,对武器贸易中介,授权可生产和武器的'最终用途'的控制十分松散。对枪支所有、管理和使用权的控制日益弱化,使它们落入了不该拥有者的手中"[1],武器泛滥为全球恐怖袭击提供了源源不断的物质基础。此外,恐怖组织头目更加善于利用国际媒体曝光力的世界效应,"由于全球媒体的存在,可以把哪怕是某个小镇上发生的最小的事件渲染和扩大成全球'实时'可见可听的大事件,于是他们反复利用这些小事件以零附加成本制造'全球性'的令人震惊的恐怖事件,并使世界各地、每个角落的生活都处于永远的危险和紧急状态"[2],现代化网络信息渠道让特定事件迅速传播整个世界,引起国际社会聚焦关注,进而达到不可告人的阴谋,"使得先前成本高昂、难以完成的事件,现在变得成本低廉和极其容易"[3]。

---

[1] [英]齐格蒙特·鲍曼:《怀旧的乌托邦》,姚伟等译,中国人民大学出版社2018年版,第37页。

[2] [英]齐格蒙特·鲍曼:《怀旧的乌托邦》,姚伟等译,中国人民大学出版社2018年版,第40页。

[3] [英]齐格蒙特·鲍曼:《怀旧的乌托邦》,姚伟等译,中国人民大学出版社2018年版,第50页。

第四章　追问现代性:现代性显现后现代"栖息地"

20世纪90年代,鲍曼开始审视现代性中所凸显的后现代征兆。在描绘现代性穿越的艰苦历程之后,鲍曼转向"描绘了当现代性转向后现代之时,一个正在形成的新世界的生动景象"①。这一新世界景象,就是鲍曼眼中的后现代世界,英国学者史密斯认为,"世界充满了完成一半的和支离破碎的'现代的'计划。这个没有条理的世界居住者处在困惑的状态中,他们不理解正在发生的事情。鲍曼将这些事实放置在他的观点的核心之中。换句话说,他发现了后现代性。"②

不同于现代世界,后现代世界是一个独特的新天地。西方学者史密斯对现代性和后现代性作出一个类比。他解释道,如果说现代性是一座城市,人们每天被技术链锁束缚在秩序的"笼子"里,但它为所有人提供"生活指南",承诺人人都能过上美好的生活。那么,后现代性就是一条"毒蛇",它每天潜入城市打开"笼门",引导人们迈入一个新的世界:没有任何限制,自由自在;没有路标,却通向四面八方;没有"生活指南",不知走向何处,身居其中的人们感到无比的迷茫。我是谁? 如何与他人交往? 如何适应当下生活? 其一系列问题扑面而来,"在新的正在成为现实的后现代世界,企图回答这些问题的责

---

① [英]丹尼斯·史密斯:《后现代性的预言家:齐格蒙特·鲍曼传》,萧韶译,江苏人民出版社2002年版,第1页。

② [英]丹尼斯·史密斯:《后现代性的预言家:齐格蒙特·鲍曼传》,萧韶译,江苏人民出版社2002年版,第59页。

任属于我们每一个人。我们不能把这些问题转交到其他地方。"①在现代世界里习得的生活技能、行为规则、常识认知,都失去了指导意义,后现代性就这样登上了时代的舞台。鲍曼虽不是第一个发现后现代性的思想家,可贵的是他深入"耕耘"后现代这块"栖息地",并将后现代性作为透视解析现代社会的重要维度和坐标,直面后现代栖息地这一新景象,考察现代社会的新转向、新挑战、新体验,叙述人们遭遇的道德困境、情感焦虑、政治抉择等社会问题。

第一节 后现代性的通告

鲍曼认为,在当今时代,关于"后"的使用越来越普及流行,譬如后现代、后工业、后殖民、后启蒙、后结构等,"这个前缀的反复使用表达了一种深刻的感觉:一种至关重要的变化发生了"②。人们不再相信现代性的美好承诺,不再相信平等、自由、博爱,不再迷信科学力量。这也意味着,后现代状况强烈地冲击着现代生活。与之相对,现代性筹划变得支离破碎,现代性承诺也无法兑现,现代性的矛盾态度及矛盾问题愈发突出,正在撕裂当下人们的传统认知。鲍曼在现代性"裂隙空间"中洞察出新世界,"运用强有力的想象去确定人类在尚未完全展开的新时代里的状态"③,发出后现代性通告:我们正处于一个后现代时代。

一、何谓后现代性

作为核心概念,"后现代性"在鲍曼思想中占据重要位置。鲍曼始终坚持从现代性身上透视后现代性,把后现代性和现代性放置同一背景下加以理解。

---

① [英]丹尼斯·史密斯:《后现代性的预言家:齐格蒙特·鲍曼传》,萧韶译,江苏人民出版社2002年版,第21页。
② [英]丹尼斯·史密斯:《后现代性的预言家:齐格蒙特·鲍曼传》,萧韶译,江苏人民出版社2002年版,第13页。
③ [英]丹尼斯·史密斯:《后现代性的预言家:齐格蒙特·鲍曼传》,萧韶译,江苏人民出版社2002年版,第61页。

不同于利奥塔、福科、鲍德里亚等后现代理论家,鲍曼考察分析后现代性的视角始终没有脱离现代性,坚持从现代性之外反观现代性。鲍曼主要从三方面界定"后现代性"概念及其内涵。

一是后现代视角。后现代性首先是对现代性的质疑、否定和拒绝,它一贯"以冷静的批判观点来看待现代性的全部,评价它的表现,并对其建构之坚固性和一致性进行评判"①。鲍曼认为,后现代性"不再信奉现代性的计划"②,拒斥理性主义,排斥科学权威,否定民主平等,"它不愿意相信现代性的允诺,也不愿意被'宏大叙事'或者有关社会主义、民主等等元叙事所欺骗"③,从这个意义上讲,后现代性致力于粉碎现代性远大抱负,"拆解、撕裂和破坏那些在现代负责人将人们推向理想状态——充满理性的完美和完美的理性——的结构"④,理性已经走向反理性,后现代性在现代性失败的迹象中崭露头角,并逐渐发挥威力。"现代性到了它自我批评、自我毁誉、自我拆除的阶段时"⑤,在这个过程中,后现代性应运而生,并一步步占据主导地位,获得了前所未有的欢迎推崇。鲍曼告诉我们,后现代性是一种崭新的审视人类历史发展的棱镜,现代性"试图用同一性代替多样性,用连贯的、明晰的秩序替代相互矛盾的状态"⑥,而后现代性则体现为,对不同异议持宽容态度,对不确定、偶然性持认可立场,对多元多样持肯定观点。鲍曼认为,很显然,"人们日益漠视过去提出的对于秩序的单一化理解模式,带着前所未有的冷静看待多元化的权力注视下多元化模式纷繁杂陈的状态"⑦,曾经遭遇现代性摒弃的立场、观点

---

① [英]齐格蒙特·鲍曼:《现代性与矛盾性》,邵迎生译,商务印书馆2003年版,第409页。
② [英]丹尼斯·史密斯:《后现代性的预言家:齐格蒙特·鲍曼传》,萧韶译,江苏人民出版社2002年版,第60页。
③ [英]丹尼斯·史密斯:《后现代性的预言家:齐格蒙特·鲍曼传》,萧韶译,江苏人民出版社2002年版,第180页。
④ [英]齐格蒙特·鲍曼:《生活在碎片之中——论后现代道德》,郁建兴、周俊、周莹译,学林出版社2002年版,第23页。
⑤ [英]齐格蒙特·鲍曼:《后现代伦理学》,张成岗译,江苏人民出版社2003年版,第2页。
⑥ [英]齐格蒙特·鲍曼:《后现代伦理学》,张成岗译,江苏人民出版社2003年版,第6页。
⑦ [英]齐格蒙特·鲍曼:《后现代性及其缺憾》,郇建立、李静韬译,学林出版社2002年版,第11页。

第四章 追问现代性:现代性显现后现代"栖息地"

和态度登上了新的历史舞台,形成发展成为两种不同的世界观。典型的现代性世界观坚持认为,世界本质上是一个有序的总体,征服自然、规划未来、设计理想是现代性的决心抱负,人们可以通过理性把握掌控世界,整体性优于特殊性、局部性、地方性和个体性等;而典型的后现代性世界观坚持认为,世界本质上是一个无序的、相对自主的状态,现代社会中不存在普遍法则,个体自主成为评判的重要依据,"知识相对主义乃是世界的永恒特征"[1],多元化、多样性、差异化的地位优于一致性、总体性和同质性等。

二是后现代进程。鲍曼认为,后现代性的诞生呈现,和现代性的实践历史进程紧密相连,是一对孪生关系,"后现代犹如一根刺从一开始就插入了现代性的身体之中"[2]。采用"后",并不是强调前后顺序、替换替代,而是强调一种新的时代征兆和状况。在鲍曼看来,后现代性之"后",此"后"不是时间顺序排列之"前后"的后,不是作为替代现代性时代终结或消退"后面"的后,更不是当后现代盛行而摒弃现代性观点的"后"。后现代性之"后",是一种纯粹预示意义上的"后",即揭示现代性本身之不可能情势,即"现代性自身将要揭示(如果它还没有被揭示的话),并且在合理的怀疑之外揭示它的不可能性、其希望之空虚、其工作之浪费"[3]。正是基于上述分析,鲍曼认为,从起源上看,后现代性内生于现代性,"现代性产生了某种后现代性的沉淀物"[4],后现代性同现代性不可分割,两者紧密联系,即后现代性源自现代性。"现代性最出色的、最忠诚的子孙与其说表达了子女的忠诚,不如说变成了其掘墓人。他们越专注于现代性着手建立的技巧的构建,他们越是削弱了大厦的基础。现

---

[1] [英]齐格蒙特·鲍曼:《立法者与阐释者——论现代性、后现代性与知识分子》,洪涛译,上海人民出版社2000年版,第5页。
[2] [英]丹尼斯·史密斯:《后现代性的预言家:齐格蒙特·鲍曼传》,萧韶译,江苏人民出版社2002年版,第227页。
[3] [英]齐格蒙特·鲍曼:《后现代伦理学》,张成岗译,江苏人民出版社2003年版,第12页。
[4] [英]丹尼斯·史密斯:《后现代性的预言家:齐格蒙特·鲍曼传》,萧韶译,江苏人民出版社2002年版,第64页。

代性从一开始就孕育了其后现代的扬弃"①。从时代背景上看,后现代性不是对现代性的彻底拒绝,后现代时代同现代时代不是截然相异的时代,"现代性仍然和我们在一起"②,"后现代性并不一定意味着现代性的终结,以及对现代性的怀疑和抛弃"③。从内涵上看,后现代性是现代性的成年阶段,表现为反观、反省现代性自身并力求变革的决心,它是"现代性与其不可能性的妥协,是一种自身监控的现代性——是清醒地抛弃了曾经不知不觉所做的一切的现代性"④,后现代性是现代性的"另一种叙事"。

三是后现代精神。鲍曼认为,后现代精神主要体现在两大方面:一是普遍质疑精神;二是宽容协同精神。它们"能激发人类如今的想象力并激励人类行动的新视域,是自由、多样性和宽容。这一切是新的价值观,它们让人们了解了后现代精神"⑤。当人们发现现代性允诺,是一种空想;当现代性自身矛盾性无法调和时,后现代性越发彰显突出,"后现代性思想并不期望去发现没有不确定性、风险、危险和谬误的生活中包容一切的、整体的和最终的公式,后现代思想对许诺的任何声音都表示深深的怀疑"⑥。

一方面,后现代精神最大的亮点是对异议的宽容。鲍曼认为,人类历史不会终结,矛盾就是一种常态,偶然性、多样性、多元化的情境是合法的存在,"有必要首先在秩序、确定性和齐一性的现代推进的接受端进行挣扎,有必要学会忍受一个无法确定的世界所具有的多义性、矛盾性和无限可能性"⑦,如何面对现代性难题,忍受非确定性所带来的差异多样,成为后现代性出场的一

---

① [英]齐格蒙特·鲍曼:《后现代性及其缺憾》,郇建立、李静韬译,学林出版社2002年版,第90页。
② [英]齐格蒙特·鲍曼:《现代性与矛盾性》,邵迎生译,商务印书馆2003年版,第408页。
③ [英]齐格蒙特·鲍曼:《现代性与矛盾性》,邵迎生译,商务印书馆2003年版,第409页。
④ [英]齐格蒙特·鲍曼:《现代性与矛盾性》,邵迎生译,商务印书馆2003年版,第410页。
⑤ [英]齐格蒙特·鲍曼:《现代性与矛盾性》,邵迎生译,商务印书馆2003年版,第411页。
⑥ [英]齐格蒙特·鲍曼:《后现代伦理学》,张成岗译,江苏人民出版社2003年版,第288页。
⑦ [英]齐格蒙特·鲍曼:《现代性与矛盾性》,邵迎生译,商务印书馆2003年版,第298页。

第四章 追问现代性:现代性显现后现代"栖息地"

种重要时期,"宽容是后现代性的一个机遇"①,为此,对矛盾性所衍生状况的宽容,成为后现代性应有的立场态度。在现代性眼里,差异化、多样性是一种致命的、不可饶恕的罪过,是对秩序构建的威胁。但是,"后现代的目光却带着热情和喜悦来看待差异:差异是美,善并不因为差异而不存在"②,寻求共识、达成一致是现代决心,后现代决心则表现在对差异、多样的接受和宽容,"普遍承认差异是一种不容协商的普适性"③。

另一方面,后现代性把怀疑、质疑视为一种常态。鲍曼认为,"作为一种怀疑、作为一种信仰(能够弱化筹划的成功所必需的决心)的存在——是现代精神的一个鲜明标志。这种怀疑作为一种怀疑而消失,最生动地标志着现代性进入了后现代阶段"④。后现代怀疑精神,是对基础主义、普遍主义、理性主义的有力驳斥,在普遍质疑的认知逻辑上,"人们对于包囊一切的秩序计划不再怀有热情,甚至怀有敌意。"⑤多元化立场、多样性态势、个体化自由也因此而得以弘扬,"以至人们常常忍不住要将其划入完全独立的时期,忍不住要以典型的风格将其描述为对现代性的一种纯洁而简单的否定"⑥。鲍曼还论述到,后现代精神是一种叛逆,它始终站在现代性的对立面,"如果秩序和创造是现代性的战斗口号,那么解除管制和再利用就成为后现代的标语"⑦。秩序构建、一致化是现代理性主义的梦想,而多元差异、逃脱同化,成为后现代多元主义的梦想,后现代精神是上述对立态度观点立场的集中表达。

---

① [英]齐格蒙特·鲍曼:《现代性与矛盾性》,邵迎生译,商务印书馆2003年版,第388页。
② [英]齐格蒙特·鲍曼:《现代性与矛盾性》,邵迎生译,商务印书馆2003年版,第385页。
③ [英]齐格蒙特·鲍曼:《现代性与矛盾性》,邵迎生译,商务印书馆2003年版,第387页。
④ [英]齐格蒙特·鲍曼:《现代性与矛盾性》,邵迎生译,商务印书馆2003年版,第368页。
⑤ [英]齐格蒙特·鲍曼:《后现代性及其缺憾》,郇建立、李静韬译,学林出版社2002年版,第11页。
⑥ [英]齐格蒙特·鲍曼:《现代性与矛盾性》,邵迎生译,商务印书馆2003年版,第368页。
⑦ [英]齐格蒙特·鲍曼:《生活在碎片之中——论后现代道德》,郁建兴、周俊、周莹译,学林出版社2002年版,第31页。

二、后现代性的基本表征

通过对现代社会发展的深入考察,鲍曼认为,现代社会分化造成当今人类生活状况的普遍混杂性、不稳定性、不可靠性,"引发了其他后现代特征,诸如矛盾重重、模棱两可、模糊不清、毫无保障、道德沦丧以及原有价值观念的彻底转变"①,现代性把"祛魅"视为使命,而后现代又把"返魅"视为己任。后现代性在实践进程中表现出三大突出特征:差异化、非确定化、陌生化。

一是差异化特征。鲍曼认为,"我们处在了一个喜欢差异的年代。对于关注灵活性和开放性的追求刺激者或寻求体验者而言,差别是十分珍贵的。在一个一致的、单调的和同质性的世界中,我们将会丧失许多珍贵的可以改善生活的价值"②。现代性规划重在消灭差异,对事物的多样性实施同化策略,努力达到一致化的目标。与之不同,后现代性把差异多样推到重要位置,认为差异多元才是世界的客观基础,"过去曾是异议的声音很快变成了正统的言论,过去在受谴责的贫民区中悄悄流行的内容如今可以在城市广场上宣告,过去只能在黑暗中鬼鬼祟祟地走私的东西现在能够晴天白日下在热闹的商业区中公然买卖。这种差异创造了一切差异"③。在鲍曼看来,差异多元确确实实内置于现代性本身,"现代历史导致了分离与差异的增加,而且现代实践将继续导致分离与差异的增加;区域与局部秩序远远没有结合成全球性的整体,相反,它增加了总体的多样性"④。现代社会的差异多样特征越来越普遍,"差异层出不穷,以前被认为与事物的整个计划无关因而被忽视的事物,现在成为生活世界的背景。以前被认为无法相提并论的差异,出人意料地融为一体或成

---

① [英]齐格蒙特·鲍曼:《个体化社会》,范祥涛译,三联书店2002年版,第4页。
② [英]齐格蒙特·鲍曼:《后现代性及其缺憾》,郇建立、李静韬译,学林出版社2002年版,第32页。
③ [英]齐格蒙特·鲍曼:《生活在碎片之中——论后现代道德》,郁建兴、周俊、周莹译,学林出版社2002年版,第10页。
④ [英]齐格蒙特·鲍曼:《后现代性及其缺憾》,郇建立、李静韬译,学林出版社2002年版,第149页。

为争论的目标"①。从根源上讲,多元主义是差异哲学的根基,矛盾性源于失序、混乱,而失序、混乱意味着一体化的解体,混杂性、多元化的到来。在多元化视野里,矛盾双方并不意味着对立斗争,也可能是差异和谐共存,矛盾并不意味着问题且必须加以处理解决,矛盾也可能意味着多元文化、异质文化、跨文化的交流和结合。现代性的普遍主义遭遇失败,就在于特殊性、局部性、地方性力量的存在和抵制,差异多元是后现代性反理性主义、元叙事、同质化的有力武器。差异多元取代整体一体理念,在现代社会中获得生机,"秩序的多元性和矛盾性已经——热情地或勉强地——得到了永久居住权,在这样的世界里,这种替代品不复可得,得到回应却是作为定位丧失和无助性的多元主义——这是对一个宣称人有无限权力的时代的辛辣反讽"②。由于差异多元性的客观存在,自由与矛盾成为一种融合体,"与科学和政治意识形态不同,自由并不许以任何确定性,不对任何东西作出保证。这就引起精神上的极大痛苦。在实践中,自由意味着经常暴露在矛盾性之中"③。

二是非确定化特征。如果说,现代性代表确定性,那么,后现代性则代表不确定性。不确定性,即非确定化是现代性的显著特征,鲍曼认为,"这个世界已经长期经历了(并要继续长期经历即将到来的)彻底而无情的'不确定化'过程。在这样一个不确定性日益增加的世界里,人们挣扎着进行斗争"④,每天面临着不确定之确定、不可靠之可靠、不安全之安全的生存环境和公共空间。不同于有序的现代世界,无序的后现代世界,是极度不确定、不可靠、不安全且令人可怕的世界。新自由主义和全球化的到来,把现代社会推向高度不确定的状态,资本流动的易变性、商品贸易的便捷性、市场经济的自由性渗透

---

① [英]齐格蒙特·鲍曼:《后现代性及其缺憾》,郇建立、李静韬译,学林出版社2002年版,第12页。
② [英]齐格蒙特·鲍曼:《现代性与矛盾性》,邵迎生译,商务印书馆2003年版,第347—348页。
③ [英]齐格蒙特·鲍曼:《现代性与矛盾性》,邵迎生译,商务印书馆2003年版,第369页。
④ [英]齐格蒙特·鲍曼:《后现代性及其缺憾》,郇建立、李静韬译,学林出版社2002年版,第247—248页。

到日常生活的方方面面,每个人不得不接受持续流动变化的局面,"不确定性到了这样一种程度:人们能够敏感地承认这是自己所特有的,尤其是将不确定性看作是自己的可靠所有物,这就产生了所谓的'超不确定性',这种'超不确定性'又加剧了(从最高到最低的层面)不确定性"①。不受约束的市场力量,"使不确定性(其别名有:竞争、去除管制、易变性,等等)茁壮成长,不确定性自身还衍生大量的不确定性作为自己的养分"②,譬如,彻底的私有化,泛滥的个人主义让社会竞争日益激烈,将生存的不确定性看成是人的自然状态,"所有这些准则形成了一种特有的处境和持久的不确定性"③。不确定之确定生存状态,具体化为工作不稳定、收入不稳定、身份不稳定、权益不稳定等日常生活问题,对此,鲍曼评论道:"我们今天生活在充满恐惧的氛围中。"④此外,非确定化还导致个体意义价值的空虚感,由于不再有什么规则,一切都在变化变革中,人生的意义价值也在不断重新定义界定中,由此衍生出一个重大问题:认同难题。鲍曼认为:"生活在不确定性的世界中,后现代人深受情感的匮乏、边界的模糊、逻辑的无常与权威的脆弱等诸多因素的困扰。"⑤现代性能赋予人以明确的身份、位置和方向,在实践中达成广泛的文化认同、政治认同、宗教认同,具有强大的凝聚力。以城市生活为例,"今天的城市绝不再是统一均匀的空间,而是质地明显不同的多种区域的集合,其吸引力具有高度的选择性"⑥。灵活游移、漂泊不定且高度不稳定的生存环境,让个人生计变得"摇摆

---

① [英]齐格蒙特·鲍曼:《寻找政治》,洪涛、周顺、郭台辉译,上海人民出版社2006年版,第18—19页。
② [英]齐格蒙特·鲍曼:《寻找政治》,洪涛、周顺、郭台辉译,上海人民出版社2006年版,第22页。
③ [英]齐格蒙特·鲍曼:《寻找政治》,洪涛、周顺、郭台辉译,上海人民出版社2006年版,第21页。
④ [英]齐格蒙特·鲍曼:《后现代性及其缺憾》,郇建立、李静韬译,学林出版社2002年版,第21页。
⑤ [英]齐格蒙特·鲍曼:《后现代性及其缺憾》,郇建立、李静韬译,学林出版社2002年版,"序"第4页。
⑥ [英]齐格蒙特·鲍曼:《个体化社会》,范祥涛译,三联书店2002年版,第104—105页。

不定、反复无常和不可倚靠"①。鲍曼举例说道,稳定工作成为临时性岗位,固定合同变为滚动轮转,"个体生活筹划不再有稳定的基础,个体认同建构努力并不能纠正'抽离化'的后果,并不能抓住不断流动的自我"②,社会的分化性和流动性日趋明显,后现代性"开启了重新塑造一切的可能性"③。

三是陌生化特征。鲍曼认为,在后现代阶段,陌生化是一个持久的存在,尤其是陌生人的出场,让后现代社会成为"陌生人社会","陌生人是无处不在、不能去除的,同时是一种必不可少的生活条件"④。陌生人既是后现代世界的重要角色,又是令人困扰的存在。这是因为,陌生人在社会关系上,它是异己者,没有情感上的共鸣和心理上的亲切;在物理空间上,它是近邻者,每天环绕在身边,处处可见,"陌生人最显著的特点就是他们既不是邻居也不是异类。或者更精确一点——当然这么说是令人困惑、令人烦扰、令人惊骇的——他们既是邻居又是异类"⑤。陌生人带来的陌生化生存体验,让后现代人陷入了无助恐慌甚至恐惧不安的状态。生存环境的陌生化对人们的传统认知、道德判断和意义价值产生了巨大影响。在现代性视野里,人是理性的存在物,现代人是运用理性逻辑、遵守规则制度、追求文明进步的群体,所有人在社会中都有"固定位置""特定身份"。而陌生人则意味着混乱和无序,遭到现代性的拒绝排斥,"典型的现代陌生者是国家建构秩序之热情的废品。现代陌生者并不符合设想中的秩序。……在确定性和明确性理应支配一切的世界中,陌生者散发出不确定性"⑥。陌生人被现代性视为无法归类者、秩序的异常者,

---

① [英]齐格蒙特·鲍曼:《个体化社会》,范祥涛译,三联书店2002年版,第147页。
② [英]齐格蒙特·鲍曼:《后现代性及其缺憾》,郇建立、李静韬译,学林出版社2002年版,第21页。
③ [英]齐格蒙特·鲍曼:《个体化社会》,范祥涛译,三联书店2002年版,"序"第6—7页。
④ [英]齐格蒙特·鲍曼:《后现代伦理学》,张成岗译,江苏人民出版社2003年版,第193页。
⑤ [英]齐格蒙特·鲍曼:《后现代伦理学》,张成岗译,江苏人民出版社2003年版,第181页。
⑥ [英]齐格蒙特·鲍曼:《后现代性及其缺憾》,郇建立、李静韬译,学林出版社2002年版,第17页。

是"失序的缩影"。

三、走向后现代栖息地

后现代栖息地是鲍曼后现代思想的重要内容。栖息地,是指生物生存和繁衍的居住地和庇护所。鲍曼使用后现代栖息地,意在表明人们正在跨入一个新的转型时代,居住条件和生活环境发生重大转向,生活世界由此得以重构重塑,后现代观察视角更新了现代观念,"即后现代观察事物的方式,在其中不仅仅是对现代性世界观令人烦恼的怀疑,实际上它已经替代了这种世界观,并且取代了它的地位。它不再是一个后座的驾驶员,批评一下选取的道路,相反,它已经坐在驾驶座上了"①,后现代性成为主导主流理念,而且人们从中获得了前所未有的生活体验/生命体验,既有愉悦自由,也有焦虑烦恼。

后现代栖息地是魅力之地。在鲍曼看来,后现代栖息地是一个活力无限、自由自在的新世界,"这一后现代的栖息地挤满了人、事和思想,所有这一切都生动而活跃,忙于'处理自己的事物'。这一栖息地是充满魅力的地方"②。不同于现代性栖息地,自由之梦在后现代栖息地得到充分释放,被理性所束缚的欲望找到了流动的渠道,被权威压制的个性自主获得了新生,人们不再信仰理性立法、权威力量、秩序正当,任何压抑人性自由的外在力量都遭到排斥和抵制。在后现代世界,不存在永恒的真理、原则和规划,"后现代性如人们一再所说的,是现代自由之梦和使之成真的漫长而曲折的奋斗的顶峰成就。因而,让我们庆祝这个摆脱了假想义务和虚假责任的世界。随着普遍法则和绝对真理的消失,或者说被逐出时髦,不管人们拥抱和服从的个人准则和私有真理是什么,都无关紧要"③,人们从强制性的"无限责任""戒律""绝对义务"中

---

① [英]丹尼斯·史密斯:《后现代性的预言家:齐格蒙特·鲍曼传》,萧韶译,江苏人民出版社2002年版,第180页。
② [英]丹尼斯·史密斯:《后现代性的预言家:齐格蒙特·鲍曼传》,萧韶译,江苏人民出版社2002年版,第173—174页。
③ [英]齐格蒙特·鲍曼:《生活在碎片之中——论后现代道德》,郁建兴、周俊、周莹译,学林出版社2002年版,"序言"第6页。

解脱出来,成为真正自由人。鲍曼分析到,栖息地为后现代性实践搭建了厚实基础和绝佳环境,信息技术在全球扩展、大众传媒无所不在、消费社会业已来临,为现代人提供无比宽广的舞台和全球空间。在现代阶段,工厂、车间、公司、组织等场所地点,是人们赖以生存发展的栖息地,它们为我们提供经济来源、工作岗位和职业理想。人们也不得不忍受苛刻的管制、等级的压制。而到了后现代阶段,购物中心、自由市场、消费服务,成为后现代栖息地,人们通过下列象征符号确认身份和角色,"他们的服装、购置的家具、生活的居住区域、住房的类型、消费的食品和饮料的种类、休闲方式、阅读的图书、欣赏的艺术品"①,人们由此获得更多的自由、更广泛的选择权和自主权,摆脱现代工厂、公司科层组织等机构的全面监视和管控,越来越多的后现代居住者发现:"他们所处的境遇无限开放,足以使人超越不确定性带来的苦恼。他们沉醉于追求崭新的、从未经历的体验,他们自愿接受探险的诱惑,面对不变性的承诺,他们总体上更愿意保留开放的选择权。"②

后现代栖息地是竞技之地。后现代栖息地是自由之地,也是竞技之地,人们具有高度的自主性,享有广泛的选择权,个性自由得到了充分保障,但是,"这一较为宽广的栖息地是一处混乱的、不确定的空间,充满了推行敌对要求的竞争者,这些要求包含不同的意义和解决方法。这一栖息地是一个无法预测的、各个相互竞争的代理机构之间实际操纵的竞技场,每一个竞争者都认为这一栖息地其余的地方是一系列机会或者难题,它们帮助或者阻碍了追求自己特殊的目标",③跨国公司在全球的激烈竞争,商品服务在购物中心的激烈竞争,导致消费时尚文化变革极快,瞬间更替更迭。极度自由必将导致极度不确定,后现代世界没有标准原则,也就没有固定方向,不确定性成为常态。鲍

---

① [英]丹尼斯·史密斯:《后现代性的预言家:齐格蒙特·鲍曼传》,萧韶译,江苏人民出版社2002年版,第176页。
② [英]齐格蒙特·鲍曼:《后现代性及其缺憾》,郇建立、李静韬译,学林出版社2002年版,第11页。
③ [英]丹尼斯·史密斯:《后现代性的预言家:齐格蒙特·鲍曼传》,萧韶译,江苏人民出版社2002年版,第175页。

曼认为:"在后现代世界中,事情之发生可能并没有使它们具有必要理由,人们行事几乎不需要通过可以说明的目的检验,更不用说通过'合理性'目的检验。由于对空虚的恐惧,现代启蒙运动在心理上造成的最剧烈影响已经变得迟钝并且镇定了。我们不仅要学会与尚未解释的事实和行为共存,而且要学会与无法解释的事实和行为共存。"①后现代栖息地对极度自由的追求,也把人类文明带向一个困惑边缘,在永久的和不可避免的不确定条件下,人们无法应对不确定的生活状态,"当前生活的许多特征都导致了无法抵抗的不确定感:导致了把未来的世界和'力所能及的世界'视为本质上是不确定的、无法控制的和令人危险的"②,市场的非理性和盲目性更加凸显,资本和资金找了自由通道,任何一份工作都不再保险,任何一个职位都不再安全,任何一项生活技能都不再长期有效,"人类权利并没有导致对工作权利的认可,或者(在更普遍意义上)对过去优点的关怀与考虑。生计、社会职位、有效性的认可以及自我尊严的权利都统统消失了,甚至一夜之间,甚至是在没有心理准备的情况下"③,为此,人们正在"努力使自己能够接受那种在永恒的、无法解决的不确定性状况下生活,接受那种在其面前存在着无数相互竞争的生活方式的生活"④。

后现代栖息地是等级之地。后现代栖息地并没有消除等级,我们正在目睹和经历世界性的阶层调整,财富与贫困、自由与桎梏、权力与无权、特权与缺失都在重新配置,"全球性自由移动标志着升迁、前进和成功,而静止不动则散发出颓废、失败和落伍的恶臭"⑤,一种新的全球化社会等级体系被组合而

---

① [英]齐格蒙特·鲍曼:《后现代伦理学》,张成岗译,江苏人民出版社2003年版,第38页。
② [英]齐格蒙特·鲍曼:《后现代性及其缺憾》,郇建立、李静韬译,学林出版社2002年版,第21页。
③ [英]齐格蒙特·鲍曼:《后现代性及其缺憾》,郇建立、李静韬译,学林出版社2002年版,第23页。
④ [英]齐格蒙特·鲍曼:《立法者与阐释者——论现代性、后现代性与知识分子》,洪涛译,上海人民出版社2000年版,第160页。
⑤ [英]齐格蒙特·鲍曼:《全球化——人类的后果》,郭国良、徐建华译,商务印书馆2015年版,第118页。

第四章　追问现代性:现代性显现后现代"栖息地"

成,"后现代状态已将社会分裂成幸福的、被引诱的一半和不幸福的、被压迫的一半。后现代精神受到前者的喝彩,但增加了后者的苦难"①,前者坚持一种逍遥自在的生活方式,后者则被认为是合法的"生活方式"。显然,自由选择不是平等选择,"选择自由不是平均分配的,那些较为富裕的并且拥有更多知识的人具有较为宽泛的选择权"②,银行卡持有者就是选择权持有者。"富人拥有他们所能设想的所有的自由和自律,这是他们用钱买来的,他们珍视这一切。"③全球化的自由并不是所有人的自由,"被赞誉为通向前所未闻的新自由的途径——而且更被即将实现的平等的技术基础——的全球通讯网络显然是被有选择性地使用的。它是后墙中的一道窄窄的裂缝,而不是一道大门。只有极少数(而且还要更少)人领得到通行证"④,后现代栖息地依旧是一个等级社会,少数人与多数人、富人与穷人、特权者与无权者的鸿沟在拉大增大,"一个全球性的秩序或者'失序'出现了,它在富人和穷人之间,越来越使后现代栖息地两极化。富人在现金和信用的涌流中到处戏水,而穷人却遭到排斥和羞辱"。⑤ 在鲍曼看来,后现代栖息地存在三个等级层次:顶层、中层和底层。顶层群体属于少数特权人,以金融寡头为典型代表,他们频繁地经由国际机场、国际航班等高端场所转辗通向世界各国各地,拥有巨额社会财富和政治影响力。中层群体属于中产人士,以社会精英为典型代表,他们具备足够的财力和社会活动能力,尽享消费社会提供的生活便利,拥有广泛的民主参政议政能力。底层群体属于多数穷人,以无业者、流浪者、乞丐、无能力消费者等为典型代表,他们生活在贫苦线上,缺乏经济来源,丧失购买能力,生活没有着

---

① [英]齐格蒙特·鲍曼:《现代性与矛盾性》,邵迎生译,商务印书馆2003年版,第391页。
② [英]丹尼斯·史密斯:《后现代性的预言家:齐格蒙特·鲍曼传》,萧韶译,江苏人民出版社2002年版,第177页。
③ [英]齐格蒙特·鲍曼:《立法者与阐释者——论现代性、后现代性与知识分子》,洪涛译,上海人民出版社2000年版,第258页。
④ [英]齐格蒙特·鲍曼:《全球化——人类的后果》,郭国良、徐建华译,商务印书馆2015年版,第67—68页。
⑤ [英]丹尼斯·史密斯:《后现代性的预言家:齐格蒙特·鲍曼传》,萧韶译,江苏人民出版社2002年版,第181页。

落,成为社会的遗弃群体,鲍曼评价道,上层群体与下层群体之间存在着不可逾越的鸿沟,"上层与下层之间的一大差别是前者可以把后者甩在后面,而不是相反。当代城市是反向种族隔离之所:有能力纷纷逃离那些肮脏污浊之地,而没能力移居者只有固守那些污秽之处"①,有消费能力的上层群体是消费社会的宠儿,无消费能力的下层群体是消费社会的弃儿,被后现代社会当作垃圾进行处理,人格尊严、政治权益和社会福利都不复存在。

第二节 后现代生活状况

随着后现代实践的发展,当今世界和现代国家发生了结构性变革。全球化的加速推进让"一个地区正变得和另外一个地区非常相像。地域性区域正失去它们的意义"②,当地政府已经无法控制国际化公司,"全球性的公司之间展开恶战,政府无法控制它们,已经松开了锁链。变化的步伐每年都在加快。全球经济与一部无人驾驶的正在加速的卡车无异"③。在日常生活领域,生活观念也发生改变,消费伦理正在取代工作伦理,"现在是消费美学占据了过去由工作伦理曾经统辖的位置"④,社会身份由过去的谋生方式确立,转向由购物消费方式确立,认同认可不再是生活政治,完美永恒不再是价值观念,"后现代生活策略的轴心不是使认同维持不变,而是避免固定的认同"⑤。在这样的背景下,人类的生存境遇出现新的状况,"人们发现他们的生活碎片化了,

---

① [英]齐格蒙特·鲍曼:《全球化——人类的后果》,郭国良、徐建华译,商务印书馆2015年版,第83页。
② [英]丹尼斯·史密斯:《后现代性的预言家:齐格蒙特·鲍曼传》,萧韶译,江苏人民出版社2002年版,第182页。
③ [英]丹尼斯·史密斯:《后现代性的预言家:齐格蒙特·鲍曼传》,萧韶译,江苏人民出版社2002年版,第183页。
④ [英]齐格蒙特·鲍曼:《工作、消费、新穷人》,仇子明、李兰译,吉林出版集团2010年版,第76页。
⑤ [英]齐格蒙特·鲍曼:《后现代性及其缺憾》,郇建立、李静韬译,学林出版社2002年版,第105页。

第四章　追问现代性:现代性显现后现代"栖息地"

被分离成许多联系松散的目标和功能"①,碎片化、陌生性、随机式的生活模式成为趋势,"后现代的生活是一个不断变化的大杂烩,充满了令人兴奋的经验。这个世界是一个全球性的色拉钵,任凭选择和挑选"②。

一、碎片化的生活体验

碎片化体验是后现代生活最突出的感知。后现代把理性世界解构成一系列碎片,差异化、异质性、不确定的碎片感知蔓延全社会,秩序成为无序、确定变成不确定、生产者转化为消费者,这是一个社会转型的时代。从这个意义上讲,碎片化就是后现代,后现代就是碎片化。后现代性理念让人们对社会结构的认知发生革命转变,普遍主义被特殊主义取代,整体主义被个体主义取代,"两个世纪以来的对确定性的哲学探索,对于完美性以及'善的生活'的普遍标准的哲学探索,突然间显得是徒劳无益的"③,后现代哲学话语引发思想领域巨大震动,怀疑主义、多元主义、相对主义的兴起再次印证普遍理性无法阐释现代世界。理性化的设想和规划只能导致更多非理性的后果,对秩序确定的追求只会导致更多的无序混乱,鲍曼这样论述道:"任何确定的努力,都会导致更多的不确定性;所有进行编码、过度编码和固定的试图,都肯定会同时增加随机性和不确定性的总数。"④无序混乱、非理性、不确定把后现代碎片化体验推向极致,成为后现代栖息地生存状态。

后现代生活是碎片化的生活。失控的全球化进程让后现代社会成为一个失序、杂乱的生活世界。全球化是"自我推动、自然闲适和游移不定的过程,无人端坐指挥台,无人出谋划策,更不用说有人对全部结果负有责任。可以毫不夸张地说,'全球化'这个术语指代在'基本上相互协调的'领地上发生的那

---

① [英]齐格蒙特·鲍曼:《后现代伦理学》,张成岗译,江苏人民出版社2003年版,第7页。
② [英]丹尼斯·史密斯:《后现代性的预言家:齐格蒙特·鲍曼传》,萧韶译,江苏人民出版社2002年版,第178页。
③ [英]齐格蒙特·鲍曼:《立法者与阐释者——论现代性、后现代性与知识分子》,洪涛译,上海人民出版社2000年版,第187页。
④ [英]齐格蒙特·鲍曼:《现代性与矛盾性》,邵迎生译,商务印书馆2003年版,第288页。

些过程的混乱本质"①,混乱的后现代状况让碎片化生活成为现实。鲍曼认为,后现代生活"将这个世界描述为一连串的碎片和情节。一个形象赶走并代替了先前的那一个,然而下一时刻又被另一个所代替。各界名流每天都在出现每天都在消失,只有极少数人在人们记忆的轨道上留下脚印。引人注意的问题时刻都在产生。而它们一出现马上就消失——连同它们引起的大众关注"。② 在后现代世界,人们看不到永恒永久的场景,反而快速流转、转瞬即逝的碎片化场景随处可见。鲍曼举例说道,现代国家建立的特定身份标签正在消失,随着政府职能的萎缩,"国家愈加频繁地宣称这不是国家的事务与责任而把它交给了市场力量,已被解除管制并私人化了"③,身份角色、工作职责、生活行为都被肢解得七零八散,现代家庭变得越来越孤单,大家庭分裂为丁克家庭或单亲家庭,在那里个人的欲望和利益高于集体的欲望和利益。日常生活经常出现以下画面:我们走进我们单独的家并关上门,接着走进我们单独的房间并关上门。家变成了一个多功能休闲中心,家庭成员仿佛可以在一起居住却又各自独自生活,"在一起却又各自独立地生活,私人化,分享空间,但不分享思想或感情——而且敏锐地意识到很可能他们也不分享共同的命运。这种意识不一定导致憎恨或仇视,但一定会传播逃避和漠视情绪"④。鲍曼指出:"我们一生的工作被分成了许多细小的任务,每一种任务都在不同地点、不同人群和不同时间被完成。我们在每一种环境中的存在正如工作本身一样被碎片化了。在每一种情境中,我们都仅仅以'角色'的面目出现,是我们所扮演的很多角色中的一种"⑤。不断转换角色才能适应时代的变化,面对不同

---

① [英]齐格蒙特·鲍曼:《个体化社会》,范祥涛译,三联书店2002年版,第27页。
② [英]齐格蒙特·鲍曼:《生活在碎片之中——论后现代道德》,郁建兴、周俊、周莹译,学林出版社2002年版,第310页。
③ [英]齐格蒙特·鲍曼:《生活在碎片之中——论后现代道德》,郁建兴、周俊、周莹译,学林出版社2002年版,第254—255页。
④ [英]齐格蒙特·鲍曼:《生活在碎片之中——论后现代道德》,郁建兴、周俊、周莹译,学林出版社2002年版,第314页。
⑤ [英]齐格蒙特·鲍曼:《后现代伦理学》,张成岗译,江苏人民出版社2003年版,第21—22页。

第四章　追问现代性:现代性显现后现代"栖息地"

的场景要扮演不同的角色是一种生活策略。日常生活层面的改变也引发国家层面的变化,国家治理模式也发生变革,"二者——政府行为和生命活动——都被切成了薄片,常常是纸一般薄的碎片。二者都是由一组或一系列事件组成。每一个事件的产生总的来说,未经宣布并且没有任何明显原因;对于二者来说,每一件事都是偶然发生的并且一直持续到另行通知以前"①。"政府活动就像我们大多数生命活动一样,如今趋于碎片化、偶然和不连贯。政治已经被分裂成一连串的事件,一个事件同其他所有事件并无联系。一个事件引起公众注意主要是为从人们的脑海中抹去昨天发生的事情。今天的胜利意味着清理掉昨天庆贺的事情所遗留的垃圾"②。国家和政府权力被市场力量塑造,"市场提倡一种'最大影响,最快过时'的文化。没有潮流和公众情绪的不断的快速更替,市场不可能繁荣"③,普遍主义和权威主义的基础已经受到侵蚀,"市场已经被提升到自由的支柱的地位。……一连串消费选择之于统一'生活工程'的代替对传统知识分子的作用产生不止一个的不利影响。在身份建构的私人化和碎片化之后,由于努力失败而遭受的挫折和由此导致的不满趋于被'私人化'"④,后现代生活不再需要伦理规范、立法权威、标准原则,同质化要求受到抵制,人们日常行为随着市场游戏规则而日趋个性化、分散化和单独化。

后现代生活是高风险的生活。后现代极度的不确定性让自由和安全成为两难。追求稳定、秩序建构是确保安全的保障,但自由受到压制;注重多元多样是确保自由的前提,但安全失去根基。后现代性"拥有长长的触角并且延伸到每一个地方。私人化的生活就像其他任何生活,只有短暂的幸福。它有

---

① [英]齐格蒙特·鲍曼:《生活在碎片之中——论后现代道德》,郁建兴、周俊、周莹译,学林出版社2002年版,第329页。
② [英]齐格蒙特·鲍曼:《生活在碎片之中——论后现代道德》,郁建兴、周俊、周莹译,学林出版社2002年版,第329—330页。
③ [英]齐格蒙特·鲍曼:《生活在碎片之中——论后现代道德》,郁建兴、周俊、周莹译,学林出版社2002年版,第276页。
④ [英]齐格蒙特·鲍曼:《生活在碎片之中——论后现代道德》,郁建兴、周俊、周莹译,学林出版社2002年版,第275页。

一定程度的痛苦、不满和抱怨。然而,在私人化的生活中,不幸同其他每一件事一样属于个人。私人化的个人不幸无法汇总,每一种不幸仿佛都指向不同的方向并且要求不同的治疗方法。在我们私人化的社会中,不满似乎指向十分不同的方向,甚至彼此冲突"①。后现代把多元差异、异质个性置于首位,甚至把无序混乱视为正常状态,对此而言,后现代生活状况是"一种非规范和例外的状态,一种危险的状态,一种充满'危机'和弊病的状态"②,危机、危险从一开始就内生于后现代时代,"在这全球化的新世界中,无论是政府还是大企业,都不能操纵一切。事实上,整个星球都处于高度危险中。"③对此,鲍曼认为,"后现代的男女不得不适应极高层面的不确定性和风险……后现代栖息地的日常世界是变化无常的、随意的、不一致的、偶然的。今天似乎是真实的事物可能明天就错误了。这是一个不断重复的经验"④。鲍曼解释道:生活在后现代社会,人和事物都丧失了稳定、权威和永恒的根基,"由持久稳固的事物组成的世界已被即刻淘汰而设计的可废弃的物体组成的世界所代替"⑤,这在消费场景表现得尤为突出,人的身份像换戏装一样随意替换和丢弃,"身份仍然是尚未确定的、漂浮和'流动的',如同它在整个现代社会中的状态。然而,随着强有力的'重新固定'机制丧失了它们的标准权力或干脆不复存在,身份看似更加令人讨厌和头痛"⑥,孤独的个体找不到肯定的认同感和绝对的安全感,流动的身份得不到他人的认可和接受,遭遇排斥的恐惧气氛弥漫整个

---

① [英]齐格蒙特·鲍曼:《生活在碎片之中——论后现代道德》,郁建兴、周俊、周莹译,学林出版社2002年版,第315页。
② [英]齐格蒙特·鲍曼:《生活在碎片之中——论后现代道德》,郁建兴、周俊、周莹译,学林出版社2002年版,第5页。
③ [英]丹尼斯·史密斯:《后现代性的预言家:齐格蒙特·鲍曼传》,萧韶译,江苏人民出版社2002年版,第60页。
④ [英]丹尼斯·史密斯:《后现代性的预言家:齐格蒙特·鲍曼传》,萧韶译,江苏人民出版社2002年版,第185页。
⑤ [英]齐格蒙特·鲍曼:《生活在碎片之中——论后现代道德》,郁建兴、周俊、周莹译,学林出版社2002年版,第95页。
⑥ [英]齐格蒙特·鲍曼:《生活在碎片之中——论后现代道德》,郁建兴、周俊、周莹译,学林出版社2002年版,第123—124页。

天空。后现代的生存经历无法规避风险,这是一种在危机危险中穿行的生活,后现代人们"并不期望去发现没有不确定性、风险、危险和谬误的生活中包容的一切的、整体的和最终的公式"①,同风险共生,与风险共存才是真实的后现代生活味道。

二、陌生人登上历史舞台

陌生人,既是鲍曼后现代思想的核心词汇,也是后现代实践的鲜活体现者。从不速之客变为门口之人、从异乡人变为共处人,意味着陌生人从幕后走到了幕前,走向社会舞台的中央。鲍曼认为,"我们所生活的世界几乎被陌生人所充斥,而使得它看起来像是一个普遍的陌生世界。我们生活在陌生人之中,而我们本身也是陌生人"②,陌生人生活就是日常生活。陌生人已经从社会的边缘角落地带走向了中心核心地带:从被排斥的他者转化为值得珍视的他者;从低劣的他者转为优先的他者,"边缘的人曾经在边缘的时间和地点采取的方式现在成了大多数人在其生活的主要时间和生活世界的中心地带的行为方式。他们现在完全地和真正地变成了生活方式",③陌生人重新架构了人们的传统认知,城市生活成为陌生人的生活,"城市生活就是由陌生人在陌生人之间进行着"④。

陌生人在现代性通向后现代性的旅途上经历了革命性的变化。在现代性视域下,陌生人意味着对立面的存在者,鲍曼论述道,"在现代秩序建构冲动的压力下,陌生者生活在即将被消灭的状态下,陌生者是有待纠正的异常

---

① [英]齐格蒙特·鲍曼:《后现代伦理学》,张成岗译,江苏人民出版社2003年版,第288页。
② [英]齐格蒙特·鲍曼:《通过社会学去思考》,高华、吕东等译,社会科学文献出版社2002年版,第51页。
③ [英]齐格蒙特·鲍曼:《后现代性及其缺憾》,郇建立、李静韬译,学林出版社2002年版,第99页。
④ [英]齐格蒙特·鲍曼:《生活在碎片之中——论后现代道德》,郇建兴、周俊、周莹译,学林出版社2002年版,第140页。

者"①,是稳定秩序的异己者、破坏者,"陌生人通过他陌生地出现,才使得他不容易被轻易地放进任何已经建立的类别之中"②,也因其非理性特征被视为"不受欢迎的人"。在后现代性视域下,陌生人成为差异多元、偶然性、流动性、不确定性的生动体现,其身份属性发生重大改观,"如果说现代陌生是需要被消灭的,因此,他们在秩序建构过程中充当了正在发展的分界线的边界标志,那么后现代的陌生人则是被普遍接受……他们的陌生性是应该受到保护并值得保存下来的"③。陌生人的普遍存在让世界更加新奇、进步和文明,"陌生者是快乐的提供者,他们的出现是沉闷无聊的中断。人们常常为陌生者的存在而感谢上帝"④,陌生人受到极大欢迎。

鲍曼认为,后现代陌生人的生活模式主要有四种,即漫步者、流浪者、旅行者和比赛者。这四种不同肖像是对陌生人生活状况的一种比喻,重在表达一种独立自主、崇尚自我、崇尚自由的后现代精神。陌生人拒绝任何理性的指导约束,不为某一个地方所束缚,沉醉于生活游戏之中,向往五彩缤纷的短暂生活旅途,"不把自己的一生仅仅献与某一个使命,不发誓永远忠于任何人或事"⑤,他们努力让时间的流逝均衡为一系列连续的"现在","把日常生活变成琐事""事到临头再决定如何选择""把生命游戏化解为众多小赌注"成为陌生人的生活策略。

漫步者生活风格。漫步者,即悠闲且毫无目的的散步者。在后现代社会,漫步,这一边缘人的边缘生活方式成为主流生活方式,漫步者鄙视朝圣般的清

---

① [英]齐格蒙特·鲍曼:《后现代性及其缺憾》,郇建立、李静韬译,学林出版社2002年版,第18页。
② [英]齐格蒙特·鲍曼:《通过社会学去思考》,高华、吕东等译,社会科学文献出版社2002年版,第40页。
③ [英]齐格蒙特·鲍曼:《后现代性及其缺憾》,郇建立、李静韬译,学林出版社2002年版,第31—32页。
④ [英]齐格蒙特·鲍曼:《后现代性及其缺憾》,郇建立、李静韬译,学林出版社2002年版,第30页。
⑤ [英]齐格蒙特·鲍曼:《生活在碎片之中——论后现代道德》,郁建兴、周俊、周莹译,学林出版社2002年版,第95页。

第四章 追问现代性:现代性显现后现代"栖息地"

寡禁欲式的生活,只为追求生活中的自由快乐。鲍曼认为,后现代生活如同漫步者消遣体验一般,出去散步就像一个人到戏院去,发现自己处于陌生人之中,同时自己也成为陌生人群体中的一员。漫步者的角色改变了人生的生活剧本,鲍曼认为,"漫步意味着将人生现实排练为一系列的插曲——也就是说,把人生现实排练为没有过去和结果的事件。它也意味着将相会排练成'伪相会',排练成没有影响的偶遇:漫步者按自己的意愿将他人生活中飞驰的碎片变成故事——他的知觉使他人成为其剧本的演员,他人不知道自己是演员,更不用说知晓剧本的情节"①。漫步者本人就是生活的导演,将陌生视为熟悉,把表象转为现实,人生没有预定的彩排,偶遇的生活就是真实的生活。漫步者的天地在消费世界得到了有力的证实。鲍曼解释道,Mall 的原意就是为漫步者提供的广阔空间,繁华的商业购物中心(Shopping Mall),就是在漫步中购物和在购物中漫步的广阔空间。商人抓住了漫步者的生活习性,并根据漫步者的需求建造完美安全的场所,为漫步者提供自由生活的绝佳环境,把商业购物中心打造成精心隔离、严密防卫、监控安全的独特世界,感觉就是欲望,压力就是意愿,诱惑就是决定,人人都是生活的主角。鲍曼评价道:"在这种购物中心,在购物于漫步中和漫步于购物中的生活中,依赖融解于自由,自由寻找着依赖。购物中心启动了漫步者的后现代的提升,同时也为这种漫步者的生活模式的深入发展提供了基础。"②电视生活实现了漫步者的理想生活,电视屏幕为个人提供一个完全私人化、安全且封闭的庇护所,电视频道通过信号而不断地更替表象内容,人们通过阅读屏幕而不停地转换不同的身份,随意频道切换的便利如同随意漫步一样,"最终的自由是听由屏幕指导的,伴随表象而存在,被称为使用快进设备的频道转换"③。

---

① [英]齐格蒙特·鲍曼:《生活在碎片之中——论后现代道德》,郁建兴、周俊、周莹译,学林出版社 2002 年版,第 99—100 页。
② [英]齐格蒙特·鲍曼:《生活在碎片之中——论后现代道德》,郁建兴、周俊、周莹译,学林出版社 2002 年版,第 101—102 页。
③ [英]齐格蒙特·鲍曼:《生活在碎片之中——论后现代道德》,郁建兴、周俊、周莹译,学林出版社 2002 年版,第 102 页。

流浪者生活风格。流浪者,即漂泊且居无定所的流动者。流浪者的行径和方向不可预测,无法控制也无法约束。现代社会把流浪者视为秩序的破坏者,他们没有固定的目的地,"你不知道他下一步将会到哪儿,因为他自己也不知道或者说不关心。流浪生活没有预定的旅程——它的轨道是一点一点地拼凑起来的,一次仅一小块。每个地方对流浪者来说都是驿站,他永远不知道自己将会呆多久"①,流浪者每天面对严厉的禁止和驱逐,而流浪者"不停前行的动力在于他对上次旅居地的醒悟和他对尚未参观的地方那种永远潜藏的希望"②。流浪者之所以流浪,在于他找不到一个能像其他人那样安定下来的地方。定居之地越多,流浪者越少。在后现代社会,可供流浪者"定居"之地越来越少,即使"定居"居民也清醒发现他们所居之地也不再友好和稳定,"今天还整洁的街道明天就变得令人不舒服,工厂和工作一起消失了,技能再也找不到买主,知识变成了无知,专业的经验变成了不利条件,亲属关系的安全网络解散了并且变得污秽难耐"③。事实上,当下流浪者之所以流浪不再因为难以安定下来,而是因为社会上缺乏赖以安定的地方,"因为他们发现这个世界具有难以承受的冷漠,他们走在路上,不是因为他们榨干了本地人所提供的最后一滴快乐,而是因为本地人对他们失去了耐心,拒绝容忍他们的出现"④,流浪者出于无奈不得不为生计而漂泊流动。随着后现代进程的实践,流浪者成为打破秩序律令的游击队、先遣部队,"现在可能发生的事情是他在流浪中碰到的人们也都是流浪者——今天的或明天的流浪者。世界在与流浪者并驾齐驱,而且赶超他们。世界正在按流浪者的标准将自己零售"。⑤

---

① [英]齐格蒙特·鲍曼:《生活在碎片之中——论后现代道德》,郁建兴、周俊、周莹译,学林出版社2002年版,第102页。
② [英]齐格蒙特·鲍曼:《后现代伦理学》,张成岗译,江苏人民出版社2003年版,第282页。
③ [英]齐格蒙特·鲍曼:《生活在碎片之中——论后现代道德》,郁建兴、周俊、周莹译,学林出版社2002年版,第103—104页。
④ [英]齐格蒙特·鲍曼:《后现代性及其缺憾》,郇建立、李静韬译,学林出版社2002年版,第108—109页。
⑤ [英]齐格蒙特·鲍曼:《生活在碎片之中——论后现代道德》,郁建兴、周俊、周莹译,学林出版社2002年版,第104页。

第四章 追问现代性:现代性显现后现代"栖息地"

观光者生活风格。观光者,即观光欣赏美景的游客。像流浪者一样,观光者也经常处于不断流动的旅行途中,所经历和抵达的地方都不属于自己。但是观光者同流浪者有重大区别,主要表现在两个方面:一方面,观光者的流动是有目的的流动,流动的目的是为了获取新的体验,他们是"一个对体验、新的不同的体验、相异和新颖的体验的有意识和有系统性的追寻者——因为熟悉的快乐很快就会消失并且失去魅力"①。观光者总会将自己沉浸于一种神奇而不寻常的感觉中,即一种快乐的感觉、活力无限的感觉。观光者的世界是美学的世界,这一世界"看起来无比温顺,顺从于游客的意愿和奇想,乐于施惠;而且是一个自己能控制的世界,令人愉快地易于改变,根据游客的想法捏造,根据头脑中的目的塑造或重塑——成为令人兴奋、满意和愉悦的,游客的世界完全是依美学的标准建造的"。②

另一方面,不同于流浪者只能认命无家可归的状态,观光者至少有一个家。家是观光者倍感舒适安全的地方,同样也是家的稳定舒适促使观光者去寻找新的奇遇,"他们出发,因为他们发现家变得厌倦了或变得没有吸引力,它太熟悉了,不再有什么新奇"③。但是观光者的旅行之路让家成为了渺茫之地,"当生活本身变成了一种扩展的旅游行为,当游客的举动成为一种生活模式而且游客的态度成为一种性格时——越来越难以弄清哪一处探访过的地方是家,哪一处是一个经常停留的游览地"④。观光者的流动在于他们发现了世界具有无法抗拒的自由魅力,"选择自由是观光者的血肉。一旦失去了选择自由,观光者生活的吸引力、诗意及舒适性便不复存在"。⑤ 鲍曼认为,"当旅

---

① [英]齐格蒙特·鲍曼:《生活在碎片之中——论后现代道德》,郁建兴、周俊、周莹译,学林出版社2002年版,第104—105页。
② [英]齐格蒙特·鲍曼:《生活在碎片之中——论后现代道德》,郁建兴、周俊、周莹译,学林出版社2002年版,第105页。
③ [英]齐格蒙特·鲍曼:《后现代性及其缺憾》,郇建立、李静韬译,学林出版社2002年版,第107页。
④ [英]齐格蒙特·鲍曼:《生活在碎片之中——论后现代道德》,郁建兴、周俊、周莹译,学林出版社2002年版,第106页。
⑤ [英]齐格蒙特·鲍曼:《后现代性及其缺憾》,郇建立、李静韬译,学林出版社2002年版,第109页。

游成为生活模式、当已有的体验刺激着获取更多的兴奋的胃口、当兴奋的门槛不间断地向上延伸而且每一次新的震惊必定比上一次更使人感到震惊——对家的向往成为现实的可能性就像它永远不会成为真实的可能性一样令人恐惧"[1],对游客来讲,我需要更多的空间才是目的,而空间在家里是找不到的。

比赛者生活风格。比赛者,即竞争拼比的参赛者。比赛的世界是一个冒险的世界,幸运和不幸只存在于运动之中,个人的竞技能力及其表现让赛场充满了惊喜。在比赛中,既没有必然性,也没有偶然性,没有什么事情是完全可以预见和控制的,也没有什么事情是完全不可改变和不可挽回的,一切皆有可能,也一切皆无可能,"在比赛者和赛场的对抗中,不存在法律和违法,也不存在秩序和无序。只存在运动——或多或少是机灵的、敏捷的或狡诈的,富有洞察力或诱人误入歧途的"[2]。后现代的比赛者已经习惯了赛场的焦虑感,他们深知比赛的残酷性,"比赛的目的是获胜,因此比赛没有给同情、怜悯、仁慈或合作留下空间。比赛像是战争,但这种战争是不留下精神创伤、不培养怨恨的比赛"[3]。无论比赛过程和结果是多么的无情惨烈,都要坦然面对、不记仇恨,像朋友一样留存友谊,这是一种美德,对此,鲍曼说道:"后现代社会成年期的标志是愿意像孩子一样全身心地拥抱比赛。"[4]

漫步者、流浪者、观光者和比赛者这四类生活方式,既彼此割裂、独成一体,又相互融合、共生共存。漫步者在商品购物中心找到了归宿,消费市场就是漫步者的世界,快乐消遣、自由惬意都源于此地。流浪者在后现代社会依旧找不到归宿,他们依旧是被排斥、被遗弃的群体。观光者时刻处于一种矛盾困境,既有舒适宁静的家园,又不甘于平凡,向往外界的诱惑却又患上"思家

---

[1] [英]齐格蒙特·鲍曼:《生活在碎片之中——论后现代道德》,郁建兴、周俊、周莹译,学林出版社2002年版,第106—107页。

[2] [英]齐格蒙特·鲍曼:《生活在碎片之中——论后现代道德》,郁建兴、周俊、周莹译,学林出版社2002年版,第107页。

[3] [英]齐格蒙特·鲍曼:《生活在碎片之中——论后现代道德》,郁建兴、周俊、周莹译,学林出版社2002年版,第108页。

[4] [英]齐格蒙特·鲍曼:《生活在碎片之中——论后现代道德》,郁建兴、周俊、周莹译,学林出版社2002年版,第109页。

第四章　追问现代性:现代性显现后现代"栖息地"

病"。比赛者则把赛场的不确定性视为一种享受,拥抱比赛才能享受比赛,拥抱生活的残酷才能体验生活的温情。现实中,人们往往在四种生活模式中不断切换,不会聚焦某一种方式而固定不变,后现代社会不提倡长远规划,人们找不到一条稳定而有内聚力的生活模式和生活策略,"别把你的旅程计划得太远——旅程越短,你完成的机会就越大;不要多过地把感情投入到在逗留地遇到的人身上——你对他关心越少,你前进的代价就越小;不要让自己被人物、地点、事件所牵制——你不知道这些将持续多久,或在多长时间内对你的行为有价值;不要把你在当前的资源当作资本——存款很快就会失去它的价值,曾经自夸的'文化资本'转眼就会变成文化的债务。最重要的是不要满足延迟,如果你能够即时获得满足。不管你追求什么,现在就要努力得到它;因为你不能知道,今天你追求的满足明天还会不会是你的目标"①。相应而言,漫步者、流浪者、观光者和比赛者联合起来的后现代生活策略,恰恰是对流动且不稳定、碎片化生活的映射和隐喻。

三、同陌生人相处共处

后现代社会是一个陌生人世界,必须学会同陌生人相处。鲍曼认为,陌生人身份极为特殊,"既不能接近他,也不能够远离他,既不是我们中的一部分,也不是他们中的一部分,既不是朋友,也不是敌人"②,同陌生人相处是一门生活艺术。在现代性视域下,陌生人是他者的存在,受到身体上和精神上的双重打击,人们对他们进行社会性接触禁止行为,试图把他们禁锢在贫民窟等边缘角落,"一个努力被做出来阻碍这个不可避免的身体上的接近的努力,变成了一种阻止精神上的接近的努力"③,陌生人得不到一致的认可接受,"他们谈话

---

① [英]齐格蒙特·鲍曼:《生活在碎片之中——论后现代道德》,郁建兴、周俊、周莹译,学林出版社2002年版,第98页。
② [英]齐格蒙特·鲍曼:《通过社会学去思考》,高华、吕东等译,社会科学文献出版社2002年版,第41页。
③ [英]齐格蒙特·鲍曼:《通过社会学去思考》,高华、吕东等译,社会科学文献出版社2002年版,第50页。

151

的方式,他们穿衣服的方式,他们的宗教习俗和他们组织家庭生活的方式,甚至是他们喜欢做的食物的味道,都变得不可容忍"①,每天面对被警告、隔离和排斥的境遇。而到了后现代社会,人们无法逃离陌生人的世界,"陌生关系曾经只是暂时的刺激物,但是它现在已经变成一种永恒条件"②,现代城市生活就是陌生人同陌生人共处在一起的生活世界。如何同陌生人和谐相处提上了最高日程,"如果现代生活要继续下去的话,就必须保护和培养陌生关系。即使以前曾经有的话,在现代社会中也没有一个基本的制度会在'共同存在'的不可思议的胜利中幸存下来,它们也不会在由个人的、感情控制的关系造成的视若陌路和公民疏忽的领域的殖民化中幸存下来。如果没有陌生人,就需要创造他们……实际上,陌生人是存在的——他们在日常生活中大规模地存在着。"③学会同陌生共处是一门大学问,这就需要练就一种技术:和睦且短暂的相处方式。鲍曼认为,这就需要客观地面对陌生人,从相伴,到相处,再到相依,进而达到同陌生人和睦共存的状态。首先,相伴状态的共存(being-aside)。相伴地与他人共处是一种最基本的存在方式,这种共存状态仅仅属于"在一旁"的偶遇相伴事实,"从和睦内部来看,多数其他的像人一样的实体大都被视为处于'在旁边'的状态"④。人们要学会同陌生人分享资源,评估他者的存在对日常活动产生的影响,善于将"在一旁"的陌生人视为偶遇伙伴。其次,相处状态的共存(being-with)。从相伴状态进入相处状态,依然是破碎的、短暂的过程,彼此之间的交流交往依然受到限制约束,"手头的话题和限于此时此地的专门的兴趣,产生和限制着这种相关性。主题性的限制性影响在双方心中留下了深刻的印象。自我不愿在偶遇中展开超过手头话题的

---

① [英]齐格蒙特·鲍曼:《通过社会学去思考》,高华、吕东等译,社会科学文献出版社2002年版,第50—51页。
② [英]齐格蒙特·鲍曼:《后现代伦理学》,张成岗译,江苏人民出版社2003年版,第187页。
③ [英]齐格蒙特·鲍曼:《后现代伦理学》,张成岗译,江苏人民出版社2003年版,第187—188页。
④ [英]齐格蒙特·鲍曼:《生活在碎片之中——论后现代道德》,郁建兴、周俊、周莹译,学林出版社2002年版,第50页。

内容,他者也不强调手头话题允许之外的内容。相处是不完全的存在,不完全的自我一场相会"。① 人们同陌生人保持着固定的距离感,彼此的相会远远达不到和睦的状态,双方都期待一种更完美融合的相处模式。最后,相依状态的共存(being-for)。从相伴状态到相处状态,再到相依状态,一种完整且连续、完美的存在方式逐渐呈现。同陌生人相依状态的共存,彻底打破了地域的分离,而这在相伴的环境中却是一种基线,每一次偶遇不过是与这一基线的一次临时分离,在每次插曲式的偶遇之后伙伴们又返回到这一基线。只要相处式偶遇的内在碎片依然存在,从这一基线出发没有完全的分离,不管多么短暂,都是合理的。相依状态不是相处共存状态之后的结果,是对相处状态的超越,它是"从分离朝向团聚的跳跃;尽管仍未朝向熔合状态,那是神秘主义者卸掉身份负担的梦想,而是朝向一种合金状态,它的宝贵性质完全依赖于保存了其构成要素的可变性和特性。相依为保护和捍卫他者的独特性而产生"②,人们开始把保护和珍视陌生人作为责任义务。同陌生人保持相依共处的状态,是一种人际关系上的革命,它既不同于相伴的偶遇性,也不同于相处的虚伪性,相依是一种情感上的约定和共识,"人与人之间的偶遇,视线相碰,面孔相对,相当于一种因瞬间的约定而起的联系"③。相依的情感早已解构理性权威,它预先假定了破碎的存在、他者的存在。同陌生人相依,"不是来自先前的目的、指示、规范,它的出现就像它的引人注目一样令人惊讶。偶遇在约定中孕育着,似乎没有任何方式能控制这种特别的孕育……对他者猛然开放,热情的突然爆发,距离的猛然拉近——理性以感情、情绪、感觉、激情的名义发出呼喊。"④

---

① [英]齐格蒙特·鲍曼:《生活在碎片之中——论后现代道德》,郁建兴、周俊、周莹译,学林出版社2002年版,第50—51页。
② [英]齐格蒙特·鲍曼:《生活在碎片之中——论后现代道德》,郁建兴、周俊、周莹译,学林出版社2002年版,第52页。
③ [英]齐格蒙特·鲍曼:《生活在碎片之中——论后现代道德》,郁建兴、周俊、周莹译,学林出版社2002年版,第53页。
④ [英]齐格蒙特·鲍曼:《生活在碎片之中——论后现代道德》,郁建兴、周俊、周莹译,学林出版社2002年版,第54页。

鲍曼认为,同陌生人相伴、相处和相依共存状态,是后现代生活状况的真实写照。生活在后现代的人们改变对陌生人的态度,陌生人不是敌人,也不是他者,陌生人是我们生活生存的一部分。从另一角度讲,陌生人揭示了世界秩序的虚伪,"秩序只能掩盖却无法治愈由对立维系的混乱性"①,后现代理念让人们认识到,构建秩序、消除混乱是理性的幻想,而碎片化、陌生性才是世界的原本面貌。陌生人的出现恰恰是对后现代生活景观的最佳阐释。为此,鲍曼探讨了六种后现代和睦相处的场景,第一种是易变的和睦,主要出现在繁忙的街道、商业购物中心等场所。这种和睦是一种偶遇的短暂的和睦,身居其中的人们"匆匆所经之处,是片刻的亲密和瞬间离别之处,也是充盈着流动物的易变场所"②,彼此间不能预测对方的行动,双方都处于一种入侵者的状态。在大街上偶遇陌生人是无法逃避的障碍,但是人们尽力避免同陌生人同伴同行。第二种是稳定的和睦,主要出现火车车厢、飞机航舱、候车厅等场所。这是一种不受欢迎但不可避免的和睦。此时共处的人们"知道不久各自将走自己的路,永远不会再见的陌生人聚集在一起——但是在各走各的路之前他们却必须在此时此处分享空间,不是'因为'任何特别的事,不是由他们所从事的事情需要他们身体靠得很近。这些陌生人中没有谁真正需要任何他人的存在"③。人们都认为,彼此的相遇是意外的、偶然的也是多余的,竭尽所能采取手段将热情暂时封闭起来,同陌生人保持适当距离,不主动同偶遇陌生人打招呼,也不干涉他人行为,彼此之间形成稳定的安全感。譬如,一本简装的读物成为了拥挤空间的便携式城壕,一把雨伞就占据旁边的座位,构筑起防护墙。第三种是调和的和睦,主要出现在办公大楼、厂房车间等场所。这种和睦是由于工作关系而聚合在一起,无论是有组织的偶遇,还是非组织的偶遇,都不要对相处的场景给予过高的期待,"在忠诚和小团体主义之间的已被宣称的对

---

① [英]齐格蒙特·鲍曼:《现代性与矛盾性》,邵迎生译,商务印书馆2003年版,第270页。
② [英]齐格蒙特·鲍曼:《生活在碎片之中——论后现代道德》,郁建兴、周俊、周莹译,学林出版社2002年版,第43页。
③ [英]齐格蒙特·鲍曼:《生活在碎片之中——论后现代道德》,郁建兴、周俊、周莹译,学林出版社2002年版,第44页。

第四章　追问现代性:现代性显现后现代"栖息地"

立是多么的严格——分界线很难划定,并且在事实上是不可坚守的"①。第四种乔装的和睦,主要出现在抗议游行、球迷队伍、演唱会等场所。这种因外在号令而聚集的目的,就是为了相处而相处,高密度、大数量的聚集呈现出一种疯狂的感官刺激局面:"相同的颜色的围巾围绕在成千上万不同的脖子上,相同的短歌或曲调被歌唱,相同单词被成千上万的喉咙有节奏地说出,相同的不安情绪在成千上万不同的身体中进行"②。乔装的和睦达到了前所未有的同质性、一致性,实则是一种被过分刺激的麻木的世界,个体在偶遇中得到暂时解脱。第五种是推定的和睦,主要出现在民族、种族、性别等团体上。这种和睦是想象共同体的产物。人们发现参与梦一般的团体中,是"一种激励,使人轻松自如感觉像在家中一样,使人认同自己的处境并且归属于它"③,归属于一个伟大民族会倍感骄傲和荣耀,同属于一个大家族会体会到兄弟姐妹般的亲情。共同体所带来的和睦,所承诺的诱惑,意味着"偶遇总是非常令人满意,与其他人相处的舒适感清除了躲闪'相处'的危险"④。第六种是超和睦,主要出现在俱乐部、度假地、舞厅等场所。鲍曼这样说,和睦的母体犹如一个纺织车间,它能把所有丝绸团结在一起织成薄绢,同样它能把所有的人组织在一起成为织工。显然,这种和睦是一种构设场景,它将所有人团结凝聚在一起,为理想中的和睦设计标准,是"一块无止境的试验的土地,以试错法反复进行试验的土地"⑤,帮助人们寻求同陌生人相处的和睦之道。

---

① [英]齐格蒙特·鲍曼:《生活在碎片之中——论后现代道德》,郁建兴、周俊、周莹译,学林出版社2002年版,第45—46页。
② [英]齐格蒙特·鲍曼:《生活在碎片之中——论后现代道德》,郁建兴、周俊、周莹译,学林出版社2002年版,第46页。
③ [英]齐格蒙特·鲍曼:《生活在碎片之中——论后现代道德》,郁建兴、周俊、周莹译,学林出版社2002年版,第47页。
④ [英]齐格蒙特·鲍曼:《生活在碎片之中——论后现代道德》,郁建兴、周俊、周莹译,学林出版社2002年版,第48页。
⑤ [英]齐格蒙特·鲍曼:《生活在碎片之中——论后现代道德》,郁建兴、周俊、周莹译,学林出版社2002年版,第49页。

第三节 后现代伦理学的凸显

从后现代视角审视道德问题,是鲍曼后现代伦理思想的重要维度。鲍曼认为,"当现代性到了自我批评、自我毁誉、自我拆除的阶段时,很多以前的伦理学理论(但不是现代的道德关怀)所遵循的路径,开始看上去像一条盲目的小径,同时,对道德现象进行激进、新颖理解的可能性之门便被开启了"①,这扇新开启的大门以新颖的视角考察社会中的道德问题。鲍曼对道德的关注源于对大屠杀中道德责任感丧失的反思,他认为,伦理学要重视用后现代思维判读道德行为、道德观念,伦理学后现代视角的"新颖之处最重要的并不在于放弃有特性的现代的道德关怀,而在于拒绝从事道德问题研究的传统的现代方法(即用政治实践中的强制性的、标准的规则和在理论上进行绝对性、普遍性、根本性的哲学追问作为对道德挑战的反应)"②,后现代正在唤醒我们对道德、道德生活的纯正理解,更加清晰地洞悉道德的本相,"使道德生活变得更加道德一点"③。

一、后现代伦理观的提出

鲍曼认为,现代伦理正陷入责难和危机,生活在后现代的人们提出许多过去根本没有接触的道德议题,譬如不再信奉最高道德目标、不再认可自我牺牲、不再承担责任等道德观念,"我们的行为已经从强制性的'无限责任'、'戒律'和'绝对主义'中解脱出来。……我们的时代是一个彻头彻尾的个人主义的时代"④,迫切需要新的道德观念重塑社会认知,"后现代性已使普遍的、根

---

① [英]齐格蒙特·鲍曼:《后现代伦理学》,张成岗译,江苏人民出版社2003年版,第2页。
② [英]齐格蒙特·鲍曼:《后现代伦理学》,张成岗译,江苏人民出版社2003年版,第4页。
③ [英]齐格蒙特·鲍曼:《后现代伦理学》,张成岗译,江苏人民出版社2003年版,第18页。
④ [英]齐格蒙特·鲍曼:《后现代伦理学》,张成岗译,江苏人民出版社2003年版,第3页。

第四章 追问现代性:现代性显现后现代"栖息地"

基牢固的伦理规范的现代雄心黯然失色"。① 鲍曼分析指出:"伦理学上的重要问题,诸如人权、社会正义、和平共处与独立自主之间的平衡、个体行为和集体福利的同步性已经失去了课题的时代性,它们仅仅需要以一种新颖的方式被理解和处理"②。后现代视角撕破了现代伦理"幻想面具",发现某些传统道德目标既无法实现也不值得实现,正确与错误、有用与无用、真理与谬误、善与恶等"各种测评标准之间开始出现分歧,并且相互之间在不同方向离得越来越远。……某种行为从一种意义上讲可能是正确的,而在另一意义上讲可能是错误的"③,重建一整套"要求所有理性之人拥护和遵守"的道德规则,成为后现代伦理学所要面对的重大课题。

道德源于伦理又不同于伦理。在鲍曼看来,现代社会是由理性原则指导的伦理世界,文明社会就是符合伦理原则的社会。道德世界只能是一个正规、有秩序的世界,道德必须建立在法律之上,"有道德的人不能受反复无常的冲动的控制,他们只能坚持不断地,并且以一种系统的方式——接受法律、法规、规范、原则的指导。他们清楚地指出在特定条件下人们应该做和应当停止做的事情"④,道德生活会有法规、禁令等原则来支撑。鲍曼认为,"法律是重建道德生活的主要工具,在道德情境中,法律意味着设计一种伦理准则"⑤,道德规范的形成离不开法律秩序力量的约束和日常教育的习得,现代国家和组织机构,要求人们必须具备忠诚、敬业、守纪、尽责等道德品格,伦理统治如同理性的统治一样,具有强有性、普遍性的约束,社会公德、职业道德、家庭美德、个人私德影响并推动社会进步发展。鲍曼分析认为,"现代是并且不得不是伦理的时代——否则就不成其为现代性了,就像法律优先于一切秩序一样,伦

---

① [英]齐格蒙特·鲍曼:《后现代伦理学》,张成岗译,江苏人民出版社2003年版,第261页。
② [英]齐格蒙特·鲍曼:《后现代伦理学》,张成岗译,江苏人民出版社2003年版,第4页。
③ [英]齐格蒙特·鲍曼:《后现代伦理学》,张成岗译,江苏人民出版社2003年版,第5页。
④ [英]齐格蒙特·鲍曼:《生活在碎片之中——论后现代道德》,郁建兴、周俊、周莹译,学林出版社2002年版,第300页。
⑤ [英]齐格蒙特·鲍曼:《生活在碎片之中——论后现代道德》,郁建兴、周俊、周莹译,学林出版社2002年版,"序言"第4页。

必须先于道德"①,体系化的伦理哲学、周密的伦理规范、日常的伦理教育,引领道德生活建设,教导和指引人们走向理想中的道德生活。然而,道德在本性上具有非理性、情感特征,道德源于伦理却不同于伦理。道德在实践中是个体的、具体的、情境化的,特别是在同他者交流交往中产生道德认知、道德判断和道德观念。伦理普遍化、逻辑化、同质化原则不可能囊括生活实践中所有的复杂性和多元性情境,同样,依赖伦理的理性设计和筹划也是无法消除道德生活的多变性、多样性。鲍曼认为,无论普遍化伦理逻辑多么详细完备,设计规划多么精细,方案细则多么合理,都无法给道德生活完美的选择,道德困境问题也由此产生。

现代伦理正遭遇道德困境。鲍曼深入考察了现代道德状况,对道德本质、道德选择和道德责任进行精辟解析,他认为,"爱和恨、善和恶看来都是道德责任之屋的合法居民"②,现代道德从原始场景就陷入矛盾状态,形成问题困境。

一是道德生活成为矛盾选择。鲍曼认为,"我们注定是或在本质上是一种道德存在,即我们不得不面对他者的挑战,面对着为他者承担责任的挑战"③,道德存在意味着承担责任,履行道德规范,以道德观念调整完善人与人的社会关系,构建美好道德世界。作为道德存在者,人们的"道德境况有着内在的矛盾,并且,如果没有善恶的选择,就没有道德可言"④,何为"善"、何为"恶"是一种生活常态,我们面对的境况首先是一种道德问题,"面对的生活选

---

① [英]齐格蒙特·鲍曼:《生活在碎片之中——论后现代道德》,郁建兴、周俊、周莹译,学林出版社 2002 年版,第 31 页。
② [英]齐格蒙特·鲍曼:《生活在碎片之中——论后现代道德》,郁建兴、周俊、周莹译,学林出版社 2002 年版,第 68 页。
③ [英]齐格蒙特·鲍曼:《生活在碎片之中——论后现代道德》,郁建兴、周俊、周莹译,学林出版社 2002 年版,"序言"第 1 页。
④ [英]齐格蒙特·鲍曼:《生活在碎片之中——论后现代道德》,郁建兴、周俊、周莹译,学林出版社 2002 年版,"序言"第 8 页。

第四章 追问现代性:现代性显现后现代"栖息地"

择首先是道德的两难选择"①,显然易见,善恶抉择本身就是一种矛盾纠结、二难悖论。道德标准是现代社会理性建构的结果,并随着时代发展而不断变化,"善恶的图景确实变得因地域不同、时代不同而不同,并且我们对此无能为力已不是一个秘密了"②。人们每天面对的生存处境极其不稳定、不确定,尤其是他者的存在构成了最大的变量和最大挑战。由于现代社会对善恶等道德标准的规定修订跟不上时代发展变化的步伐,道德原则无法转化为具体的操作步骤,导致道德选择失去正确指引,进一步扩大了善恶的随意性和动态性。他者的存在,是现代性的例外,却是后现代的常态,现代道德对他者也没有明晰的道德界定,人们对他者的道德责任自始至终都是模糊困惑的。鲍曼认为,解决道德选择的两难困境没有现成的方案,这是因为,"成为有道德的"并不意味着"成为善的",道德标准因时代变化而不同,"任何被视为'善'或'恶'的东西,都与等级、优越和低下、支配和统治有关。在特定的行为和善良之间没有'自然的'本质联系,不存在将善这一个词与利他行为联系起来的先天的必然性"③,一切伦理(一切法规制约的道德)都与特定社会等级密切相关;"人在本质上的道德的"并不表明人在根本上就是"善的",非人性的社会挤压会扭曲善的面貌和行为,善恶之变有时就是瞬间之变,"在现代性的标签下,邪恶不再需要邪恶之徒。明理的人,那些被现代机构的非人格性的、不置可否的网络深深吸引的男男女女就能异常出色地为恶"④。面对道德责问,两难困境留下了选择的必要性,却没有给出如何选择的方法。在鲍曼看来,道德生活的选择,与其说是一种已表明道路的网络,不如说是一串足迹,道德困惑是永恒的、无法逃避的生活之旅。

---

① [英]齐格蒙特·鲍曼:《生活在碎片之中——论后现代道德》,郁建兴、周俊、周莹译,学林出版社2002年版,"序言"第2页。
② [英]齐格蒙特·鲍曼:《后现代伦理学》,张成岗译,江苏人民出版社2003年版,第44页。
③ [英]齐格蒙特·鲍曼:《生活在碎片之中——论后现代道德》,郁建兴、周俊、周莹译,学林出版社2002年版,第34页。
④ [英]齐格蒙特·鲍曼:《生活在碎片之中——论后现代道德》,郁建兴、周俊、周莹译,学林出版社2002年版,第225—226页。

二是道德生活充满了不确定性。鲍曼认为,伦理准则是一种可行性逻辑论证设计,对道德选择进行了明确的指引规划,善恶有了清晰的法律界定,遵循伦理准则就等于选择善的道德。按照理性设计,"人类世界不仅可以消除罪人,而且可以消除罪本身;不仅可以消除作出错误选择的人,而且可以消除错误选择的可能性"①,人类不存在道德困惑的难题,道德选择难题被伦理准则彻底解决。事实上,伦理准则并不能替代个体道德选择,把分散的、多元化的道德责任浓缩为责任清单有助于缓解选择焦虑和困惑,但是也会导致难以想象的可怕的后果:"它不仅赦免了行为者对所做错事的个人责任,而且为他解除了犯有罪孽的可能性"②。在个体主义盛行的时代,社会不再需要道德上的共识,生活不再需要伦理上的认同,个体道德不能转移到超个人的代理机构,破碎化的后现代场景,不休止的冲突、对峙和争吵早已改变伦理准则预设的善恶分界线,在后现代社会,"明显的偶然性、生活中偶尔的插曲和社会存在的任何一方面的不稳定性造成了快速的'正常状态'的标准……过去的他律道德行为的根源看起来正接近枯竭"③。

三是道德生活失去根基。后现代社会特征越发凸显,"我们居于其中的世界看起来具有碎片化、突变性和非逻辑的特征"④,今天突然出现,明天则消失不见;今天风靡一时,明天则变成笑柄;今天得到追捧,明天则受到蔑视,时间被切割成无数个碎片情节,人类活动陷入无序杂乱状态,生活充满了巧合、随机、偶然。鲍曼也认为,现代生活已经失去了内在的连贯性和统一性,"现代性用了两个世纪时间阻止无序和偶然性进入生活事务,但是它们不仅在视

---

① [英]齐格蒙特·鲍曼:《生活在碎片之中——论后现代道德》,郁建兴、周俊、周莹译,学林出版社2002年版,"序言"第4页。
② [英]齐格蒙特·鲍曼:《生活在碎片之中——论后现代道德》,郁建兴、周俊、周莹译,学林出版社2002年版,"序言"第5页。
③ [英]齐格蒙特·鲍曼:《生活在碎片之中——论后现代道德》,郁建兴、周俊、周莹译,学林出版社2002年版,第41—42页。
④ [英]齐格蒙特·鲍曼:《生活在碎片之中——论后现代道德》,郁建兴、周俊、周莹译,学林出版社2002年版,第309页。

第四章　追问现代性:现代性显现后现代"栖息地"

野中重现,而且是赤裸裸地出现在那里,没有遮掩和装饰"①,理性世界因后现代性陷入了自身混乱的状态,人们看不到稳定的立法秩序,见不到规范的伦理原则,所有人的欲望都被放纵了,"世界看似已经得出了自身无根基的结论,但却不再在意这一点,并且,并不因为缺少控制混乱的机构而烦恼"②,因伦理而文明进步的社会成为过去时。鲍曼评论道,伦理时代的结束预示着道德的结束,"一个没有伦理的世界似乎不证自明就是一个没有道德的世界"③。启蒙精神把上帝从人的世界驱除出去,没有了上帝的存在,意味着没有了道德完美的榜样,"没有比人类意志和抵抗力更加强大的力量来迫使人类成为有道德的,没有比人类自己的渴望和预感更加崇高和值得信任的权威来使人们相信:他们觉得是体面、公正和正确的——道德的——行为的确是道德的"④,一切行为变得不可控制也不可预测,人们在前进的道路上找不到道德指引。鲍曼认为,"在这样一个世界中如何认真地推动道德、善良、公正的事业是不明确的"⑤,何以为道德是最大难题。鲍曼举例说道,两大事件彻底削弱了人们对现代伦理的迷信和崇拜,奥斯维辛集中营和古拉格劳改营被视为理性的产物,是"命令秩序"的实践体现,"却常常掩盖了它对他者的不容忍,并且以一种扼杀他者的许可证的身份出现,换言之,人道化工程的代价是更多的无人性"⑥,丧失道德根基的社会,只会让个体生命变得更加痛苦、野蛮和短暂。个体道德困境陷入苦恼,是因为"要理解为什么自我是道德的,和我们如何认识

---

① [英]齐格蒙特·鲍曼:《生活在碎片之中——论后现代道德》,郁建兴、周俊、周莹译,学林出版社2002年版,第22页。
② [英]齐格蒙特·鲍曼:《生活在碎片之中——论后现代道德》,郁建兴、周俊、周莹译,学林出版社2002年版,第23页。
③ [英]齐格蒙特·鲍曼:《生活在碎片之中——论后现代道德》,郁建兴、周俊、周莹译,学林出版社2002年版,第34页。
④ [英]齐格蒙特·鲍曼:《生活在碎片之中——论后现代道德》,郁建兴、周俊、周莹译,学林出版社2002年版,第11页。
⑤ [英]齐格蒙特·鲍曼:《生活在碎片之中——论后现代道德》,郁建兴、周俊、周莹译,学林出版社2002年版,第23页。
⑥ [英]齐格蒙特·鲍曼:《生活在碎片之中——论后现代道德》,郁建兴、周俊、周莹译,学林出版社2002年版,第25页。

到它是道德的,是极其困难甚至是不可能的"①。

总之,面对现代道德的重重危机,如何重启道德观念,释放道德功能,指引规划合乎道德的生活,调节人类行动和实践,推动社会文明进步,成为后现代伦理学必须解答的课题。现代性在实践中的困境促使后现代伦理学日益凸显,鲍曼指出,"在我们时代'是或不是'的两难困境中,现代性自身是赌注。因为到目前为止,现代价值最坚固地保护在我们社会的自我意识中,并且得到它的机构热情的守护和滋养,伦理学图景——特别是在最需要它的地方——并不是那么令人鼓舞"②,后现代伦理要重构令人满意、社会急需的道德场景。

二、后现代视域下的道德状况

基于后现代视角,鲍曼对当下道德状况进行深入思索,以批判质疑拷问现代道德的逻辑根基,他认为,"一种非先天的、非矛盾的道德,一种普遍的、'客观创建的'伦理学在实践上是不可能的"③,道德生活无论在术语上还是实践上都是一个矛盾存在。鲍曼分析到,长期以来道德生活被视为现代伦理学的具体实践,重在描绘人们如何正确行事以便达到正义、正当和公平的社会效应。伦理既是理性权威、行为规范的鲜活体现,也是"一种法律体系,它对普遍正确的行为作出判定,还将正义和邪恶断然分开……这种权威不仅体现在立法上,同时也体现在司法上"④,普遍性的伦理命令,如同法律的约束性一般,对自律和他律的道德提出明确要求,努力回答"我为什么应当是道德的"等现实问题。然而,现代社会的运转隐藏着无序、模糊和不确定等因素,"无

---

① [英]齐格蒙特·鲍曼:《生活在碎片之中——论后现代道德》,郁建兴、周俊、周莹译,学林出版社2002年版,第11页。
② [英]齐格蒙特·鲍曼:《后现代伦理学》,张成岗译,江苏人民出版社2003年版,第260页。
③ [英]齐格蒙特·鲍曼:《后现代伦理学》,张成岗译,江苏人民出版社2003年版,第12页。
④ [英]齐格蒙特·鲍曼:《生活在碎片之中——论后现代道德》,郁建兴、周俊、周莹译,学林出版社2002年版,第2页。

第四章　追问现代性:现代性显现后现代"栖息地"

序格外地威胁着既定的习俗所高扬的承诺"①,他们对既定的伦理观念、道德规范造成重大冲击,"试图用同一性代替多样性,用连贯的、明晰的秩序替代相互矛盾的状态——然而,这种努力不可抑制地产生很多分界、多样性和矛盾状态,比它想尽力去除掉的更多"②,这充分表明并证实道德不能被普遍性化、理性化和绝对化。

鲍曼站在后现代角度,对现代道德状况作出七大方面的考察评析,进一步帮助人们观察伦理学在"下一个拐角处",即后现代栖息地的实践景象。鲍曼对人的道德本质、道德境遇、道德选择、道德实践、道德生活等方面进行了精辟解读。

(1)人在道德上善恶并存。道德的原始场景既有善也有恶,善恶并存是人的本质。鲍曼认为,我们不能贸然定性人的"善本质"和"恶本质",即使人们本质上是一种道德存在,也不意味着善恶本性就天然注定,"断言'人在本质上是善的,因此我们不得不去帮助他们,使他们能根据他们的本性去行动'和'人在本质上是恶的,必须避免使他们依据他们的本能的冲动去行动'都是错误的"③,人在道德上是善恶共生共存的,人一出生就居于善恶并存的最初道德场景之中。而伦理原则不允许善恶并存,但是"没有一种逻辑上自恰的伦理学法典能够'适合'道德在本质上善恶共存状况"④,依靠理性原则是无法指导具体道德生活的,理性不能抑制道德的冲动,多元道德观内生于日常生活中,建立一种令所有人都满意的价值。伦理原则不能保证良好的道德行为,也不能提供良好的道德环境,个体只能独自面对多元复杂的原始道德场景,接受社会发展中的残暴与善良、歧视与同情、排斥与团结的道德状况。

---

① [英]齐格蒙特·鲍曼:《生活在碎片之中——论后现代道德》,郁建兴、周俊、周莹译,学林出版社 2002 年版,"序言"第 6 页。
② [英]齐格蒙特·鲍曼:《后现代伦理学》,张成岗译,江苏人民出版社 2003 年版,第 6 页。
③ [英]齐格蒙特·鲍曼:《后现代伦理学》,张成岗译,江苏人民出版社 2003 年版,第 12 页。
④ [英]齐格蒙特·鲍曼:《后现代伦理学》,张成岗译,江苏人民出版社 2003 年版,第 13 页。

(2)道德现象具有非理性特征。伦理原则设计的道德模型,不能称为道德生活,这是因为"只有当它们优先于目的考虑和得失计算时,它们才是道德的,所以它们不适合'达到目的方法'之体系。它们不是由规则的、可重复的、单一的、可预测的,不会被表述是由规则引导的"[1]。伦理学法典在立场上必须对道德现象作出正确和不正确的规定,提供明细的遵循规则,决不允许善恶并存之情境,决不容许多元道德价值取向。鲍曼认为,恰恰是伦理法典对道德场景的理性设计,遗漏了在道义上真正道德的东西,即个体道德行为、他者道德行为、社会良心责任等情感性道德感知。

(3)道德的先验性遭遇不确定性。鲍曼认为,道德生活充满了不确定性,任何先验的道德观念都不可避免地遭遇现实的质疑,"道德自我在模糊的环境中运行、感知和实践,充斥着不确定性。……不确定性注定要永远伴随着道德自我之条件"[2],无论是自我道德选择面临的冲突,还是对待他者的道德感知,不确定性的内外部环境孕育着道德行为的多样化态势。

(4)道德不能被普遍化。鲍曼认为,任何道德都是具体的、特殊的、局部的情感习惯,道德的普遍化抹杀了道德观念的多元性特征。人们往往碰到以下道德情境,"在某一时间和地点被认为是道德的行为在另一个时间和地点将要被反对,因此各种各样的道德实践行为迄今为止对于时间和地点来讲恰好都是相对的,它们被局部变化无常之行为、部落之历史和文化之发明所影响"[3]。由于道德普遍主义致力于进行一体化的道德说教,消除一切'狂热的'(自治的、任性的、无法控制的)道德判断,面对道德信仰、行为规范的多样性、道德状况的多变性问题,现代道德并没有把道德法典强加给不同的人,"过去所面对的是由国家限定和加强的法律/道德'普遍性'的浓缩权力,现在

---

[1] [英]齐格蒙特·鲍曼:《后现代伦理学》,张成岗译,江苏人民出版社2003年版,第13页。
[2] [英]齐格蒙特·鲍曼:《后现代伦理学》,张成岗译,江苏人民出版社2003年版,第14页。
[3] [英]齐格蒙特·鲍曼:《后现代伦理学》,张成岗译,江苏人民出版社2003年版,第14—15页。

的个体被暴露于由各种社会压力或者准伦理勒索状态混合的杂音中,它们都试图剥夺个体进行道德选择之权力"①,要充分认识到"道德信仰和制度鼓励的行为在当下之多样性,以及个体的道德状况在过去一贯之多样性"②。

(5)道德的非理性特征对秩序构成挑战。从社会治理角度看,整齐划一、纪律严明、一致行动是理想中的道德目标,而具有冲动本能的自我道德对理性秩序造成巨大障碍,"道德被看成井然有序中的混乱和无政府状态之根源;被看成是能够设计和实现被称为人类同居生活的'完美'安排之理性的外部界限"③,人们在实际行动中要培塑共同的道德观念,修炼道德情操,把自己修剪成理想道德形象,可是,"对道德的社会管理是一个复杂的、精致的运作,它导致的矛盾比想尽力消除的只能是更多"④。

(6)道德责任是社会秩序之基而非社会副产品。道德责任具有天然的优先性,它是社会秩序的基础支撑。道德责任感起源于个体自身,也取决于个体自身,这说明道德责任是社会关系不可或缺的组成部分。道德责任要求我们,在同他者相处交流之前首先要对他者负责,人们不能脱离生活而想象道德,道德天地也不能离开社会世俗环境,"对生存和自我强化的追逐,对目的和手段的理性思考,对得失的计算,追求快乐、权力、政治、经济……"⑤,是每个人的日常生活中的常态事务。

(7)后现代道德不是为了凸显道德的相对性。鲍曼认为,面对"通过扩展特定的制度力量、政治和文化的范围和区域来克服多样性,只能导致伦理对道

---

① [英]齐格蒙特·鲍曼:《后现代伦理学》,张成岗译,江苏人民出版社2003年版,第52页。
② [英]齐格蒙特·鲍曼:《后现代伦理学》,张成岗译,江苏人民出版社2003年版,第15页。
③ [英]齐格蒙特·鲍曼:《后现代伦理学》,张成岗译,江苏人民出版社2003年版,第15页。
④ [英]齐格蒙特·鲍曼:《后现代伦理学》,张成岗译,江苏人民出版社2003年版,第16页。
⑤ [英]齐格蒙特·鲍曼:《后现代性及其缺憾》,郇建立、李静韬译,学林出版社2002年版,第51页。

德、法典对道德自我、他治对自治的一种更加彻底的替代"①。道德的后现代视角并非强调突出相对主义道德观念,而是探索在全球化时代下的道德前景如何构建。

总之,鲍曼认为,现代伦理学将伦理原则和道德生活混为一谈,一门心思地把不确定的现代生活简化成一张优先的责任清单、道德要义,这纵然有助于人们缓解道德焦虑,但是却引发了严重的社会问题,即用强制规则压制道德冲动,用权威原则代替自治道德,用严格纪律支配单个个体,超人格化的伦理免除了道德责任,消除了个体因做错事产生的内疚感。鲍曼举例说道,大屠杀事件中刽子手等施暴人员因对规则的服从、对纪律的遵循而把个人罪恶感清空,对非人性、不道德场景熟视无睹。道德的不道德行为竟成为伦理的组成部分,这个让人们丧失了道德重生的机会。

三、后现代伦理学的构建

身居后现代社会,"这个时代给我们提供了以前从未享受过的选择自由,同时把我们抛入了一种以前从未如此令人烦恼的不确定状态。我怀念我们能够信任和依赖的向导,以便能够从肩上卸下一些为选择所负的责任。但是我们可以信赖的权威都被提出了质疑,似乎没有一种权威强大到能够为我们提供我们所追求的信任"②。权威成为一种名义上的符号,现代人不相信任何权威,也不依赖任何权威,质疑成为一种常态:人们对任何宣布为绝对可靠的东西都表示怀疑。鲍曼认为,由于现代伦理学无法彻底纾解道德困境,"我们不知道从哪里去获得道德知识,并且当道德知识被提供给我们时(或如果提供给我们),我们也几乎不能确定我们是否坚定不移地相信它们"③,固然传统伦

---

① [英]齐格蒙特·鲍曼:《后现代伦理学》,张成岗译,江苏人民出版社2003年版,第17页。
② [英]齐格蒙特·鲍曼:《后现代伦理学》,张成岗译,江苏人民出版社2003年版,第24页。
③ [英]齐格蒙特·鲍曼:《后现代伦理学》,张成岗译,江苏人民出版社2003年版,第20页。

第四章 追问现代性:现代性显现后现代"栖息地"

理原则和道德规范有自身缺陷,在我们最不能相信道德功能的时候,恰恰也是最需要道德指引的时候。伦理时代的终结迎来了道德时代——后现代被视为这样一个时代,鲍曼主要从自我道德的重塑、他者道德的重构和社会道德的重建三个方面,对后现代伦理学的重要内涵进行了阐释。

一是个人道德的重塑。鲍曼认为,"后现代性既是道德个人的毁灭,又是他新生的契机。后现代情况这两张面孔中哪一个最终成为它的持久的画像,这本身是一个道德问题。"①在后现代社会,道德如何生成,怎样作出道德选择,形成道德观念,重塑道德的压力只能落在个体,人们只能反求诸于自身并以此唤醒道德,成为有道德的人。"后现代时期的民众必须直接面对他们的道德自治,也必须直面他们的道德责任。这是道德造成极度痛苦的根源,也是道德自身从未面临过的机遇"②。后现代是多元化的时代,也是道德模糊的时代。"感情/情绪/感觉/激情的核心意思是违反、藐视和斥责理性",③理性遭到质疑,权威不再被信任,后现代道德困境到了危机的边缘,社会中缺乏一套严格的、广泛的伦理规范,人们的生活轨迹也失去了道德指引。鲍曼认为,"将道德从人为创设的伦理规范的坚硬盔甲中释放出来,意味着将道德重新个人化"④,诚恳尊重多元化道德,坦然接受偶然性,把私域道德同公域道德协调起来,成为后现代伦理重建的重要方向。传统道德往往忽略个体利益这一关键需求,社会制度和共识中并没有深入回答"在道德上什么是个体利益"等问题,往往把道德隐私、道德私化看成伦理实践"最末要求"。在鲍曼看来,道德重新个体化意味着伦理实践从终结线再次回到出发点,人们从道德生成的起点看到新的希望,尽管在这个过程中人与人之间达成的道德共识是临时的、

---

① [英]齐格蒙特·鲍曼:《生活在碎片之中——论后现代道德》,郁建兴、周俊、周莹译,学林出版社 2002 年版,"序言"第 9 页。
② [英]齐格蒙特·鲍曼:《生活在碎片之中——论后现代道德》,郁建兴、周俊、周莹译,学林出版社 2002 年版,第 42 页。
③ [英]齐格蒙特·鲍曼:《生活在碎片之中——论后现代道德》,郁建兴、周俊、周莹译,学林出版社 2002 年版,第 54 页。
④ [英]齐格蒙特·鲍曼:《后现代伦理学》,张成岗译,江苏人民出版社 2003 年版,第 39 页。

缺少普适性,不过"正是个人道德,而非其他东西,使伦理协商和共识成为可能"①。强制性的伦理原则,普遍化的道德遵循犹如一个"坚硬的牢笼",导致道德标准无法衡量出个体情感的真实需求,唯有将伦理实践回归到个人,才能找回真正道德。"正是道德冲动、道德责任和道德隐私最初的、最重要的'兽行'提供了人类共同生活的道德赖以形成之材料"②,这奠定了道德自治的根基,"随着注意力和权威不再投向对伦理立法的关注,人们可能会自由地直截了当地面对他们的道德自治",努力促使道德实践服务保障个人生存、尊严价值、幸福生活等权益。

  二是他者道德的重构。道德世界也是我和他者的共同世界,在此空间,我和他者的关系构成道德场景。鲍曼认为,后现代道德,就是关于他者的人道主义学说,即对他人的责任和爱。"责任的声音是人类个体诞生时的啼声。对责任的接受并不意味着轻松地到来——不仅因为它导致了选择的折磨,也因为它预示了人类焦虑的永恒。"③曾几何时,对他者的责任关注被排除在道德视域之外,现代性将孤独的个体抛进了他者的世界,他者既疏远又邻近,对他者的道德认知超出原有道德判断。在现代伦理视域中,"法律规定的个人是这样一种人,他们的利益不是他者的利益……在现代伦理学里,他者是向自我实现进军路上的矛盾的具体化和最可怕的绊脚石"④。而相比之下,后现代伦理学,"重新将他者作为邻居、手、脑的亲密之物接纳回道德自我坚硬的中心,从计算出的利益废墟上返回到它被逐出之地;是这样一种伦理学,它重新恢复了亲近独立的道德意义;是这样一种伦理学,在道德自我形成自身过程中,它

---

① [英]齐格蒙特·鲍曼:《后现代伦理学》,张成岗译,江苏人民出版社2003年版,第40页。
② [英]齐格蒙特·鲍曼:《后现代伦理学》,张成岗译,江苏人民出版社2003年版,第41页。
③ [英]齐格蒙特·鲍曼:《后现代性及其缺憾》,郇建立、李静韬译,学林出版社2002年版,第246页。
④ [英]齐格蒙特·鲍曼:《后现代伦理学》,张成岗译,江苏人民出版社2003年版,第98页。

第四章　追问现代性:现代性显现后现代"栖息地"

将他者作为至关重要的人物进行重新铸造"①。鲍曼认为,强调对他者的责任和爱是重塑他者道德的关键。要把他者纳入道德评价体系,重塑道德亲近,把共享、互惠和关爱的伦理情境辐射到邻近的他者身上,"将他者纳入我的感情之网,建立一种彼此依赖的结合,这种重要的相互关系也是我一人的创造和我的惟一责任,我负责使这种相互依赖保持生机"②。鲍曼认为,道德的原初场景:"与……共在""为……而存在",充分表明责任内含于人的本质和道德本性。单纯的存在是一种孤立、孤独个体,不能称为道德存在,唯有同他者共存才是一种道德存在,他者道德是一种共在的道德,"做一个道德的人意味着我是同胞的守护者,但是这也意味着不论我的同胞是否以与我一样的方式履行他兄弟般的责任,我都是他的守护者,正是这种责任的惟一性和非互换性把我置于道德关系之中"③。从另一角度讲,"遇到了他者,这种相遇只不过是意味着我的责任——不能言说的、不能编码的因而是无限的和无条件的责任"④,对他者的道德关怀是自然而言的,不是对利害关系的考量、契约合同的捆绑,"通过计算和理性立法的努力,人类的道德生活也不能得到保证。……使自我成为道德自我即无根基的、非理性的、无可争论的、不可原谅的和不可估计的自我努力扩展到他者,去爱他者、去为了他者、去为他者活着,还有其他任何为他者做的事。理性将会作出正确的决定,而道德责任领先于所有正在考虑的决定,道德责任不考虑并且不能考虑任何逻辑"⑤。在强烈的道德使命感鼓舞下,"遵从道德本能意味着假定了对他者的责任,转而导致了与他者命运的

---

① [英]齐格蒙特·鲍曼:《后现代伦理学》,张成岗译,江苏人民出版社2003年版,第98页。
② [英]齐格蒙特·鲍曼:《生活在碎片之中——论后现代道德》,郁建兴、周俊、周莹译,学林出版社2002年版,第66页。
③ [英]齐格蒙特·鲍曼:《后现代伦理学》,张成岗译,江苏人民出版社2003年版,第60页。
④ [英]齐格蒙特·鲍曼:《后现代伦理学》,张成岗译,江苏人民出版社2003年版,第129页。
⑤ [英]齐格蒙特·鲍曼:《后现代伦理学》,张成岗译,江苏人民出版社2003年版,第292页。

约定和对他的/她的幸福的承诺"①。鲍曼还具体论述了他者道德生成路径，即从同他者相遇相伴，到相会相处再到彼此相依，偶然的相遇到彼此相依，标志着人的感情从冷漠冷淡状态提升至关心关爱状态，他者成为道德责任的重要目标，"现在轮到自我（单独的自我）为他者做些事情（一些不特定的事情），他者变成了我的责任"②。鲍曼总结道，道德缘起于"对他人的关怀"，直至作出牺牲，甚至为他人而死的关怀。一旦同他者彼此相依，道德生活处处凸显关爱关心、同情怜悯、慈善援助，甚至为他者作出自我牺牲，现代伦理中所有理性考虑、得失计算在人道主义精神面前都失去存在价值，真正的道德人由此诞生："他/她是我的责任，而且只是我的责任。这就表明，我，只有我，应该为他/她的完整和幸福负责"③。

三是社会道德的重建。鲍曼认为，"后现代人的政治无能与道德无能同源"④，道德无能意味着，道德功能、道德价值和道德关怀失去了应有的社会价值，甚至被强权政治绑架，成为专制的附庸品。在理性的世界里，每个人的行为都遵守逻辑程序，无情、冷漠和乏味也由此产生，"这些都是对政治合法的、理性的、无情感的、商业化产品无休止的重复控诉"⑤，理性的强制力量剔除了道德温情的基因，"道德几乎完全是政治的一个附属。'良心共同体'这种道德情操和道德引导行为的惟一资源和保证，被简化、制度化了，并且与政治国家的合法力量融为一体"⑥。生活世界"充满了差异、数量、知识、现在、限度、

---

① ［英］齐格蒙特·鲍曼：《生活在碎片之中——论后现代道德》，郁建兴、周俊、周莹译，学林出版社 2002 年版，第 110 页。
② ［英］齐格蒙特·鲍曼：《生活在碎片之中——论后现代道德》，郁建兴、周俊、周莹译，学林出版社 2002 年版，第 64 页。
③ ［英］齐格蒙特·鲍曼：《生活在碎片之中——论后现代道德》，郁建兴、周俊、周莹译，学林出版社 2002 年版，第 61 页。
④ ［英］齐格蒙特·鲍曼：《生活在碎片之中——论后现代道德》，郁建兴、周俊、周莹译，学林出版社 2002 年版，第 111 页。
⑤ ［英］齐格蒙特·鲍曼：《后现代伦理学》，张成岗译，江苏人民出版社 2003 年版，第 162 页。
⑥ ［英］齐格蒙特·鲍曼：《后现代伦理学》，张成岗译，江苏人民出版社 2003 年版，第 163 页。

第四章 追问现代性：现代性显现后现代"栖息地"

时间和自由、正义、非正义，当然还有真理和谬误"①，这让自由平等、公平正义等道德价值显得尤为重要而迫切。在鲍曼看来，个人道德是道德自我的唤醒，他者道德是人际关系的重塑，那么，社会道德则是人类共同体理念的聚合。"放弃对惟一的伦理准则的伟大阐释，而不放弃将道德责任作为调整标准的观念是完全可能的"，②正是后现代伦理学的要义所在。首先要追求自由。人注定是道德存在者，也意味着人注定是自由的存在者，"自由是我们的命运：一种不能希望它没有的命运，一种不愿意离开的命运"③。自由显然是个体真实意愿的表达，个体价值实现的标志，"个体自由是至高无上的价值观和准则，基于此，社会所有的功绩和罪恶都可以被衡量"④。我们确实生活在一个多样化和多声道的世界，多样多元给人类自由提供了条件。鲍曼认为，自由是伦理原则、道德生活的前提，个体行动自由，自决判断是道德生成的必要基础，"没有民主，没有自由、民主的表达权以及公开的讨论，很难想象良好的社会形态的形成"⑤。同样，"只有赋予他者相同程度的、实际的和确实的自由，正义原则才可能是令人满意的"⑥。自由不仅是个体私域的道德观念，也是共同体共域的道德价值，既需要尊重个体自决自主，又要尊重他人的自由自主，"每一个个体自由及无偿享有这一自由，都需要所有人的自由；每个自由都需要通过所有人的共同努力而得以获取和保证"⑦。总之，鲍曼认为，道德社会

---

① ［英］齐格蒙特·鲍曼：《后现代伦理学》，张成岗译，江苏人民出版社2003年版，第132页。
② ［英］齐格蒙特·鲍曼：《生活在碎片之中——论后现代道德》，郁建兴、周俊、周莹译，学林出版社2002年版，"序言"第7页。
③ ［英］齐格蒙特·鲍曼：《后现代性及其缺憾》，郇建立、李静韬译，学林出版社2002年版，第247页。
④ ［英］齐格蒙特·鲍曼：《后现代性及其缺憾》，郇建立、李静韬译，学林出版社2002年版，第252页。
⑤ ［英］齐格蒙特·鲍曼：《后现代性及其缺憾》，郇建立、李静韬译，学林出版社2002年版，第73页。
⑥ ［英］齐格蒙特·鲍曼：《后现代性及其缺憾》，郇建立、李静韬译，学林出版社2002年版，第72页。
⑦ ［英］齐格蒙特·鲍曼：《后现代性及其缺憾》，郇建立、李静韬译，学林出版社2002年版，第253页。

必定是自由的社会,全体成员共享自由权益的社会,个体自由的实现同他人自由的实现息息相关。其次要强调平等。人人平等是道德生活的基本理念,而现代伦理的分类原则以所谓的理性逻辑生硬地划出不同等级、身份和层次,区别出文明人、野蛮人;高等种族、低劣种族;富人、穷人;上层群体、底层群体;本地人、异乡人等,他们一部分人代表着秩序、稳定和美好,另一部分人代表着无序、混乱和丑恶。现代道德观念认为,不合乎伦理原则的群体要被排斥在社会秩序之外,"民众就会谴责穷人,认为他们是堕落的,而不是被剥夺的,这就近似于可以想象的将公众所恐惧之人物的肖像焚毁一般"①。鲍曼还以犹太人为例,纳粹民族以优等民族自居,将犹太人视为破坏秩序的力量,"视为侵蚀所有同一性和威胁所有民族自决成就的不可调和的对立群落"②,制式化的道德规范成为社会压迫的手段。同样,在消费社会,以金钱和物质界定人的身份属性,成熟的消费者是有助于社会发展的群体,有缺陷的消费者是社会发展的累赘。相比之下,后现代道德观一贯坚持,个体的平等性、公平性和正义性,不以身份肤色种族的不同而界定权益享有的差别;差异多样化的客观存在,不是排斥对立的客观存在,而是充分尊重每一个人的尊严价值、习俗习惯和生活方式。鲍曼认为,真正有道德的人"必须摆脱或消除社会的诱惑,清除社会地位、社会声望、阻碍、职位或职责;我们必须再一次变得既不富裕也不贫穷,既不身居高位也不卑贱低下,既不权倾天下也不无权无势。我们现在必须还原到赤裸裸地呈现自己共同的人道的本性"③,这也表明,我们要在社会实践中推动道德良知的普及,提升道德纯度,传递道德关怀,把符合人性的道德能力转化为政治能力,让现代社会更有道德幸福感。最后要彰显正义。现代社会是"第三方世界""多样性的他者世界",如何在多元主体间实现社会正义、维护社会正义是最大道德实践难题。鲍曼认为,"道德是正义的学校,伦理的

---

① [英]齐格蒙特·鲍曼:《寻找政治》,洪涛、周顺、郭台辉译,上海人民出版社2006年版,第167页。
② [英]齐格蒙特·鲍曼:《现代性与大屠杀》,杨渝东、史建华译,译林出版社2011年版,第106页。
③ [英]齐格蒙特·鲍曼:《个体化社会》,范祥涛译,三联书店2002年版,第233页。

第四章　追问现代性:现代性显现后现代"栖息地"

'最初场景',也是社会正义的、最初的古老场景"①,"正义保留了在'道德的最初场景'中业已形成的基本特征"②,道德和正义具有天然的共生性,两种互为补充互为完善。正义的社会不仅本身是道德的,而且担保道德并促进道德,让人更有道德,让社会更加公正。正义是道德情感的映射,它把"为……负责"的道德责任转化为社会正义,把情感之爱转化为社会大爱,具体表现为,呵护大自然生态平衡、弘扬人道主义精神、抵制暴力杀戮行为等。正义的社会是一个充满爱的社会,不断追求美好生活的社会,不断修正目标的社会。这也意味着,完美的道德生活正处于形成过程中,正义的社会也同样处于形成过程中。为此,鲍曼评析道:"只有当道德和正义保持无限开放性,并且意识到其无限开放性时,两者才名副其实。……解决社会正义这样宏大问题的关键,就在于首先要解决显然是小规模的问题,如承担起对身边他者的责任,将他者视为面孔等最初的道德行为问题。"③然而,随着现代社会的迅猛发展,人类的道德能力无法应对人类活动产生的后果,道德正义的逻辑同社会进步的自然逻辑不能保持同步,"确知哪些技术科学行为与人类生活的真正永恒价值相容,哪些不相容——至少在造成损害之前,常常来不及补救"④,人类自然栖息地可居住程度、全球社会发展程度发生巨大变化,河水污染、全球变暖、臭氧漏洞、酸雨、土壤盐碱化等环境问题严重威胁人类生存居住,局部战争频发、人口膨胀、难民潮、恐怖袭击、种族歧视排斥等社会问题严重威胁人类社会健康发展。全球灾难就是全球责任,社会问题就是道德责任,"道德责任的对等物恰恰就是正义,——一种人类的存在性质,十分明显,它需要阻止全球性灾难作

---

① [英]齐格蒙特·鲍曼:《后现代性及其缺憾》,郇建立、李静韬译,学林出版社 2002 年版,第 58 页。
② [英]齐格蒙特·鲍曼:《后现代性及其缺憾》,郇建立、李静韬译,学林出版社 2002 年版,第 80 页。
③ [英]齐格蒙特·鲍曼:《后现代性及其缺憾》,郇建立、李静韬译,学林出版社 2002 年版,第 80—81 页。
④ [英]齐格蒙特·鲍曼:《后现代性及其缺憾》,郇建立、李静韬译,学林出版社 2002 年版,第 61 页。

为其前提条件"①,全人类高度一致地达成共识,抵制一切非正义、反人道主义行径。在实践中贯彻正义理念,推动正义进程,是一项长久的道德重建工程,需要把他者当作总体上的个体,对政治上的公民进行培塑教育,需要在慈善的道德土壤中孕育、成长和发展,需要在追求公平的道路上担当责任。

---

① [英]齐格蒙特·鲍曼:《后现代性及其缺憾》,郇建立、李静韬译,学林出版社2002年版,第65页。

第五章　重释现代性:现代性趋于流动态势

　　自启蒙运动、文艺复兴之时就孕育诞生的现代性,一路坎坷曲折,不断蓬勃发展,其理论形态和实践模式交相辉映,波澜壮阔,现代性理论图谱[①]日益丰富多彩,璀璨耀眼。鲍曼的现代性思想就是其中典型标杆。鲍曼紧扣现代性这一永恒主题,在经历反思现代性、批判现代性、追问现代性的艰苦探索之后,聚焦精力、凝思钻研,重释现代性在当今时代的表现形式和发展态势,提出流动的现代性这一崭新理论构想,认为21世纪的时代特征、社会结构、生存境遇发生重大变革:固态现代性转向液态现代性;生产社会转向消费社会,全球经济、政治、社会秩序发生革命性调整,同时,人们的思维方式、生存方式和行为方式也发生重大变化,流动的液态世界、流动的现代生活业已来临。鲍曼流动的现代性思想,以"流动性"为理论隐喻,通过细腻的叙事方式,敏锐洞察并剖析现代社会发展中的矛盾问题症候,努力描绘阐释当今世界全球发展状况、真实生活情境,构思美好社会的建设图景,指引前进发展方向,铺设幸福生活的康庄大道。

---

① 现代性思想的主要代表有,韦伯理性现代性、吉登斯晚期现代性、贝克自反性现代性、芬格伯可选择现代性、福柯规训现代性、哈贝马斯重建现代性、阿伦特极权现代性、鲍曼流动的现代性等。

第一节 流动的现代性

流动的现代性理念的提出和启用,是鲍曼对现代性理论和实践问题长期跟踪研究的总结凝练,是对当今世界发展时代背景的新颖视角观察,是对全球人类生存境遇的贴切细腻描绘。这一崭新概念极具时代色彩、理论意蕴和现实关照,既从宏阔视域解读全球化时代潮流、流动液态世界,也从微观视角叙说社会结构转型、流动消费文化体验,在实践中帮助人们感知时代发展脉搏、世俗生活气息,关注底层群体权益,捍卫公平正义,强化政治参与,培塑共同体意识,携手共筑美好未来。

一、流动的现代性理念

流动的现代性,是鲍曼现代性思想最鲜亮的标签。跨入21世纪,鲍曼正式提出和启用流动的现代性这一新概念新理念,用以阐释表述其现代性思想和理论分析策略,标志着鲍曼观察剖析现代社会视角发生重大转折,意味着鲍曼现代性理论架构迎来革命性重塑。对此,鲍曼提出,总结人类当下面临的各种新挑战新矛盾,"首先应该知道事物的形状、它们生长的土壤、它们孕育的条件"[①],并以此为诊断依据,努力准确把握时代特质和历史趋势,而这个诊断依据便是鲍曼创设的新理念:流动的现代性。

基于对全球化时代的深刻洞察,提出流动的现代性。时代孕育思想火花,理论折射时代韵律。鲍曼发现并提出流动的现代性,是站在时代发展的高度,深刻把脉时代变革脉搏的理论思考。21世纪以来,全球化进程全面加速提速,呈现出迅猛发展的态势,全球化社会、全球化经济、全球化政治、全球化技术、全球化管辖、全球化治理等图景逐次铺展在人们眼前,勾勒出新世纪缤纷

---

① [英]齐格蒙特·鲍曼:《被围困的社会》,郇建立译,江苏人民出版社2005年版,"引言"第25页。

第五章 重释现代性：现代性趋于流动态势

绚丽的时代画卷。鲍曼认为，描绘全球化时代的理论模型、分析框架和规范特质需要在理念上进行革新。为此，鲍曼提出流动的现代性这一表述用语，通过对比彰显、转向革新、形象具化等方式阐释全球化衍生后果对当今世界的影响，他采用"固态性 & 流动性""生产社会 & 消费社会""工作伦理 & 消费伦理""本地人 & 陌生人"等新术语阐释时代气息、社会结构转型、社会道德转向和人之存在体验，指出全球化不确定性、不稳定性、不安全性因素急遽增加。鲍曼认为，全球化时代就是流动时代，精英人士可以在全球疆域范围内自由流动，穿梭在世界各地机场，在不同国家落脚入驻；金融资本早已突破单一国家和地区限制，随着全球化自由贸易肆意剥夺财富，贫富悬殊愈演愈烈；科技发展日新月异，引发全球交通工具、通讯设备、网络系统迭代革新，全球地理空间的边界不再存在，"人们不再被物质的障碍和时间的阻隔分离，随着电脑终端和录像检测的接合，这个和那儿的区分不再有任何意义"[1]。在鲍曼看来，"全球化强有力地推动时空重组、资源流转、技术进步和社会转型，都在顺应一场现今被称为'现代化'的急迫的、强迫性的、不可阻挡的变迁，并被迫接受与之俱来的一切事物"[2]，如何认知和解读全球化时代，如何分析和诊断全球问题，成为重大理论和实践问题。鲍曼认为，流动的现代性理论分析策略正对上述系列问题努力作出回应和阐释。

基于对现代性理论的创新创造，启用"流动的现代性"概念。千禧年跨世纪之际，鲍曼决定正式启用流动的现代性，以此表述自己的理论立场、思想观点和学术品格，同时，他彻底摒弃后现代性这一术语。自20世纪80年代以来，鲍曼观察西方发达工业社会的分析策略，是"现代性 & 后现代性""资本主义 & 社会主义""资产阶级 & 工人阶级""理性和非理性"等理论术语，他对现代性在实践中的霸权、专制、反人性倾向进行抨击批判，认为现代性承诺无法

---

[1] ［英］齐格蒙特·鲍曼：《全球化——人类的后果》，郭国良、徐建华译，商务印书馆2013年版，第16页。
[2] ［英］齐格蒙特·鲍曼：《流动的现代性》，欧阳景根译，中国人民大学出版社2018年版，第4页。

实现,现代性筹划事业未竟,对秩序世界的追求衍生出更多无序混乱状态,他注重从后现代性视角解析现代社会,提出后现代栖息地、后现代伦理学、后现代社会等创见。为此,鲍曼还被誉为"后现代性预言家""后现代世界的牧师"。不过,鲍曼使用"后现代性"术语遭到很多误解误读,后现代性同后现代、后现代主义、后结构主义、后现代文化、后工业社会等思潮既有关联性,又有异同性。在对现代性的批判上,鲍曼特别贴近阿多诺和福柯,但是在后现代性理论立场上,鲍曼同福柯、利奥塔、鲍德利亚等思想家大相径庭,他本人"既不与法兰克福学派也不与后结构主义结盟"①。因后现代性在修辞上同"后现代"具有相似性、雷同性,导致鲍曼无法清晰阐释其理论架构,往往被纳入阿多诺、哈贝马斯、福柯、利奥塔、鲍德里亚等后现代理论家群体。更为关键的是,鲍曼认为,现代性与后现代性向来纠缠不清,要想清晰地表达一种新的现代性立场,必须在术语上进行革新,"前些时间被(错误地)称为'后现代性'而我则更加切中要害地称之为'流动的现代性'"②。从思想渊源上讲,流动的现代性萌芽早已内置于鲍曼"现代性和后现代性"理论框架中,他认为现代性实践是致力于变革的实践,"在这个时代,'一切可靠的东西都化为乌有,一切神圣之物都遭到亵渎',在这个时代,发展日新月异,物质财富的数量在增长……人类摆脱了所有的限制(无论是现实的,还是想象的),获得了全面的解放"③,全面解放意味着人类自由,自由意味着行动自由无阻,除此之外,全球贸易自由畅通、科技进步迭代革新、时空压缩疆域消失、时尚潮流川流不息等,"目前的民主、政治和伦理控制机构不再适应日益不受约束和自由流动的全球金融、资本和贸易"④。显而易见,全球人类生存状况发展以新的景象呈

---

① [英]丹尼斯·史密斯:《后现代的预言家:齐格蒙特·鲍曼传》,萧韶译,江苏人民出版社 2002 年版,第 219 页。
② [英]齐格蒙特·鲍曼:《流动的现代性》,欧阳景根译,中国人民大学出版社 2018 年版,第 5 页。
③ [英]齐格蒙特·鲍曼:《立法者与阐释者——论现代性、后现代性与知识分子》,洪涛译,上海人民出版社 2000 年版,第 150 页。
④ [英]齐格蒙特·鲍曼:《被围困的社会》,郇建立译,江苏人民出版社 2005 年版,第 17 页。

现于世,鲍曼对现代性有了新的深刻认知,认为现代性呈现出鲜明的新奇特质:流动性,这一形象表述和概念指向,有助于人们理解当今世界的变化景象、时空关系的变幻面孔和社会形态的变革面貌。最终,鲍曼逐渐淡化"后现代性",并正式启用"流动的现代性",重在宣告一种新的理论架构设想,明示一种新的社会形态的到来。

基于对现代人生存体验的感知,叙述流动的现代性。在鲍曼看来,构建秩序化的现代性筹划遭遇失败,无序杂乱、多元多样的碎片化现状日趋突出。而现代性实践的脚步并未停止,"成为现代""处于流动"是一个永无止境的社会发展进程。这也意味着,人们的思维理念、行为模式和生活感知都发生重大变化,"现代生活方式可能会在很多方面有所不同,——但是把他们联合在一起的恰恰是脆弱性、暂时性、易伤性以及持续变化的倾向。成为'现代'意思是急切地、强迫地去进行现代化;不只是'成为',更别说使其身份保持不变,而且是要永远处于'变化'之中,避免完成,保持未定状态"[1]。身居"现代"潮流,现代人生存的最大体验便是,"对不可靠性、不确定性和不安全的联合体验"[2]。在鲍曼看来,"一个不稳定可靠和易受影响的敏感的世界"[3]搅动着人类的日常生活,既表现为"局部有序,整体混乱",又表现为"同质与差异共存",还表现"永恒与瞬间同在",人们在个体化社会中追求共同体,在消费欲望中体验延迟满足,在死亡与不朽、暂时与持久中确定生命的意义价值。鲍曼认为,流动的现代性这一贴切表述,能够帮助人们感知流动的液态生活。

二、流动的现代性内涵

"流动",作为描述现代性新奇特质的修辞语,是鲍曼深思熟虑特意择选

---

[1] [英]齐格蒙特·鲍曼:《流动的现代性》,欧阳景根译,中国人民大学出版社2018年版,第4页。
[2] [英]齐格蒙特·鲍曼:《流动的现代性》,欧阳景根译,中国人民大学出版社2018年版,第265—266页。
[3] [英]齐格蒙特·鲍曼:《流动的现代性》,欧阳景根译,中国人民大学出版社2018年版,第265页。

的词汇,是鲍曼精心凝练研创出来的术语,是鲍曼现代性思想厚实内涵的简约表达。"流动""固态",一对截然相反的词汇,绝妙地表达出现代性在不同历史阶段的特质表征。鲍曼认为,现代社会犹如流体一般,呈现出千姿百态般的变化。流体天然地具备以下变化样式,"它们或'流动'、或'溢出'、或'泼洒'、或'溅落'、或'渗透'、或'涌流'、或'喷射'、或'滴落'、或'渗出'、或'渗流'"①,同样,"流动",恰如其分地描绘出现代社会的易变性、多变性、流变性,把现代性"现在""当下"阶段的实践景象刻画得惟妙惟肖。流动的现代性,重在阐释"变化""轻灵""革新"晚期现代性特质,它们代表当今世界发达工业社会的面容。在鲍曼看来,"现代性整体因其强迫的、急切的现代化而从之前的时代凸显出来——而且现代化意味着液化、溶解和熔炼"②,他希望用"流动"抓住现代性在"现在/当下阶段"呈现出来的理论气息和实践样态,进而把这种现代性范式称为流动的现代性。

　　流动的现代性旨在表达,人类社会结构正在发生重大变革。现代性凭借"流动"标识,把当今世界的最显著时代特质渲染出来:沉重的硬件时代转向轻灵的软件时代,生产为主的社会形态转向消费为主的社会形态。鲍曼认为,硬件时代的社会结构就是"一个比以往任何时期的机器都要更为笨重的重型机器的时代,一个用比以往任何时期都要更长的围墙来围住工厂场地并容纳比以往任何时候都要更多的工作人员的时代,一个笨重的机床和大型的远洋客轮的时代"③,在沉重的现代性世界里,领土、工厂、工业技术、劳动力等不可移动固定要素是社会发展的根基。对领土的征服是早期资本主义时代最迷恋的"毒瘾",英国也因其遍布全球的殖民地而被誉为"日不落帝国"。痴迷于物质掠夺的资本家无法容忍地球上的"空白点",对他们而言,"迄今为止没有听

---

①　[英]齐格蒙特·鲍曼:《流动的现代性》,欧阳景根译,中国人民大学出版社2018年版,第25页。
②　[英]齐格蒙特·鲍曼:《流动的现代性》,欧阳景根译,中国人民大学出版社2018年版,第7页。
③　[英]齐格蒙特·鲍曼:《流动的现代性》,欧阳景根译,中国人民大学出版社2018年版,第195页。

第五章 重释现代性:现代性趋于流动态势

说过和在地图上没有标记到的岛屿和群岛,等着去发现和移居的大陆"①。鲍曼认为,早期资本主义社会,物质财富主要来源于,对自然矿产的开发开采、对厂房设备的投资生产、对廉价劳动力的监管榨取。然而,土地财富因疆域地理位置的限制不能移动,工作时间被拘禁在固定空间里,"惯例化了的时间将劳动和土地结合在一起,而工厂建筑物的宏大、机器的沉重和持续被束缚在土地上的劳动,都和资本联结在一起了。无论是资本还是劳动,都不急于要或者都不能够发生流动"②,早期工业革命的社会发展逻辑,"体现为规模逻辑,并且都组织在这一戒律周围:更大即意味着更高的效率。在现代性的沉重性的表现中,进步即意味着规模的增大和空间的扩张"③。伴随着全球化进程的加快,现代世界的流动性愈加凸显,鲍曼认为,社会结构发生重大变革,劳动力数量、厂房规模、领土面积不再是财富生产的重要来源。全球金融市场、全球贸易规则、全球技术支撑以及全球消费需求成为经济增长的强劲动力。跨国公司是经济活动的主角,"企业组织正日益被看成是这样的一种用不确定的、持续进行的努力和尝试——要在一个被想象为'多元复杂和快速运动'并因而被想象为'模糊不清或易于变化的'世界中"④学会超凡的适应能力。人类历史正处在"大转型"阶段,自由流动、快速流转、轻灵易变是社会经济繁荣发展的标志,现代企业再也不能用全景监狱式的方法管理劳动力,以规模和数量为导向的产品生产再也不能适应瞬息万变的市场需求。鲍曼认为,高素质的现代劳动力早已摆脱固定岗位和固定职业的谋生方式,以消费和服务为导向的物质生产成为经济发展的根基,金融资本不再同笨重工厂、劳动力身体、机器设备捆绑在一起,便捷的互联网、快捷的海陆空交通工具、共识的全球法律体

---

① [英]齐格蒙特·鲍曼:《流动的现代性》,欧阳景根译,中国人民大学出版社2018年版,第196页。
② [英]齐格蒙特·鲍曼:《流动的现代性》,欧阳景根译,中国人民大学出版社2018年版,第199页。
③ [英]齐格蒙特·鲍曼:《流动的现代性》,欧阳景根译,中国人民大学出版社2018年版,第198页。
④ [英]齐格蒙特·鲍曼:《流动的现代性》,欧阳景根译,中国人民大学出版社2018年版,第200—201页。

系为资本流动插上了科技翅膀,全球疆域为资本增值、利润提升提供广阔天地。经济生产重视流动、关注流变,以变应变,成为"当今统治的基础和社会分工的主要因素"①。驱动社会发展的重要载体,资本和劳动力的流动性极大提升,"资本已经变得前所未有的轻快灵活,没有负担、自由自在,成了不受管辖的东西,而且它早已获得的空间机动性的水平,在多数情况下完全能够胁迫地域性的政府屈从于它的要求"②,适应自由贸易规则、服务金融资本成为当地政府行政部门的职责。经济全球化时代对现代国家职能、政府管辖和社会治理提出严峻挑战,主要表现有,经济主权同政治主权分离,"国家政治的自由,已经被武装有可怕的治外法权、流动速度和躲避/逃跑能力的新全球性力量无情地削弱和损害了"③。经济发展与社会福利难以同步提升,贫富悬殊的鸿沟越拉越大,"如果在福利国家式的公共保险和资本主义经济的需求之间没有找到共赢点,就难以想象,在资本主宰的社会里,福利国家会获得最初政治上的风行"④,政府治理能力难以满足多元主体的现实需求。

流动的现代性旨在表达,现代人思维认知正在发生重大变化。鲍曼认为,流动思维是认知现代社会的重要理念。流动思维强调自由性,鲍曼认为,流体是天然的自由体,丧失自由,流体就变成固体;丧失自由流动就变成静止,自由性是流体的本质属性。"流动性登上了人人垂涎的价值之列:流动的自由(它永远是一个稀罕而分配不均的商品)迅速成了我们这个晚现代或后现代时期划分社会阶层的主要因素"⑤。现代社会把自由置于至高地位,"'感到自由',意思是说,通过亲身经历体验到不存在蓄意的妨碍、阻挠、抵制或其他任

---

① [英]齐格蒙特·鲍曼:《流动的现代性》,欧阳景根译,中国人民大学出版社2018年版,第207页。
② [英]齐格蒙特·鲍曼:《流动的现代性》,欧阳景根译,中国人民大学出版社2018年版,第250页。
③ [英]齐格蒙特·鲍曼:《流动的现代性》,欧阳景根译,中国人民大学出版社2018年版,第305页。
④ [英]齐格蒙特·鲍曼:《工作、消费、新穷人》,仇子明、李兰译,吉林出版集团2010年版,第106页。
⑤ [英]齐格蒙特·鲍曼:《全球化——人类的后果》,郭国良、徐建华译,商务印书馆2015年版,第2页。

第五章 重释现代性:现代性趋于流动态势

何的阻碍运动的障碍。……感到不受限制、感到能按自己的心意行事,表明在欲求、想象力和行动能力之间,达到了一种均衡:在想象力不超出人们的实际欲求,在想象力和实际欲求都不超出行动能力的意义上,人们可以感到自由"①,上述两种自由,一种是客观自由,一种是主观自由,而真正的自由,是客观自由同主观自由的统一,即摆脱外在限制追求人身自由,尽情释放欲望本能追求心灵自由,掌握人生命运凸显自主性、自治性和自决性。流动思维强调短暂性,鲍曼认为,"流体既没有固定的空间外形,也没有时间上的持久性,流体则不能长久保持它的任何形状,其形态易于改变或者往往变动不居;因而对流体来讲,正是它时间上的流动(即时间维度)比它占据的空间(即空间维度)更为重要:占据某一空间,毕竟只是'短暂的'"②,流体便是短暂性的存在物,它在形状上丧失固定性,在时间上失去持久性,易于改变,突出临时性,形象地刻画出流动思维,现代性之"现在"时期便是短暂时期,"'短期'已经取代'长期',并把瞬间理解为它的终结理想。在将时间提升到无边无际的容器这一层次上时,液态的现代性却液化了持续性,并让持续性失去价值,从而毁灭了它的意义",③任何坚固且可靠的稳定结构不再存在,现代性之"液化"状态便是短暂状态,"时间这一新奇的瞬间性,急剧地改变了人类共处的形式——而且最为明显的是,改变了人们参与他们的集体事务的方式"④,从整个时代感知,再到社会模式、产品消费,直至个体私人都是历史发展的一瞬间,却要在短暂中体现永恒,在非连续中设想连续性,这种思维理念在现代社会中主要表现为瓦解传统、抵制固化,极限压缩物理空间,极度缩短时间维度,追求瞬间,抓住当下。流动思维强调革新性,鲍曼认为,流体也是变化之体,"千姿百态,不

---

① [英]齐格蒙特·鲍曼:《流动的现代性》,欧阳景根译,中国人民大学出版社2018年版,第48页。
② [英]齐格蒙特·鲍曼:《流动的现代性》,欧阳景根译,中国人民大学出版社2018年版,第24页。
③ [英]齐格蒙特·鲍曼:《流动的现代性》,欧阳景根译,中国人民大学出版社2018年版,第213页。
④ [英]齐格蒙特·鲍曼:《流动的现代性》,欧阳景根译,中国人民大学出版社2018年版,第215页。

一而足",革新革变是其魅力所在,这种思维理念体现在实践中,就是追求"永无休止的改进,既没有'终结状态'也别无所求"①,成为现代,就是要不断变革改进,革新是生存法则,固守则被淘汰。鲍曼强调:"除了要改进我们继承的或先赋的禀赋、资源、魄力、意志和决心中的缺点外,我们还要永无止境地改进和自我改进,并且不管人们制造的是什么东西,人们都可以毁灭它。"②

流动的现代性旨在表达,个体行为方式正在发生重大变动。鲍曼认为,流动的现代性在推动社会形态转型,促使社会变迁的过程中,社会私化速度加快,个体化社会"正和对现代人类状况的那种'液化的'(Liquefied)描述一起出现的——而且特别是,它紧随源于那种状况的生活任务的'个体化'出现"③。在个体化社会里,个体深深地感受到"由不可抗拒的'分化'置于一个人双肩上的——只单独地置于个人的肩上——令人畏惧的重任"④,鲍曼认为,在流动的现代性阶段,社会"退隐"撤离前线,个体被置于"明处",个体获得了前所未有的自主、自立、自治,同时遭遇了前所未有的孤立、隔离和排斥。随着市场商业经济和消费文化蓬勃发展,"劳动力变得'灵活游移',……'灵活游移'也意味着不能得到保障:数量越来越多的可获得的工作或是临时的,或是有固定期限的,大多数合同都是'滚动的'"⑤,稳定的工作岗位、稳定的经济收入不再存在。同时,个体自由又被简化为消费自由,个体生存变得更加不稳定,未来更加不可靠,意义更加不确定。鲍曼认为,人们不得不适应个体化处境,遵循生活政治策略,"寻求自由与保障之间所必需的永远无法找到的'协调点'"⑥,促进私域与公域、个体与共同体、个人权益和社会权益平衡

---

① [英]齐格蒙特·鲍曼:《流动的现代性》,欧阳景根译,中国人民大学出版社2018年版,第5页。
② [英]齐格蒙特·鲍曼:《流动的现代性》,欧阳景根译,中国人民大学出版社2018年版,第66页。
③ [英]齐格蒙特·鲍曼:《流动的现代性》,欧阳景根译,中国人民大学出版社2018年版,第33页。
④ [英]齐格蒙特·鲍曼:《个体化社会》,范祥涛译,三联书店2002年版,"序言"第12页。
⑤ [英]齐格蒙特·鲍曼:《个体化社会》,范祥涛译,三联书店2002年版,第147页。
⑥ [英]齐格蒙特·鲍曼:《个体化社会》,范祥涛译,三联书店2002年版,第57页。

第五章　重释现代性:现代性趋于流动态势

发展。

基于此,鲍曼流动的现代性思想内涵,主要集中体现在以下三个方面,现代社会形态,从"稳定"型生产社会转向"流动"型消费社会,全球化经济蓬勃发展,国家主权、政府职能和社会治理面临新的挑战;现代人思维认知,从"固守"的思维方式转向"流变"的思维策略,流动思维成为观察现代社会的重要视域,更加强调自由度、短暂性和革新化,多元主体的现代人在瞬息万变的流动时代,全方位感知现代社会日新月异的发展进步;人类行为方式,从"确定性"行为举止转向"非确定"自由个体,在个体化社会中,所有人要积极适应充满不确定且危险的生存处境。如果说,马泰·卡林内斯库把现代性描述成五副面孔(即现代主义、先锋派、颓废、媚俗艺术和后现代主义);那么,流动的现代性是鲍曼描绘当今时代现代社会的崭新面孔,也是对社会形态转型和人类生存处境(尤其新穷人)深入阐释的理论策略。

三、流动的时代已来临

21世纪是新世纪,也是新时代。现代社会跨入一个崭新的历史阶段,表现出显著的时代特质和文化气息:流动的时代,它深刻影响当今世界并塑造现代人生活,"为个体追求创造了前所未有的环境,同时也带来一些人类从未遇到过的挑战"[①]。在鲍曼看来,"'流动的'现代性的到来,已经改变了人类的状况,否认甚至贬低这种深刻的变化都是草率的"[②],从全球疆域,到国际社会,从民族国家,到具体个人,都生活于充满不确定性的年代。鲍曼认为,在流动的时代里,现代社会极为注重速度,强化瞬间意识,需求—欲望—愿望心理成为社会发展的强劲动力,而自由的个体却孤独地面对陌生人的世界。

这是一个注重速度的时代。鲍曼认为,流动的时代首先是一个速度时代,

---

① [英]齐格蒙特·鲍曼:《流动的时代——生活于充满不确定的年代》,谷蕾、武媛媛译,江苏人民出版社2012年版,第1页。
② [英]齐格蒙特·鲍曼:《流动的现代性》,欧阳景根译,中国人民大学出版社2018年版,第33页。

它注重速度逻辑,强调速度至上。这是流动的现代性在实践进程中的必然结果和生动体现。流动的时代以"流变革新"为运行原则,把"速度第一"置于首位,"只有太空(或者正如后来的还有光速)才是人类的极限,而为了达到这一极限,现代性仍在快马加鞭,持续不断地作出势不可挡的努力。由于速度新近获得了可变能力和扩张能力,首要的是,'现代时代'已经成为了征服空间的武器"①。对流动的时代来讲,"是速度,而不是延续性,才是至关重要的"②,非常迅疾的运动和异常短暂的时间预兆着时代的变革,瞬间化的时代环境是现代人的真实感知。鲍曼认为,在流动的时代,"时/空压缩"尽显速度本色,追求极致速度的时代让全球疆域"地理终结","距离已不再重要,而地球物理边界这一观念在'现实世界'中越来越难以为继"③,现代科技以速度为使命,"随着通讯时间剧减至缩短至瞬间,空间和时间标志已不再起作用"④,时间/空间距离因技术进步而消失,快捷的旅行工具把人从地域束缚中解放出来,廉价的通讯成本意味着信息的瞬时即达,"这预示着史无前例的自由,使他们能够无视物质的障碍,享有闻所未闻的远距离移动和行事能力"⑤,生活经历中的感知"这儿"和"那儿"、"里面"和"外面"、"附近"和"远处"、"天涯海角"和"近在咫尺"的区别消失殆尽,更为突出的极速速度空间正在形成:"在那建构的领土/城市规划/建筑空间之外,人类世界的第三个电脑空间已随着全球信息网络的来临而出现了"⑥,信息可以脱离载体在全球畅通无阻,具有不同凡响的即时特性。由此可见,速度逻辑重新构建当今世界的基本图

---

① [英]齐格蒙特·鲍曼:《流动的现代性》,欧阳景根译,中国人民大学出版社 2018 年版,第 35 页。
② [英]齐格蒙特·鲍曼:《流动的生活》,徐朝友,江苏人民出版社 2012 年版,第 8 页。
③ [英]齐格蒙特·鲍曼:《全球化——人类的后果》,郭国良、徐建华译,商务印书馆 2001 年版,第 11—12 页。
④ [英]齐格蒙特·鲍曼:《全球化——人类的后果》,郭国良、徐建华译,商务印书馆 2001 年版,第 12 页。
⑤ [英]齐格蒙特·鲍曼:《全球化——人类的后果》,郭国良、徐建华译,商务印书馆 2001 年版,"引言"第 17 页。
⑥ [英]齐格蒙特·鲍曼:《全球化——人类的后果》,郭国良、徐建华译,商务印书馆 2001 年版,第 16 页。

第五章 重释现代性:现代性趋于流动态势

景,"每天,新的、越来越具有世界性的社会、政治、经济和文化阶层不断地形成和重建,其依据就是流动性"①,速度逻辑正在塑造新的时空关系、全球经济、政治权力、社会结构、消费生活、思维精神等,主要表现有:瞬时速度正在压缩时空关系,流动速度正在主导全球经济,级差速度正在分化社会阶层,权限速度正在割裂政治功能,速度理念正在重塑现代思维。

这是一个欲望驱动的时代。鲍曼认为,流动的时代也是一个欲望的时代,人们生活在"消费上瘾"的欲望引诱世界里。不同于重工业时代,现代生活本质上是消费生活,一生活动的轨迹就是消费购物的轨迹。消费欲望支配着现代人的日常生活,欲望逻辑演化为时代进步的逻辑。鲍曼认为,消费生活不是以满足生存需要为目的,不是以实现人生价值为目标,"而是一系列的欲望——这是一个更加易逝的和短命的、无法理解的和反复无常的、本质上没有所指的现象;这是一个自我产生和自我永恒的动机,以至于它不需要找一个目标或原因来证明自身的合理性"②,欲望本身具有自我驱动,自我发展,自我推进的自发逻辑。现代人的最重要的生存,"不是消费者身体或社会认同的生存,而是欲望本身的生存:恰恰是欲望——消费消费的欲望——造就了消费者"③。在鲍曼看来,欲望时代的生活逻辑主要表现如下,一方面,欲望追求快乐原则,它以力比多(Libido)为本能驱动,在现实生活中满足欲望的同时又刺激新的欲望,新的欲望满足后又衍生更新的欲望,欲望犹如永动机一般,具有自我生成、不断跃升、无限循环的特性。流动的现代性,把幸福同欲望捆绑在一起,追求欲望就是追求幸福,满足欲望意味着幸福生活的实现,"所有这一切使得人们在全新的背景下追求幸福。希望人类需要在某个时候可以被完全满足,以至于不幸不再存在——这种希望在过去所有的时代可能是一个幻想,

---

① [英]齐格蒙特·鲍曼:《全球化——人类的后果》,郭国良、徐建华译,商务印书馆2001年版,第9页。
② [英]齐格蒙特·鲍曼:《被围困的社会》,郇建立译,江苏人民出版社2005年版,第190页。
③ [英]齐格蒙特·鲍曼:《被围困的社会》,郇建立译,江苏人民出版社2005年版,第191页。

但是在我们的时代,这种希望似乎更加天真和不现实"①,这是因为欲望的不可满足性导致了幸福生活的不可满足性。另一方面,欲望具有引诱性,欲望生活"是一种'上瘾'行为:你寻求得越多,你就越需要这样做,并且当你没有'毒品'提供时,你就会感到更不舒服、自在"②。现实中,人们一旦养成购物行为就形成上瘾行为,琳琅满足的货物架闪耀着快乐光芒,"今天的用户说明书都有一个长长的、具有诱惑性序言,以详细说明产品的用途"③,电视上的商业营销想尽办法吸引消费者的眼球,"广告的目的就是创造新的欲望,调整和引导现存的欲望。但是,商业广告的总体效果是,决不允许欲望的减弱和消失(这里的欲望就是想望尚未拥有的东西和尚未体验的刺激)"④。

这是一个陌生人的时代。鲍曼认为,我们生活在一个陌生人的世界,无论是漫步繁华都市,还是身处购物天堂,抑或旅行周游,现代人早已从熟人社会跨入陌生人社会,"在我们之中有陌生人,是一种普遍存在的现象,是任何时候都会不期而遇的问题"⑤,陌生人就在家门口。在流动的时代,工业化和城市化进程加快发展,引发大规模的人口流动、迁移和旅行,现代城市成为陌生人相遇的聚居地,人们生活在这个临时组装起来的"公共空间"场所。这也不可避免地带来严峻的社会问题,对国家来讲,族群上、文化上和语言上同质化群体所居住的区域,面对大量涌入的"移民者","本地居民可能会出现强烈的排外、仇外情绪,甚至种族主义反映"⑥;对城市来讲,外来陌生人是麻烦制造

---

① [英]齐格蒙特·鲍曼:《被围困的社会》,郇建立译,江苏人民出版社2005年版,第144页。
② [英]齐格蒙特·鲍曼:《流动的现代性》,欧阳景根译,中国人民大学出版社2018年版,第131页。
③ [英]齐格蒙特·鲍曼:《被围困的社会》,郇建立译,江苏人民出版社2005年版,第143页。
④ [英]齐格蒙特·鲍曼:《被围困的社会》,郇建立译,江苏人民出版社2005年版,第144页。
⑤ [英]齐格蒙特·鲍曼:《门口的陌生人》,姚伟等译,中国人民大学出版社2018年版,第10页。
⑥ [英]齐格蒙特·鲍曼:《门口的陌生人》,姚伟等译,中国人民大学出版社2018年版,第64页。

者,"可能摧毁我们所真爱的事物,特别是弄瘫痪甚至毁灭我们舒适而熟悉的生活方式"①;对个人来讲,陌生人是不熟悉的他者,鲍曼认为,陌生人被视为危险威胁、恐怖不安之源,同陌生人保持距离成为共识,"'不要和陌生人说话',这个忧心忡忡的父母曾经给予他们不幸的孩子的警告,现在已经变成了成年人的一个具有战略意义的戒律"②,如何同陌生人相处成为最大生活技能。

第二节 流动的现代社会

流动的现代社会,是流动时代的具象呈现和鲜活实践。流动的现代社会、流动的生活同流动的时代异体同构,互为彰显,彼此协同推动时代发展变化。流动的资本带动资源、技术、设备等物质全球流转;流动的人员造就外来人、陌生人、异乡人遍布全世界;流动的文化让"不确定之确定、不安全之安全、不可靠之可靠"的生活成为常态。鲍曼认为,流动时代的到来,以轻快、灵活、多变、易逝为旗帜,鲜明地标注如下事实:"社会形态(那些限制个体选择的结构,护卫社会规范的机构以及那些可为社会所接受的行为模式)都不再能够(人们亦不希望其能够)长久保持不变"③,这也必然引起社会基本状况的急剧演变和连锁反应。我们重点考察现代人流动生活的概貌景象,感知流动文化的潮流气息以及流动恐惧的冲击威胁。

一、流动的生活

流动的社会首先表现为流动的生活,鲍曼认为,"'流动的生活'与'流动

---

① [英]齐格蒙特·鲍曼:《门口的陌生人》,姚伟等译,中国人民大学出版社2018年版,第9页。
② [英]齐格蒙特·鲍曼:《流动的现代性》,欧阳景根译,中国人民大学出版社2018年版,第189页。
③ [英]齐格蒙特·鲍曼:《流动的时代——生活于充满不定的年代》,谷蕾、武媛媛译,江苏人民出版社2012年版,第1页。

的现代性'密切联系在一起。'流动的生活'指流动的现代社会里易于存在的那种生活。生活的流动性与社会的流动性,相互依存,相互促进。流动的生活,如流动的现代社会一样,不可能总是一个固定形式,或者长久维持原来的方向"①,现代人直面变幻无常的流动时代,任何拟定的生活策略在没有正式实施之前就已经时过境迁,"原本坚固的堡垒已经逐渐动摇、破裂直至瓦解;稳定的工作和收入逐渐变得虚无缥缈;曾经紧密的纽带与合作愈发松散脆弱;所谓无懈可击的可靠性崩溃了"②,人们必须以流变之举应对时代之变。

流动的社会既造就全球人,也孕育全球化的流动生活。"这个星球上的村庄正迅速地被全球化"③,无论是有意还是无心,无论是主动还是被动,每个人都处于移动状态,既是原地不动,也是移动着,现代人成了"名副其实的全球人"④。鲍曼认为,当今时代,周游世界变得触手可得,尤其对"日益超越民族和疆界的世界的居民,全球商人、全球文化经理和全球学者而言,国界已被夷平了,正如为了世界商品、资本和金融的流通而将它们取消一样"⑤,现代人已经实现"想走就走、随时出发"的生活梦想,鲍曼认为,全球流动变得如此简单而不凡:"一个仅仅装有公文包、笔记本电脑和移动电话的行李箱轻装旅行"⑥。互联网世界让地球村概念更加真实贴近,人类第三个空间,即电脑网络空间时代已经到来,它彻底改变钢筋水泥的物理空间,抹平公路铁轨的交通空间,筑构其全球化瞬时即达的流动世界,生活于其中的人们,"不再被物质的障碍和时间的阻隔分离。随着电脑终端和录像监测的接合,这儿

---

① [英]齐格蒙特·鲍曼:《流动的生活》,徐朝友译,江苏人民出版社2012年版,第1页。
② [英]齐格蒙特·鲍曼:《此非日记》,杨渝东译,漓江出版社2013年版,第6页。
③ [英]齐格蒙特·鲍曼:《流动的生活》,徐朝友译,江苏人民出版社2012年版,第76页。
④ [英]齐格蒙特·鲍曼:《全球化——人类的后果》,郭国良、徐建华译,商务印书馆2015年版,第2页。
⑤ [英]齐格蒙特·鲍曼:《全球化——人类的后果》,郭国良、徐建华译,商务印书馆2015年版,第86页。
⑥ [英]齐格蒙特·鲍曼:《流动的现代性》,欧阳景根译,中国人民大学出版社2018年版,第251页。

第五章 重释现代性:现代性趋于流动态势

和那儿的区分不再有任何意义"①,我们可以通过高速网络信息渠道疾驰奔走,在电脑屏幕上捕获和编辑来自地球另一边的信息,快速地变换着有线和卫星电视频道,视觉在不同的陌生地方穿梭跳跃等。对全球人来讲,空间仿佛是在不断地诱惑人轻视和否定,这是因为"空间已不再是一个障碍物,人们只需短暂的一瞬就能征服它"②。我们如今拥有了上一辈们甚至连想都想不到的科技:我们有因特网和万维网,我们有"信息高速公路",我们有4G/5G网络,无论白天黑夜,无论我们身处何地,世界各地与我们同在。

鲍曼还认为,我们生活在多变常变的世界,不稳定的全球流动渗透到个体生活的所有方面:"生活来源和爱情伴侣关系与共同的利益一样多,专业人员的变数和文化认同一样多,公开展示自我的方式和健康及身体良好感觉的模式一样多,值得追求的价值和追求它们的方式一样多"③。现代人逐渐适应全球化流动的规律和情势,他们视新奇为福音、视危险为价值准则、视动荡不定为律令、视混杂为财富。流动的商业生活支撑着经济繁荣发展,投资者的生意经不受地域束缚,"不受空间约束,他们可以在任何一个证券交易所,通过任何一位经纪人购买股票。地理位置的远近及公司的距离是决定他们购买或抛售股票最次要的考虑因素"④,全球流动性的投资才是首位的考虑。世界各国都在致力于为"全球自由贸易"创造更好的条件,西方政党努力改变政治游戏玩法以适应"全球自由贸易"规则,政府部门管理开始撤销、取消和废弃对"全球自由贸易"限制的法规条例,在鲍曼看来,限制资本的流动会产生恶劣影响,"即由政府在政治上加以控制的那片土地,对资本的运用、预期和它所有

---

① [英]齐格蒙特·鲍曼:《全球化——人类的后果》,郭国良、徐建华译,商务印书馆2015年版,第16页。
② [英]齐格蒙特·鲍曼:《全球化——人类的后果》,郭国良、徐建华译,商务印书馆2015年版,第74页。
③ [英]齐格蒙特·鲍曼:《流动的现代性》,欧阳景根译,中国人民大学出版社2018年版,第230页。
④ [英]齐格蒙特·鲍曼:《全球化——人类的后果》,郭国良、徐建华译,商务印书馆2015年版,第8页。

未来的全球性思考和行动的事业,是不友好和不受欢迎的"①。此外,灵活性、适应性成为了就业谋生的口号,现代人工作变换的速度和频率大幅度增长,这预示着固定工作时代的终结,宣告无固定工作时代的来临,"工作岗位没有任何固有的安全可靠性,而只有'有待进一步通知'的条款,工作生涯充满着不确定性"②。就业之地曾经是人们接受管理规则的共同住所,而如今,工作场所如同到此一游的"宿营地"。"工作,以前被视作'生计所需',现在往往纯粹是暂时性的,也许会连同提供工作机会的工厂或银行系统的办公室一起毫无预兆地真正消失。甚至工作所需的技术也迅速过时,一夜之间从有用资源变成了不利条件"③。"一旦劳动就业成了短期的动摇不定的事情,失去了明确的前景并因而变得短暂和变化无常起来,当事实上所有关于游戏倡议及其解散的规则,恰恰在游戏结束之前就已经被废弃"④。社会底层的劳工群体,最容易被公司企业随意处理掉。曾经的他们专门从事例行程序的岗位,长期束缚在组装线上,工作和身体牢牢地捆绑在一起,"捆绑成'夫妻'——就像天堂里的婚姻一样——不允许任何人力来拆散它们,也没有任何人力敢于拆散它们"⑤。如今面对"灵活多变"的全球劳动市场,"他们渐渐地成为经济体系中最为廉价、最可变更、最可任意处理的部分。在工作能力的清单上,他们既没有特别的技能,也没有与顾客进行社会交往的艺术,因此他们最容易被人取代"⑥。

---

① [英]齐格蒙特·鲍曼:《流动的现代性》,欧阳景根译,中国人民大学出版社2018年版,第250—251页。
② [英]齐格蒙特·鲍曼:《流动的现代性》,欧阳景根译,中国人民大学出版社2018年版,第247页。
③ [英]齐格蒙特·鲍曼:《生活在碎片之中——论后现代道德》,郁建兴、周俊、周莹译,学林出版社2002年版,第308—309页。
④ [英]齐格蒙特·鲍曼:《流动的现代性》,欧阳景根译,中国人民大学出版社2018年版,第248页。
⑤ [英]齐格蒙特·鲍曼:《流动的现代性》,欧阳景根译,中国人民大学出版社2018年版,第243页。
⑥ [英]齐格蒙特·鲍曼:《流动的现代性》,欧阳景根译,中国人民大学出版社2018年版,第253页。

第五章　重释现代性:现代性趋于流动态势

在日常生活领域,鲍曼认为,流动的生活直接体现为消费生活,"流动的生活是消费生活,它把世界及其有生命的与无生命的碎片都塑造成消费品:也就是在被使用的过程中失去其有用性(及其荣耀、吸引力、诱惑力及价值)的物品"①。这一重要判断,道出了流动社会的本质。购物不只是衣食住行的满足,更是个体能力和权益福祉的体现,"对新的改进了的生活榜样和生活诀窍的急切的、永无休止的追求也是一种购物,而且确切无疑是一种最重要的购买行为"②,从购买食物、服饰、汽车到家具,再到良好形象、婚姻爱情、友谊亲情、医疗健康,"需要购买的东西是没完没了的,但是不管这张购物清单有多长,能够让人决定不再购买的方法,却无法在它上面找到。在我们这个目标明显无限的世界中,最为需要的本领是能成为熟练的、孜孜不倦的购物者"③。鲍曼认为,购物消费把整个生活当成一种拓展了的大买特买的自由,意味着把这个世界看成是消费商品泛滥的大型零售商店。对购物者来讲,消费市场的商品遵循快速流转、迅速淘汰逻辑,"商品生产用'设计成立立即淘汰的一次性产品'取代了'耐用商品的世界'"④,以汽车营销为例,汽车型号款式、颜色风格随着季节而调整更新。鲍曼认为,消费生活的灵魂在于必须时刻保持购物者的欲望,为了购物者的潜力,唯一现实的办法就是无限增加购买次数,"缩短获得与废弃之间的时间间隔,随时换上'更新更好'的商品"⑤,引领时尚潮流,源源不断的新颖商品"争前恐后"地编织出现代生活图景。

---

① [英]齐格蒙特·鲍曼:《流动的生活》,徐朝交译,江苏人民出版社 2012 年版,第 9—10 页。
② [英]齐格蒙特·鲍曼:《流动的现代性》,欧阳景根译,中国人民大学出版社 2018 年版,第 134 页。
③ [英]齐格蒙特·鲍曼:《流动的现代性》,欧阳景根译,中国人民大学出版社 2018 年版,第 156 页。
④ [英]齐格蒙特·鲍曼:《流动的现代性》,欧阳景根译,中国人民大学出版社 2018 年版,第 151 页。
⑤ [英]齐格蒙特·鲍曼:《流动世界中的文化》,戎林海、季传峰译,凤凰教育出版社 2014 年版,第 8 页。

二、流动的文化

流动的生活由一系列新的开端构成组成,即生活每天启动新的开端,迅速终结过去,生活充满无数变数,未来充满无数未知。在流动时代的塑造下,"世界看起来不如以前那么坚固,它已经失去其明显的统一性和连续性——当生活的各个侧面能被联结在一起成为一个有意义的整体时,当今日所发生的事可以追溯到昨天的根源也可以探知明天的后果时,我们大多数人从我们现在的经验中得到的启示是:这个世界上所有存在于我们周围的形式,无论看起来多么坚固,都不可能一成不变"[①],鲍曼认为,流动文化是流动时代的精神标识,它把流动思维、流动理念集中凝练成社会文化环境。流动的文化在理念上体现为,流动文化的功能不是满足现实需求,而是创造新的需求,要把流动文化视为时尚文化,"它永远处于一个'正在变化'的状态"[②],通过流动文化透视现代社会症候。鲍曼认为,流动时尚犹如永动机,它将人们的每一种生活方式都置于永续的革新状态,"大众对(当下一刻)最新时尚的追求迅速导致当前独一无二的标志平常、庸俗和微不足道,甚至是最短暂的注意力消逝"[③],时尚文化随着社会形态变革而具象化,在流动的社会表现为消费时尚。今天的流动文化并非服务于普通大众,而是服务于以营业额为导向的消费市场,所有商品都在争夺潜在顾客转瞬即逝、随时可能被引开的注意力,尽力吸引住他们的注意力。在消费社会,流动文化"首先要关心的是防止现已转变成顾客的'群氓'获得满足感,尤其要阻止他们获得完美、圆满和确定的满足"[④],任何终极完美、终结状态的想法都是对流动文化的误读,消费文化的目的就在于

---

① [英]齐格蒙特·鲍曼:《生活在碎片之中——论后现代道德》,郁建兴、周俊、周莹译,学林出版社2002年版,第309页。
② [英]齐格蒙特·鲍曼:《流动世界中的文化》,戎林海、季传峰译,凤凰教育出版社2014年版,第9页。
③ [英]齐格蒙特·鲍曼:《流动世界中的文化》,戎林海、季传峰译,凤凰教育出版社2014年版,第10页。
④ [英]齐格蒙特·鲍曼:《流动世界中的文化》,戎林海、季传峰译,凤凰教育出版社2014年版,第8页。

第五章　重释现代性:现代性趋于流动态势

"使消费需求永远得不到满足,以防止任何既成习惯的僵化,刺激消费者对于更加强烈的激情和崭新经验的需求"①。

另外,流动的文化成为生活导向意味着,人们要紧跟社会之变,紧盯变革之势,在流变中将现代化进行到底,在创造中毁灭,在毁灭中新生。鲍曼对此评论到,深受流动文化的熏陶,"人们害怕被弄得措手不及,害怕没能赶上迅速变化的潮流,害怕被抛在了别人后面,害怕没留意'保质期',害怕死抱着已经不再被看好的东西,害怕错过掉转方向的良机而最终走进死胡同"②,要顺应瞬息万变、快速迭新的时代,不断地保持高水平、高标准的现代化情势,人们要习惯忘掉过去,"日复一日地除去自身过期的属性,并不断拆解/抛弃当前整合/添加于己身的身份。生活在流动的现代社会,受时限到期的恐惧推动,生活不再需要由设想中现代化劳作的瑰丽远景拉动才能前进。所需要的,是竭尽全力往前奔跑,好保住一片立足之地"③,唯有追随或引领时代变革潮流,才能得以生存,否则就被视为垃圾抛向回收站,注定成为时代的落伍者。

三、流动的恐惧

"我们的时代再次成为恐惧的时代"④,无时不在恐惧之中,无处不在恐惧之下,这是鲍曼对流动时代的客观判断和贴切描述。鲍曼认为,"恐惧和痛苦成了'西方人'的'基本特征'"⑤,恐惧,是现代人每天的真实体验。人们可以对日常生活列出一长串恐惧名单:对死亡的永恒恐惧,对地震、海啸、飓风、洪水、火灾等自然灾害的恐惧,对爆发战争、恐怖袭击、瘟疫流行等社会灾害的恐惧,对身体疾病、生活不幸、名誉玷污等个体意外的恐惧。恐惧是现代人每天

---

① [英]齐格蒙特·鲍曼:《后现代性及其缺憾》,郇建立、李静韬译,学林出版社2002年版,第11页。
② [英]齐格蒙特·鲍曼:《流动的生活》,徐朝友译,江苏人民出版社2012年版,第2页。
③ [英]齐格蒙特·鲍曼:《流动的生活》,徐朝友译,江苏人民出版社2012年版,第3页。
④ [英]齐格蒙特·鲍曼:《流动的恐惧》,谷蕾、杨超等译,江苏人民出版社2012年版,第3页。
⑤ [英]齐格蒙特·鲍曼:《共同体》,欧阳景根译,江苏人民出版社2003年版,第162页。

面临的现实威胁压力,鲍曼认为,"在这个液态的现代世界,危险和恐惧同样是液态的。它们流动、渗透、泄露、渗出……还没有发明出阻挡它们的墙壁"①,流动的社会到处弥漫恐惧危险,恐惧意味着危险无助,也意味着不确定性,在所有恐惧名单中,"最强烈的大概就是对新生的并且正在日益增长着的不确定性的恐惧了。不确定性停留在熟悉的和惯常的事物的边缘,然而,它们正开始剧烈地压迫着日常生活世界的边界"②。鲍曼把现代社会不确定的风险威胁视为流动的恐惧,寻找衍生恐惧的根源,归纳当今时代的恐惧清单,帮助人们认知流动恐惧这一现实社会问题。

流动的恐惧根源于液态世界的流动性。鲍曼认为,当今世界新秩序集中表现为不确定之确定、不可靠之可靠、不安全之安全。"不确定性就意味着恐惧"③,流动的时代让不确定更加不确定。现代社会处于极度开放的流变状态,无序混乱、解除管制、个体自由既源自全球化的流动,也促使流动的全球化。我们希望拥有一个可靠、信赖、安全的世界,可问题是,自由和安全是流动社会的一对矛盾体,自由度的提升必然降低安全感。鲍曼认为,"世事无常,不安全已驻留在生活之中"④,安全感失去便是危险恐惧的诞生,"不安全滋生恐惧"⑤。在这个意义上,恐惧是全球化流动的"副产品"。面对这种新型的恐惧态势,人们有时不知道恐惧来自何处,也不知道如何处理它。恐惧的产生实则是对全球化后果的担忧和无奈,经济全球化让人类无处可逃,全球化衍生的危险和恐惧像液体一样蔓延世界各地。鲍曼还指出,流动的恐惧的诞生和扩散是一个极其复杂的社会现象,它涵盖了资本主义市场模式的虚假性、恐怖

---

① [英]齐格蒙特·鲍曼:《流动的恐惧》,谷蕾、杨超等译,江苏人民出版社2012年版,第106页。
② [英]齐格蒙特·鲍曼:《立法者与阐释者——论现代性、后现代性与知识分子》,洪涛译,上海人民出版社2000年版,第51页。
③ [英]齐格蒙特·鲍曼:《流动的时代——生活于充满不确定的年代》,谷蕾、武媛媛译,江苏人民出版社2012年版,第111页。
④ [英]齐格蒙特·鲍曼:《流动的时代——生活于充满不确定的年代》,谷蕾、武媛媛译,江苏人民出版社2012年版,第120页。
⑤ [英]齐格蒙特·鲍曼:《流动的生活》,徐朝友译,江苏人民出版社2012年版,第82页。

第五章 重释现代性:现代性趋于流动态势

主义的阴影、经济全球化的霸权、政治权益的丧失等现代社会问题,"我们尽力把恐惧驱走,却失败了,结果只是在我们一路的努力中增加了恐惧的总数,这些喧嚣的恐惧让人不得不面对,并想要将其清除。新增加的恐惧中最可怕的就是对无法避免和摆脱恐惧的恐惧。最初的乐观消失了,我们现在开始害怕的是那些恐吓了我们先祖们的灾难不但一定会再重演,而且无法摆脱"①。恐惧现已深入到我们的生活,渗透进我们日常的生活规律之中。

流动的恐惧的蔓延具有自生发展逻辑。鲍曼认为,自恐惧降临世间之日起,它便能自给自足,自成逻辑,自我运转,迅速扩散且势不可挡。这体现在恐惧促使我们采取防卫行动,一旦这些行动得以实施,它们将令恐惧显得近在眼前而且有形有质,赋予并给恐惧一词以真实的血肉感和现存感。为了抵制危险侵入,现代人开始学习格斗技术,随身携带防卫器械,雇佣安保人员,安装监控设备,甚至求助于军队驻扎维护秩序,恰恰是这些行动无形中放大烘托出恐惧的滋长,促使恐惧不断繁衍且陷入恶性循环的泥潭中。现在,"恐惧似乎变得可以自我增强且永无停止之日,就好像它有了自己的动力之源,只需自身资源便可持续增长"②。

一是陌生人恐惧。流动的社会是陌生人聚集的世界,陌生人居无定所,行无目的,生活没有规律,未来不可捉摸,人们难以了解、认知和接纳这个不稳定的群体,"他们给城市所有居民的人生追求注入了一大剂的不确定性,无所不在的陌生人是焦虑多发的源头,它从不消停,尽管常常是一种隐性的侵犯,然而却一次次地爆发"③。陌生人是一个未知变量,是陌生的存在者,始终散发着潜在的危险,鲍曼把陌生人恐惧称为"蛋白质恐惧症":陌生人是他者的存在,同时又是不可消除的存在。现代社会,一个日趋明显的问题是,"危险据

---

① [英]齐格蒙特·鲍曼:《流动的恐惧》,谷蕾、武媛媛译,江苏人民出版社 2012 年版,第 102 页。
② [英]齐格蒙特·鲍曼:《流动的时代——生活于充满不确定的年代》,谷蕾、武媛媛译,江苏人民出版社 2012 年版,第 12 页。
③ [英]齐格蒙特·鲍曼:《来自液态现代世界的 44 封信》,鲍磊译,漓江出版社 2013 年版,第 81—82 页。

说潜在任何一个角落,从伪装为伊斯兰宗教学校和集会的恐怖主义营地里渗透过来,还有外来人聚居的郊区,底边阶层寄生的低下街区,地方性滋生暴力的'野蛮区域'……值得害怕的理由很多,他们的真实数量,以及个人经历的有限视野无法计算的密度"[1],"移民、难民、流亡者、寻求避难者等无家可归的人的数量在不可阻挡地攀升:这是一些在一直漂泊、居无定所的人们"[2],同陌生人共处是流动社会的基本现实。陌生人首先被视为低劣的他者,"'小偷'、'跟踪者'、'游荡者'、'恶丐'、'旅行者'和其他入侵者已成为精英的梦魇中最为邪恶的人物"[3],城市中的低劣群体被上层社会分割在两种不同的生活空间。最为突出的陌生群体是难民,"一朝为难民,终身为难民"。难民是没有国籍的,其国家属性的丧失具有一种新的意义,即难民的无国状态提升到一个新的层面,"他们是一种新型的被抛弃的人,丧失法律保护的人,是全球化的产物,是它边疆领土精神完全的典型和化身"[4]。鲍曼认为,难民是现代社会陌生人群体最典型的代表,"在迈向难民营的道路上,那些未来居住者的身份中的每一个元素都被剥夺而去,只留下一样:那就是作为无国可属、无地可立、无业可从的难民的身份",[5]成为难民意味着丧失维系生命的一切基本生活支撑——土地、房屋、财产、工作、村庄、城市,除了"赤裸裸的生命",就是游荡流浪。难民也因其特殊的身份滋生出众多棘手的现实困境:治安水平下降、烧杀抢掠、社会撕裂,甚至恐怖袭击,这给当地政府和社会带来巨大灾难,成为头疼的政治问题。现代人往往把流动的难民视为"农夫怀中的毒蛇",驱逐、禁止、排斥是最常见的手段。"难民是人类的废弃物,在他们到达和暂时停留的地

---

[1] [英]齐格蒙特·鲍曼:《此非日记》,杨渝东译,漓江出版社2013年版,第38页。
[2] [英]齐格蒙特·鲍曼:《流动的现代性》,欧阳景根译,中国人大学出版社2018年版,第13页。
[3] [英]齐格蒙特·鲍曼:《流动的时代——生活于充满不确定的年代》,谷蕾、武媛媛译,江苏人民出版社2012年版,第88页。
[4] [英]齐格蒙特·鲍曼:《废弃的生命——现代性及其弃儿》,谷蕾、胡欣译,江苏人民出版社2006年版,第76页。
[5] [英]齐格蒙特·鲍曼:《废弃的生命——现代性及其弃儿》,谷蕾、胡欣译,江苏人民出版社2006年版,第77页。

方,他们毫无用处,他们不愿意被融合和吸纳进新的社会体,同时也没有现实的可能性。在他们现在所处的地方,即垃圾倾倒场所,他们无退路可走,也无前途可赴(除非是通往更加遥远的地方,就像那些被澳大利亚军舰护送到人迹罕至的岛屿上的阿富汗难民那样)"①。任何事情都不再安全,易变和怀疑在当今占据了统治地位,"现在我们处在一个永远变动的世界里,焦虑凝聚成为惧怕陌生者,它充斥在全部日常生活中,充斥在人类现状的每一个方面和角落"②。

二是城市恐惧。鲍曼认为,现代城市已经从安全的地方变成危险的地方,"我们的城市正从对抗危险的庇护所快速转变为危险的主要来源,这种奇怪的变化推翻了其原有的历史角色,违背了修建者的初衷和居住者的愿望。可以说,危险的源头现已几乎全部进驻城市"③。一方面,城市是陌生人聚集的场所,而正是陌生人差异性、流动性的存在让不安和威胁系数迅速提升,"陌生人的陪伴总是让人感到害怕,因为,与朋友及敌人的本性不同,陌生人的本性中有这样一部分,即他们的意图、思维方式以及对共有处境的反应是不清楚的,或者还没有清楚到足以推测其行为概率的程度"④,概言之,陌生人代表着风险,代表着不可预测性。另一方面,现代城市的发展并没有想象中的美好,人们所向往的城市栖息地未能给所有人提供庇护和关爱。随着贫富悬殊差距的拉大,城市街区和边缘地带布满了"贫民窟",社会底层群体的生存状况日趋恶劣。同城市文明和进步相生相伴的,是被抛弃的边缘群体的野蛮和落后,导致犯罪、盗窃、吸毒和骚乱等恶劣事件,人们行走在城市大街小巷感觉危机四伏,恐惧阴影挥之不去。

---

① [英]齐格蒙特·鲍曼:《废弃的生命——现代性及其弃儿》,谷蕾、胡欣译,江苏人民出版社2006年版,第78页。
② [英]齐格蒙特·鲍曼:《后现代性及其缺憾》,郇建立、李静韬译,学林出版社2002年版,第9页。
③ [英]齐格蒙特·鲍曼:《流动的时代——生活于充满不确定的年代》,谷蕾、武媛媛译,江苏人民出版社2012年版,第86页。
④ [英]齐格蒙特·鲍曼:《流动的生活》,徐朝友译,江苏人民出版社2012年版,第83页。

三是战争恐惧。无序化的世界,不设边疆的全球化,"世界范围的解除管制导致了全球性的无法律状态,这种状态与武装暴力成相长之势,彼此增强,彼此鼓舞"①,这意味着武力启动的时候,便是法律和政治闭嘴的时候。鲍曼分析到,美国曾自信地认为,美国人感到安全的时候,便是战争胜利的时候,可事实上,美国对伊拉克派兵并非制止战争,反而增加了世界各国人民的不安和恐惧。克劳塞维茨曾说道,"战争无非是政治通过另一种手段的继续。"②。到了流动的时代,政治却成为战争的另一种形式的延续。绝大多数的现代战争以及引发的血腥残忍的行径,都是政治失控的后果。战争威胁不受任何国家法律、准国家法律和国际公约的管制,战争脱离管制,"既是'超国家'全球空间中国家主权持续削弱、边疆地带继续存在的结果,也是造成这种情况的有力的辅助原因"③,政治功能一旦松懈,武装力量瞬间暴增。联合国秘书长古特雷斯在2023年新年讲话中提到,2022年,在全世界各地,有1亿人为躲避战争、野火、干旱和饥饿而迁移。2023年,我们比任何时候都更需要和平。④截至2024年4月,乌克兰危机中的军事冲突没有缓和迹象,双方战争已经2年多,仍在继续。叙利亚内战已经打了12年;2023年7月,尼日尔突发军事政变,推翻巴祖姆政权等。世界各地小战不断,武装冲突频发,战争是无序化世界的主要表现。人类家园比任何时候都需要和平。"城市原来是为了安全——为了保卫城墙内的局面免遭外寇的入侵——而建的,可到了我们这个时代,'却与危险,而不是与安全连在一起'",⑤当代恐慌,是一种典型的现代城市恐慌,"这种恐慌使人们不太关注作为一个整体——作为集体财产和集

---

① [英]齐格蒙特·鲍曼:《流动的时代——生活于充满不确定的年代》,谷蕾、武媛媛译,江苏人民出版社2012年版,第10页。
② [德]克劳塞维茨:《战争论》第一卷,中国人民解放军军事科学院译,商务印书馆1978年版,第43页。
③ [英]齐格蒙特·鲍曼:《流动的时代——生活于充满不确定的年代》,谷蕾、武媛媛译,江苏人民出版社2012年版,第45页。
④ 参见新华网古特雷斯:让2023年成为恢复和平之年:http://www.xinhuanet.com/world/2022-12/30/c_1129244429.htm。
⑤ [英]齐格蒙特·鲍曼:《全球化——人类的后果》,郭国良、徐建华译,商务印书馆2015年版,第45—46页。

体个人安全保证——的城市的完整和坚固,而更关注城内自己家宅的清静和设防"①,住宅房屋安装防盗电子门,居住小区设置门岗把守,公共场所视频全天候监控,这一切针对的不是外国军队,而是不受欢迎的市民同胞。不是和睦相处,而是躲避隔离,成为现代都市的重要生活策略。"现在我们处于一种不协调的状态,一方面我们已经被抛入高度全球化状态,出现了全球范围内的相互依赖、相互影响和相互改变,但是另一方面,全球化意识(更不用说世界主义意识)仍然处在诞生的阵痛期"②。"导致不安、混乱、焦虑的气氛已经成为一种无法避免的定局,这种气氛使生活没有愉悦、无法舒缓,也难以让人满意"③,药品商店提供给人们的镇静剂、抗抑郁药、抗精神病药,所起作用仅仅是暂时缓解心理,得到一丝愉悦和安慰,却不能从根源上解决造成现代人无助的困境。人类已具有自我毁灭的能力,装满核弹头的武器可以射向地球任何角落,但是,"现在威胁地球的不只是又一轮自作自受伤害,也不是一长串灾难中的又一桩,而是终结所有灾难的一个灾难,在它之后人类将不再存在,不给予人类记录、思考、总结教训的机会"④。相互确保摧毁理论(MAD,即不断发明、制造、储存日趋精良的、有组织的大规模杀伤性武器,以确保相互毁灭)已经没有市场了,"这个地球会变得不再适合人类及任何其他已知生物生存。这是自我毁灭并未预计出现的一个变体,它悄悄地、迂回地成形并发展着。人们为把地球变得更舒适,更适合人类生存付出许多努力,矛盾的是这场灾难的迫近却直接源于这些努力的后果"。⑤ 战争的恐惧并不可怕,可怕的是战争恐惧的肆意蔓延,反过来增强

---

① [英]齐格蒙特·鲍曼:《全球化——人类的后果》,郭国良、徐建华译,商务印书馆2015年版,第46页。
② [英]齐格蒙特·鲍曼:《怀旧的乌托邦》,姚伟等译,中国人民大学出版社2018年版,第214页。
③ [英]齐格蒙特·鲍曼:《怀旧的乌托邦》,姚伟等译,中国人民大学出版社2018年版,第215页。
④ [英]齐格蒙特·鲍曼:《流动的恐惧》,谷蕾、杨超等译,人民出版社2012年版,第79页。
⑤ [英]齐格蒙特·鲍曼:《流动的恐惧》,谷蕾、杨超等译,江苏人民出版社2012年版,第80页。

恐惧的社会氛围和恐惧的心理感知。

第三节 流动的消费社会

流动的消费社会,是鲍曼诊断把脉、描绘阐释现代社会的重要切入点,是流动的现代性实践历程中最活跃的生活景观。流动时代的到来,意味着生产型社会转向消费型社会,"我们现在生活在一个消费者社会里"①,现代生活就是消费生活,消费主义思潮普及盛行,流动的消费逻辑成为支撑整个现代社会运转的主轴。鲍曼认为,在流动的消费社会里,消费者永远处于游牧流动状态;消费心理永远处于不满意、不满足、欲望无穷的流变态势;消费生活是一种毁灭性创造的时尚生活。进而,鲍曼从消费社会转型、流动的消费者、流动的消费心理、流动消费景象透视流动时代的社会景象。

一、生产社会转向消费社会

鲍曼认为,"现代性正在从'固态'阶段向'流动'阶段过渡"②,现代结构也从生产社会转向消费社会,这是时代发展大趋势。生产型的社会先后经历过井喷式的社会物质生产、全球化的物质生产和整体性生产规模式微的阶段。按照马克思对资本主义现代国家社会生产的描述,从一开始,资本主义制度的现代化生产模式已经将工业革命和生产实践紧密结合起来,物质生产能力极大提高,工业化生产方式表现出了惊人的生产效能。1763年乔塞亚·韦奇伍德采用科学原理,让英国的陶器生产发生了重大变革,由于他的努力让曾经一毛不长之地变成了陶器的工业区;1764年发明的珍妮纺纱机,只需要一个人操作,但生产效率比旧式的纺车多15倍;棉纺织业在工业革命的推动下,也迅

---

① [英]齐格蒙特·鲍曼:《流动的生活》,徐朝友译,江苏人民出版社2012年版,第120页。
② [英]齐格蒙特·鲍曼:《流动的时代——生活于充满不确定性的年代》,谷蕾、武媛媛译,江苏人民出版社2012年版,第1页。

第五章 重释现代性:现代性趋于流动态势

速带动了其他产业的生产发生,随后在毛纺织业、麻纺织业、丝纺织业等,此外还在金属加工业、采矿业、炼铁业和铁路交通业方面的生产发生了巨变。随着工业生产方式和经营方式不断革新拓展,工场手工业替代手工作坊,蒸汽和机器的生产取代工场手工工业,西方三次工业革命成为推动社会物质生产的重要动力。马克思高度赞赏资本主义生产力的强大,认为资本主义工业生产力的能量远远超过了过去几千年的总和。到了20世纪,福特式现代化企业是典型的大工业生产模式,鲍曼认为,"借用福特的名字,来表示只有固态的现代性或沉重的资本主义才有的意图和实践的普遍模式,是恰当的、合适的。新的理性秩序的福特模式,为他的那个时代的走向设定了标准和准则"①。在现代工业社会里,劳动和资本因相互的依赖性而彼此强化。现代人为了生计,不得不受雇于工厂挣得经济收入;同样,资本家为了企业生产和利润增长,需要雇佣工人。因而,大型工厂的围墙成为固定资本和工人的场所,谁也不能轻易流转。此时此刻,"资本和工人同生共死,命运相连,休戚相关,至死方休。工厂就是他们的栖息之所"②。然而,时至今日,生产型社会的发展动力逐渐衰落,并转向消费型经济运行模式,"生产者社会的时代就一切实用意图与目的而言,已经结束了"③。生产社会聚集物质生产和商品制造,追求产品规模大而全、广而多,特别强调物品重在满足生存生活需求,满足工业再生产需求,把物品的实用性、耐用性和功能性放到生产标准的最高位置。譬如,食品的生产被认为是保证健康和防止因营养缺乏而引起工作能力下降。"任何超过这种数量的东西都被划入奢侈品;如果消费了,就被视为挥霍的标志,如果储存起来或授予他人则被视为节俭和道德标志"④。然而,跨入消费社会后,"买不起圣

---

① [英]齐格蒙特·鲍曼:《流动的现代性》,欧阳景根译,中国人民大学出版社2018年版,第243页。
② [英]齐格蒙特·鲍曼:《流动的现代性》,欧阳景根译,中国人民大学出版社2018年版,第243页。
③ [英]齐格蒙特·鲍曼:《流动的生活》,徐朝友译,江苏人民出版社2012年版,第120页。
④ [英]齐格蒙特·鲍曼:《生活在碎片之中——论后现代道德》,郁建兴、周俊、周莹译,学林出版社2002年版,第127页。

诞卡属于生活在贫困线下的一种标志"[1]。消费社会则聚焦产品的消费消耗，追求产品设计的个性、品位和价值意义，注重产品更新的频率时间，把产品的新颖性、时尚性和文化性放到生产目的的首位，赋予消费者以政治意义，社会结构因此而发生重大变革。譬如，原本资产阶级与无产阶级的对立，转化呈现为成熟的消费者和有缺陷的消费者的对立，经济发展的动力依靠消费市场，科技革命也依靠消费需求，美好社会理性透射向富足而繁荣的消费生活。

消费主义文化的盛行标志着消费社会的到来。经济发展刺激物质消费，推动消费购物日益兴盛，购物买卖逐渐成为现代人的主要生活方式，人们在休闲、消费和感官满足中接受了新的消费方式和生活方式，现代消费文化悄然形成。鲍德里亚曾明确指出："作为新的部落神话，消费已经成为当今社会的风尚。"[2]当消费成为现代人的生活方式和生存方式时，消费社会的景象便摆在每个人的面前，"今天，在我们的周围，存在着一种由不断增长的物、服务和物质财富所构成的惊人的消费和丰盛现象。它构成了人类自然环境中的一种根本变化。恰当地说，富裕的人们不再像过去那样受到人的包围，而是受到了物的包围"[3]，这个被物包围的世界、被物包围的社会就是消费社会里的商品、服务和时尚符号。概而言之，自从20世纪下半叶以来，在西方发达国家，消费型社会或消费社会已演变成一种截然不同于传统的生产型社会的一种全新的社会形态。消费社会的到来为我们重新认识现代世界和现代性提供另一种全新的视角，传统的资本主义社会的重心是"生产制造"，现代的西方发达工业社会的重心是"消费消耗"。现代社会就是一个被商品产品包围的社会，被消费塑造的新型世界，它不仅改变现代社会景象，改变现代人的衣、食、住、行、游、娱、购，而且改变了现代人的社会关系和生活方式。值得关注的一个重大变革是，传统的消费理念基本停留在生理和生存层面的基本需求，而流动的消费理

---

[1] [英]齐格蒙特·鲍曼：《生活在碎片之中——论后现代道德》，郁建兴、周俊、周莹译，学林出版社2002年版，第128页。
[2] [法]让·鲍德里亚：《消费社会》，刘成富、全志钢译，南京大学出版社2008年版，第2页。
[3] [法]让·鲍德里亚：《消费社会》，刘成富、全志钢译，南京大学出版社2008年版，第1页。

第五章　重释现代性:现代性趋于流动态势

念融合了心理、精神、文化、政治和社会等基因,呈现出新奇、革新的时代特征,为我们呈现的是一个全新的消费世界景观。

二、流动的消费者

鲍曼认为,生活在流动的消费社会的消费者是游动的、自由的,"对于消费型社会的消费者而言,到处奔波——搜索、探寻、找不到或更确切地说还未找到——并不是一种病症,而是天赐之福的预示。也许它本身就是天赐之福,他们是满怀着希冀闯南走北的,因而抵达不啻祸害。这一消费者游戏的旨义不在于贪婪地攫取和占有,也不在于物质有形意义上的积聚财富,而是一种前所未有的新感觉所带来的激动。消费者首先是各种感觉的采集者"。[①] 流动的时代,消费者必定处于一种永远游动寻找的状态,也唯有此才能实现消费者所想要的目标——寻找前所未有的新体验新感觉。在流动的液态世界里,现代化的交通工具、沟通方式、信息媒体等流动技术的普及为现代人游动的幅度、速度和频率带来了全新的变革,由于流动技术上的突破,空间/时间大大压缩,甚至消失,这让现代人彻底地从地域的束缚中解脱出来,这预示着史无前例的自由流动、自由游动的状态变为了现实。

在鲍曼看来,游动也是所有现代人的一种生存状态、生活状态和精神状态。现代人可以随心所欲地流动、自由自在地游动,同样,产品的生产和销售也可以自由流向任何地方,流向它所受欢迎的地方,流动和游动成为了现代人生活的本然状态。而作为消费者的现代人,更注重流动和旅行的历程,"实际上,在消费者的人生中,充满希冀的游历比达到目的地更令人心旷神怡、到达目的地散发着那么一股末路的霉气,有那么一种沉闷单调、死气沉沉的苦味,足以将消费者——理想消费者——为之生活并视为人生真谛的一切化为乌

[①] [英]齐格蒙特·鲍曼:《全球化——人类的后果》,郭国良、徐建华译,商务印书馆2001年版,第80页。

有"①。也正基于此,鲍曼强调,在流动的现代性消费社会里,"消费者是一个奔波不息的人,而且注定依然如此"②。

鲍曼指出:"今天,我们所有的人都在移动着的。许多人在变换着地方——迁移家园或在陌生的地方辗转奔波。有些人足不出户就可以旅游观光:我们可以通过网络急驰、奔走或迁移,在电脑屏幕上捕获和编辑来自地球另一边的信息。即使我们呆在原地不动,我们多数人也在移动着。"③鲍曼从社会理论角度分析了现代人流动的态势,即人的游动、移动、运动。鲍曼从自由度把人的流动游动分为"观光者"和"流浪者"。

成熟的消费者是观光者。鲍曼指出,观光旅行者的游动状态是成熟的消费者或十足的消费者,即消费社会所真正需要的消费者。在流动的消费社会里,城市由工业中心转为了消费中心。大型购物中心、超级商业市场、旅游休闲胜地成为现代人流动的聚集地。当今的全球化舞台能够及时地迎合游动消费旅行者的胃口和趣味,从而,游动的观光者被塑造成了社会的消费者,观光者通常被认为是富人、有钱人和能消费的人,也被认为成熟的消费者。把成熟的消费者隐喻为观光旅行者具有特殊的象征意义,这是因为观光旅行者的状态更能体现成熟消费者心理、生理和文化上的气质。首先,观光者选择游动旅行是因为他们发现眼下的事物没有了吸引力、没有了魅力、没有了新奇。他们需要出去到另外的地方去寻找令人刺激、令人兴奋、令人冲动的感觉,这如同消费者购物一样,成熟的消费者是被视为要追求时尚、追求新颖、体验新感觉。在出行动机上,观光旅行者的选择是自由的,"选择似乎是观光者的血肉,一旦失去自由,观光者生活的吸引力、诗意及舒适性便不复存在。"④自由作为彰

---

① [英]齐格蒙特·鲍曼:《全球化——人类的后果》,郭国良、徐建华译,商务印书馆2001年版,第81—82页。
② [英]齐格蒙特·鲍曼:《全球化——人类的后果》,郭国良、徐建华译,商务印书馆2001年版,第82页。
③ [英]齐格蒙特·鲍曼:《全球化——人类的后果》,郭国良、徐建华译,商务印书馆2001年版,第74页。
④ [英]齐格蒙特·鲍曼:《后现代性以及缺憾》,郇建立、李静韬译,学林出版社2002年版,第109页。

显消费者主体性的价值在观光者身上得到了体现,自由自在的游动旅行就是他们自我身份的认同和确定;这也如同消费者在市场购物一样,他们选择商品是自由自在的、他们购物也是自我欲望的驱动,是自我认同的确定。其次,观光者的游动境遇是一场充满期待的旅程,观光者发现充满诱惑的花花世界的巨大魅力让人难以抵制,因而,他们乐意选择作为一名兴高采烈的游客去遨游世界。观光者自由自由地选择自己随心所欲想要去的地方,只要是观光者感到兴奋、刺激、满意的地方,他们就会蜂拥而至。观光者选择的人生价值就是享受人生及时快乐。这种享乐是建立在充分的自由权利上,观光者握有自我选择的权利,选择自由构成了观光者旅游乐趣的核心价值。在观光者看来,他们可以掌管整个世界,他们可以选择满意的生活,他们享受充满乐趣的旅行计划。反观到消费社会里,在现实的购物消费旅途中,购物消费同样是一场尚未体验的充满渴望和期待的旅途。最后,在现实的消费生活中,观光者旅行者就是十足的消费者、成熟的消费者,他们拥有雄厚财力、精通消费之道、引领消费时尚、传播消费文化。观光者的消费潜力和消费能力成为市场和商家的香饽饽,他们所到之处随时受到夹道欢迎,可以体验作为上帝的感觉,可以享受到尊贵优雅、体贴入微的服务等,这一切让观光者一直陶醉在消费的蜜罐中。

有缺陷的消费者是流浪者。鲍曼认为,流浪旅行者的游动状态是缺陷的消费者或消费穷人,即消费社会所要摒弃的消费穷人。在以消费为中心的商品世界里,对于观光者来讲消费是快乐、是机遇、是天堂;而对于流浪者来讲,虽然他们也被塑造成了消费者,却成为缺陷的消费者、消费穷人。流浪者在这个消费社会里看到的都是悲观、危险、地狱。流浪者的身份凸显了观光者的身份,成就了观光者的伟大形象,"流浪者是观光者的他我——犹如穷人是富人的他我,野蛮人是文明人的他我,或说外来者是本地人的他我"[①]。流浪者固

---

① [英]齐格蒙特·鲍曼:《后现代性以及缺憾》,郇建立、李静韬译,学林出版社2002年版,第110页。

然也是消费者,却是有缺陷的消费者,他们这样一类人,是"缺乏金钱的人、缺乏信用卡的人、没有购物激情的人,同时对消费市场诱惑有免疫能力的人"①,有缺陷的消费者在鲍曼看来只能是消费主义花园里的杂草,是不可能被允许进入消费主义"繁盛的花园"里的。

  在鲍曼看来,流浪旅行者的游动状态体现出一个缺陷的消费者的容颜。首先,流浪者的移动虽然也是游动,但是他们的游动不是自愿的、是被迫的,是被背后无形的力量在推动着。流浪者的自由尽管也是自由,但是他们的自由不是自发的、是强制的,经常遭遇这个世界的鄙视和冷漠。流浪者宁愿有个固定的家,也不愿意去流浪游动,但是这个愿望也不可能实现,只能是身心疲惫地流落街头。其次,相比于观光者在游动过程中的境遇,流浪者的游动境遇苦不堪言。作为颠沛流离的流浪者,表面上跟观光者一样自由自在地浪迹天涯,邀游全世界,但是他们的遭遇和待遇却是天壤之别。流浪者的游动旅行一开始就不是自由的表现,而是在精神上背负了背井离乡的落魄命运。这样的旅行旅途注定是艰难困苦、煎熬心酸的历程。除了流浪者苦不堪言的旅程之外,流浪者抵达所到之地都遭遇被排斥、被驱逐的待遇。鲍曼指出,在政府看来,流浪者的行踪玷污了城市环境、带来了不安全因素、影响了社会稳定等,管理他们是件令人苦恼的差事,当局者最希望像清洁工一样把流浪者清理出去。最后,流浪旅行者作为消费者,就是缺陷的消费者,他们没有金钱去消费,没有品位去欣赏时尚,没有能力去作出明智的消费选择,自然而然流浪者成为商家和市场羞辱与唾弃的对象,"这些人是流浪者,他们是反射灿烂的旅游者太阳光和平静地沿着行星轨道运行的黑暗无常的卫星;他们是后现代演化的突变体;是五彩缤纷的新物种的畸形废品。流浪者是一心一意为旅行者服务的世界的废物"②。鲍曼认为,"流浪者——使观光者变成了英雄的世界的受害者,有

---

① Zygmunt Bauman:*Consuming Life*,UK:Polity Press,2007,p.4.
② [英]齐格蒙特·鲍曼:《全球化——人类的后果》,郭国良等译,商务印书馆2001年版,第90页。

第五章　重释现代性:现代性趋于流动态势

自身的用途,如社会学家津津乐道的,他们是'功能性的'。生活在他们附近是不大好过的,但是,若没有他们,生活将是不可思议的。是他们令人注目的艰难,把他们自身的焦虑缩减到最小程度。是他们明显的不幸,鼓舞了另外一些人感谢上帝使他们成为了观光者"[1]。鲍曼告诫人们,请记住:"流浪者是观光者的垃圾箱;拆开这废品处理装置,这一世界的观光者就会在他们的垃圾中窒息而死,中毒而死 …… 更重要的是,流浪者——请记住——是不祥的背景。"[2]流浪的消费者注定在流动的消费社会里是微不足道、无能无用的陪衬物。流浪式的消费者模仿了观光式消费者的行踪,但是这种模仿意味着嘲讽和调侃,流浪者的形象是一幅讽刺的漫画,揭示繁荣消费社会世界背后的丑陋嘴脸。

概言之,依据鲍曼对消费者活动方式的分析,观光者是流动的现代性消费社会里的英雄,观光者作为成熟的消费者证明了他们的价值,更体现他们的地位和尊严。在鲍曼看来,"观光者"的游动是轻快的流动,是随时可以上路的流动,是旅行者最佳的体验。只要观光者感觉某地厌倦了,只要在此梦想前方是兴奋的景观或奇遇,他们就开始游动。观光者把这种游动视为是自由、自治和独立。优秀的观光者是完美的旅行者,他们会使得固定的东西变得不固定。但是对于流浪者而言,流浪者的游动看似是自由自在的游动,实则是被剥夺了自由的游动,他们在精神上是被迫踏上游动之路,他们的真正感觉不是在游动,而是被迫流离失所。因为流浪者一开始就背井离乡、毫无故土家乡可言,而且他们的游动之所都是别人替他们选择好的;同时,流浪者是被人驱赶到一个并不想去的流浪地,他们每次所到游动之地都是不受欢迎,都是多余的,他们的游动在本质上属于"不自由的流动"。不可否认,在流动的消费社会里,人的流动游动性成为了一种身份标签,游动状态的差别成为划分现代人等级、

---

[1] [英]齐格蒙特·鲍曼:《后现代性以及缺憾》,郇建立、李静韬译,学林出版社 2002 年版,第 110—111 页。

[2] [英]齐格蒙特·鲍曼:《后现代性以及缺憾》,郇建立、李静韬译,学林出版社 2002 年版,第 110 页。

身份、自由的标杆。不得不说,鲍曼对流动性的"游"进行分类,是一种社会学研究上的创新,具有很大的启示意义,这种分类有助于人们观察消费者活动方式的变化。

三、流动的消费心理

欲望,顾名思义,就是人希望得到愉悦的、满足的、享受的愿望,这是一种异常强烈的向往,俗语"生死根本,欲为第一",正是应验欲在人性中的地位。不可否认,欲望是人的本能,它贯穿于人的一生,而且还遗传给子孙后代。如果把人的一生比喻成一条欲望的溪流,那它流淌的不是溪水,而是人的无穷的各式各样的欲望,同样,人类社会似乎也是一个永不干涸的欲望之海,每时每刻都会掀起欲望的波涛和巨浪。本书更愿意把人内心中或本能中原始的冲动之意称为欲望流。

欲望流,是指人意识中包括显意识和潜意识中本性或本能的冲动的欲要之心。精神分析家西格蒙德·弗洛伊德认为,欲望是人的本质,特别是性欲、性本能是支配人行动的最根本的动因。"刚刚对产品大肆宣传使之进入消费者欲望的领域,紧接着就诋毁和贬低这些产品的价值。但是,另外一种更有效的手段,却隐藏在人们的注意力背后:满足每一种需求/欲望/需要的方式,只能诱发新的需求/欲望/需要。一开始作为需求的东西,最终必将成为一种强迫或成瘾。"[①]中肯地点明消费欲望心理的能量,即消费的"欲望流"会源源不断地流淌,消费者的欲望是永不会被满足的。欲望流以一种自我驱动、自我延展和自我持续的动力在运转,消费欲望心理机制也遵循着这一规则。鲍曼强调,我们要接受以下的观念和认识,"消费社会和消费主义不是关于需要满足的,甚至不是更崇高的认同需要,或适度的自信。消费活动的灵魂不是一系列言明的需要,更不是一系列固定的需要,而是一系列欲望……由于这个原因,它注定是永远无法满足的——不管其他的(身体或精神)目标提升到什么样

---

① [英]齐格蒙特·鲍曼:《流动的生活》,徐朝友译,江苏人民出版社2012年版,第86页。

的高度。①。

欲望流,在鲍曼看来就是"欲壑难填",其中所要表达的意思就是欲望是要回避满足的心态,即欲望本身就是无法满足的欲望。如果消费者的消费欲望心理能被满足,这样的消费者就是传统的消费者。传统的消费者一般持这样的观点,认为消费的欲望是道德败坏,认为所有的自我放纵的、挥霍奢侈的、无度的消费是应该遭到憎恨的,这样的消费行为是可耻的,也是罪恶的。传统的消费者心理是禁欲的消费心理,是压抑欲望的心理,这种禁欲的消费心理恰恰是现代社会所要反对的消费心理。当代资本主义社会致力于鼓动、推崇和刺激欲望的消费心理,鲍曼认为,"当代资本主义必须反对的'最重要的敌人'就是'传统的消费者':他的行为表明,市场上提供的商品似乎能够做到它们所宣称要做到的——满足需要"。②

我们把鲍曼消费心理概括为这样一种机制:需要—欲望—愿望的流动的消费心理,即消费需要是建构起来的,消费欲望是上瘾的,消费愿望是消费行为实现的保障,或把这种消费机制称为需要—欲望—愿望的消费心理三部曲。消费需求是现代社会和现代人一种基本的日常生活需要,在生产型社会里消费需求主要依赖社会成员自发的需求,社会生产是围绕人的需要来生产和运转的;然而到了消费型社会,消费需求发生了重大转折和转向,消费需求主要依赖生产者和市场的建构。由生产者和市场建构起来的消费需求旨在刺激和诱因出我们本能中特有的消费欲望,从而支撑消费者去消费生产出来的商品。鲍曼认为,消费欲望不足以长期维持消费社会的发展和繁荣,对于发达资本社会来讲,要保持持续的生产扩展,消费欲望是一个十分有限的心理框架,它必须要被一个完全不同的"精神经济"所取代,即消费愿望最终会取代消费欲望,成为现代消费社会的推动力量。

---

① [英]齐格蒙特·鲍曼:《被围困的社会》,郇建立译,江苏人民出版社2005年版,第190—191页。
② [英]齐格蒙特·鲍曼:《被围困的社会》,郇建立译,江苏人民出版社2005年版,第147页。

一是被建构出来的消费需要。消费需要是消费社会创制出来的需求,鲍曼认为,"'需要'因消费机遇的出现而增加,换言之,'需要'就是消费机遇引发的欲望"。[①] 鲍曼从媒体电视、商业广告和厂家、营销商的销售策略上分析了消费欲望的产生过程。广告是这样使人产生购物欲望的,"广告自称的任务就是,把新产品通报给预期的消费者。他们如果不知道这些产品的存在,就不可能想拥有它们;他们如果没有受到强烈诱惑的话,即使现在也不想要拥有它们。绝大多数宣传费用都花费在了产品的信息上(据称,这些产品能够满足消费者尚未意识到的需要)。广告的目的就是创造新的欲望,调整和引导现存的欲望;但是,商业广告的总体效果是,决不允许欲望的减弱和消失(这里的欲望就是向往尚未拥有的东西和尚未体验的刺激)"[②]。媒体广告和产品厂家的宣传策略是,通过各种途径在让消费者产生消费欲望之后,随即马上把已经制造出来的欲望落空,取而代之的是新的、不同的另一个消费欲望。一方面,"商业广告不希望消费者对任何一个具体的产品保持长期的欲望,否则就意味着浪费钱财。没有什么会把欲望如此经久不衰地和临时地宣传成'新的'、'改进的',最好是'新改进的'方案"商品的设计师、生产者和营销商,现在都永远生活在紧急状态之中[③]。鲍曼指出,商业广告在制造"崭新"欲望的同时在制造"过时""淘汰"的欲望,哪种商品产品是目前最流行,是消费者最想购买的,这种新诱惑和欲望随后就是要被淘汰掉的,在商业广告看来,所有这些方面的信息,同新产品丰富多彩的功能的介绍和新欲望的培育一样至关重要。另外一方面,"厂家和营销商有时会取消某种商品的生产或从市场上撤走刺激了消费者欲望的商品,以防止他们被加强的欲望生根,并因此长期止步不前……新一代产品的出现使先前的产品显得过时,即便不是完全无用和

---

① [英]齐格蒙特·鲍曼:《被围困的社会》,郇建立译,江苏人民出版社 2005 年版,第 144 页。
② [英]齐格蒙特·鲍曼:《被围困的社会》,郇建立译,江苏人民出版社 2005 年版,第 144 页。
③ [英]齐格蒙特·鲍曼:《被围困的社会》,郇建立译,江苏人民出版社 2005 年版,第 144—145 页。

第五章 重释现代性：现代性趋于流动态势

令人沮丧，因为新产品具有更好的性能和更漂亮的外观。商业的繁荣有利于欲望的变化及其速度的加快"[1]。在商品营销商、广告传媒的宣传下，在商品产品日新月异的更新换代下，建构起来的消费需求也随之更替变化，与时俱进。消费者的需求不是出自消费者自我的要求和愿望，而是被外在他者建构起来，消费需求是被设定的、被设置的、被给予的。具体来讲，消费者的需求一直被厂家引导着、被广告宣传着、被新颖产品诱导着；这样的消费需求不是真实的需求，而是虚假的需求；这样的消费品不是消费者必需的需求，而是商品生产者的需求。

二是上瘾式的消费欲望。鲍曼认为，上瘾是一种自我毁灭性的行为，因为人一旦上瘾就会寻求更多，寻求越多，就越需要实施上瘾的行为，否则人就感觉到极为不舒服、不自在。鲍曼特别强调，上瘾行为的另外一种潜在功效是，上瘾将毁灭性地消灭满足、满意的可能性，进而上瘾行为的持续就永远不会有节制欲望的念头。现代人始终以购物消费方式生存，我们在商店里购物也在商店外购物，在街道上购物，我们在家里购物，我们甚至在工作时、休闲时、在醒来或在梦中，我们还在购物，消费者的购物行为慢慢演变为一种上瘾行为，每一个成员都在参加这场特殊的比赛，比赛的内容就是购买行为。鲍曼把流动的消费欲望比喻成一场永没有终点的比赛，消费者的消费购物如同比赛一样，但是，比赛的终点线的移动速度总是比跑得最快的运动员还要快，永远没有到达终点的比赛。消费者的消费比赛一旦开始就没有终点：消费者已经出发，但是消费行为不可能结束。消费者消费购物已经成为一种上瘾行为，"正是这一持续不断的奔跑，这一对置身比赛的令人快意的觉悟，成了真正的上瘾行为——对于少数几个可能通过终点线的人，没有任何特别的奖励在等着他们。没有一项奖励能够足够地让人满意，以致它能将其他奖项的吸引力剥夺得一干二净，而且在那里还有其他具有诱惑力和吸引力的奖项，因为（到目前为止，总是到目前为止，无法结束的到目前为止）它们还未经尝试。欲望成为

---

[1] ［英］齐格蒙特·鲍曼：《被围困的社会》，郇建立译，江苏人民出版社2005年版，第145页。

了它自己的目标,而且是无可非议、不容置疑的唯一目标"①。鲍曼认为,一旦消费购物行为成为一种欲望的目标,消费购物心理演变成一种上瘾行为,"需要购买的东西是没完没了的。但是不管这张购物清单有多长,能够让人决定不再购买的方法,却无法在上面找到。在我们这个目标明显无限的世界里,最需要的能力本领是,能够成为熟练的、孜孜不倦的购物者"②。从心理欲望发作角度来分析,上瘾行为本身就是欲望不断地寻找目标的行为,而且欲望寻找目标的行为注定就是永远无法满足的。

三是实现"快乐原则"的消费愿望。鲍曼认同弗洛伊德对欲望心理的分析,他认为,欲望是代表快乐原则,追求快乐是力比多本能使然,事实上快乐原则未必都能实现,其原因在于现实原则制约和限制着快乐原则的实现。精神分析学家弗洛伊德认为这两个原则是相互冲突的、不可调和的:一方面,快乐原则支配着也主宰着非理性的人,这包括人的一切被压抑的力比多和欲望的冲动,快乐原则使人强烈追求欲望的满足和欲望的发泄,这种欲望本能是不考虑、也不懂得什么规范制约、道德约束,肆无忌惮地盲目追求满足。另一方面,现实原则即事实原则,主宰着理性的人,这包括人的一切理性、科学思维和认知方式。现实原则会设定出种种规范、律令、道德和禁忌等,告诉理性人什么可以做、什么不可以做;什么能做、什么不能做。现实原则作为一种力量在压制着、限制着由快乐原则支配的欲望的非理性人。两大原则是不可调和、不容妥协的。但是鲍曼认为,消费社会恰恰就是要使快乐原则和现实原则得以和谐存在,"无论是资本主义工厂的管理者,还是现代理性的鼓吹者,他们都没有想到:这两个敌人会达成协议并变成盟友;快乐会奇迹般地转换成现实的支柱;寻求快乐会变成模式维持的主要(和充分的)手段。换言之,谁都没有想到,流体会最终成为固体,即能够想象出来的最稳定的状况。然而,这恰恰是

---

① [英]齐格蒙特·鲍曼:《流动的现代性》,欧阳景根译,中国人民大学出版社 2018 年版,第 132 页。
② [英]齐格蒙特·鲍曼:《流动的现代性》,欧阳景根译,中国人民大学出版社 2018 年版,第 134 页。

第五章 重释现代性:现代性趋于流动态势

消费社会的目的:它服务于'现实原则'时谋取'快乐原则'的支持;它把反复无常的欲望同社会秩序的命运联系在一起,把非永久性的物质视为建构持久而稳定的制度之基础的原材料。消费社会获得了先前难以想象的功绩:它使现实原则和快乐原则协调起来,实现这一目标的手段好比是让小偷掌管珠宝仓库"[1]。所以,鲍曼认为,"消费行为的精髓,不再是一组可测量的具有明显特征的需要,而是欲望这一比需要短暂多变、难以捉摸、变幻莫测得多,而且重要的是比需要更无所指的实体,一个不需要其他证明和理由的自我遗忘、自我驱动的动机"[2]。可见,消费购物行为动机不是可预测的、可感知的实体需要,而是变幻莫测、短暂瞬息的欲望需要,这种心理因素会让消费者自我遗忘以往的消费,同时让消费自我驱动地参与永无休止的消费购物比赛。

鲍曼认为,要想让快乐原则和现实原则协调起来,就必须完成社会形态模式的转向,事实上,现代社会已经开始转型了。鲍曼早就强调,现代社会已经由生产型转向了消费型,现代资本主义国家的本质与其说是剥削工人最大化,不如说是消费最大化,因为消费是可以让快乐原则得以实现的最佳方式。欲望根本不需要驯服和抑制,它们应该被设定为是自由的、最好没有任何外在的限制,进而,在消费者、信用卡和立即满足的消费社会里,这些快乐的欲望动机注定成为了理性计算的关键性因素。同时就实现了让快乐原则和现实原则协调的机制:"让小偷掌管珠宝仓库"。

概言之,鲍曼坚持以下观点:消费者的消费动机不是建立在对消费需求的建构上,也不是建立对欲望的管理控制上,而是建立在了一项情愿的幻想愿望的解放上。尤其是在流动的现代性消费社会里,鲍曼这样解释道,稳固的消费需要不再是消费社会的首要动机,取而代之的消费欲望也难以维系消费社会的良好运转,这时候愿望式的欲望图式出现了,"'需要'首先被抛弃,随后被

---

[1] [英]齐格蒙特·鲍曼:《被围困的社会》,郇建立译,江苏人民出版社 2005 年版,第 194 页。
[2] [英]齐格蒙特·鲍曼:《流动的现代性》,欧阳景根译,中国人民大学出版社 2018 年版,第 135 页。

欲望所取代。应该指出的是,十九世纪的经济学家曾经把需要视为'稳固'的象征,因为它是不变的、永远受限制的和有限的;而欲望则是'流动的',并因此是可扩张的,因为它有一个变化无常然而真实的梦想,一个等待着表达的'内我'。然而,现在轮到欲望被抛弃了。欲望失去了自己的用途:它把消费者的嗜好带到目前的状态后,已经无法跟上时代的步伐。人们需要一个更有力的、首先是更善变的刺激,以便使日益加速的消费需求符合日益增加的消费供给。'愿望'是急需的代替品,它实现了'快乐原则'的解放,清除了'现实原则'带来的任何障碍"①。愿望之所以为欲望,其令人向往或诱惑在于日益增长且难以满足的欲望总是以对比、虚妄和羡慕的"需要"为基础,而这些本能的欲望都会屈服于直接的愿望。鲍曼认为,需要—欲望—愿望三部曲之间是相互渗透、相互转化、密不可分的,它们都是力比多欲望流在不同消费环节和实践中的展示。

四、流动的消费景象

流动的消费景象,变化极快,能够把消费社会的繁华与荣耀转化为萧条与衰败。在流动的消费社会里,消费商品是循环流动的,消费文化是时尚潮流的,消费市场是自由流动的,消费者个体也是自由自在的。我们在这里精要地提炼出流动的消费景象的三大指向:"点滴化"的消费时间、"受欲望支配"的消费理念和更替性、多度化和废弃式的消费模式。

一是"点滴化"的消费时间。点滴化,即对瞬间流动的比喻。瞬间是流动的现代性无实体、虚幻的时间观念,瞬间是指异常短暂的时间和极其迅疾的运动,它意味着直接、立即地"当场"实现和完成,瞬间把"起点和终点分割开来的时间—距离正在一起缩减或消失"②。点滴化时间代表着轻巧和速度,追求

---

① [英]齐格蒙特·鲍曼:《被围困的社会》,郇建立译,江苏人民出版社2005年版,第192页。
② [英]齐格蒙特·鲍曼:《流动的现代性》,欧阳景根译,中国人民大学出版社2018年版,第203页。

第五章 重释现代性：现代性趋于流动态势

轻巧和速度是消费社会的规范和准则，是自由自在、无拘无束的体现。消费社会的架构中对流动速度提出新的期待，对自由的追求简化为对速度的追求，"缩减并集中在'瞬间'这个唯一的目标上。现在，谁运动和行动得更快，谁在运动和行动上最为接近'瞬间'，谁就可以统治别人"①。

鲍曼认为在流动的现代性世界里，消费社会的时间既不是周期循环性的、也不是直线延长的，而是呈现出点滴化断断续续、瞬间即逝的态势，即点滴化时间段。到底何谓点滴化时间？鲍曼认为，点滴化既是一种空间维度上的概念，也是一种时间维度上的概念，是空间和时间共有意义上的一种时空概念，它一方面注重空间上的破碎、分裂、中断、间隔化的点滴状况，另一方面还注重时间上的非连续性、非连贯性、断续性和偶然性的点滴态势。鲍曼的"点滴化"思维在本质上是一种"现在主义"。生活在流动的现代性消费社会里，消费者倾向的是要体会眼下的消费快感，体验这种立刻享用的消费感觉，从而在时间上不容许有丝毫的耽搁和延误。消费者在本性上是直奔眼下的消费目标，只相信当下的消费时刻，这是典型的现在主义者消费时间。鲍曼指出："'现在主义'生活就是匆忙的生活方式，任何一时间点所拥有的机遇都会紧随相伴消失而去，这是因为每一独有的机遇不会再现'第二次机会'。每一个时间点都是完全的、真正的崭新开始，而耽搁和延误会成为机遇丧失的持续杀手。"②鲍曼强调，"现在主义"的消费观念意在摒弃过去时态的任何过时事物，力争获得当下的任何愉悦事物，"它们是消费市场的标准，即倾向即刻消费、即刻满足与即刻获利的那一类标准，消费者市场宣扬快速流通，宣扬从使用到报废到垃圾处理的更短间隔，宣扬把不再带来利润的货物迅速替换掉"③。因而，"点滴化"消费时间指的是消费的快速瞬间化。流动的现代性也可称之为轻巧的现代性、灵活的现代性，它在时间上表现出来的特征就是瞬

---

① ［英］齐格蒙特·鲍曼：《流动的现代性》，欧阳景根译，中国人民大学出版社 2018 年版，第 205 页。
② Zygmunt Bauman, *Consuming Life*, UK: Polity Press, 2007, p.35.
③ ［英］齐格蒙特·鲍曼：《流动的生活》，徐朝友译，江苏人民出版社 2012 年版，第 63 页。

息性。

鲍曼认为,瞬间化的消费就是要实现消费的立即直接完成,这是因为"瞬间"意味着直接、立即的"当场"实现和完成,"它的重要性也是在直接、立即地枯竭和衰减。把起点和终点分隔开来的时间—距离正在一起缩减或消失;时间的这两个曾被用来表明时间消逝并因而被用来计算时间'失去的价值'的概念,已经失去了它们的多数含义——这些含义和所有的含义一样,源于对这两个概念对立面的明显突出、毫不掩饰。只存在时间的'片刻、瞬间',而它们只是一些没有维度的点"①。这种时间感知完全不同于硬件的、沉重的固态现代性。固态现代性,时间能使空间最大化,时间是被用来作为精细管理和谨慎运用的手段;在软件的、轻巧的流动现代性里,时间演变为了价值手段,时间不再赋予空间任何价值,特别是瞬间化的时间预示着空间价值的极度贬值。在液态现代世界里,瞬间化的时间能使人在任何时刻都能达到空间的所有地方,此时此刻,空间失去"特殊"的价值。

鲍曼还认为,瞬间化也意味着短暂性的生活体验,瞬间短暂是与不朽相对的,瞬间化重视短期,瞬间化取代长期。永恒不朽曾经是终极真理,但是现代人对不朽生存越来越冷漠,把不朽的生存方式转化为一种体验和经历,即短暂的体会,并把它理解为立即消费:"正是你度过那一片刻的方式,在使这一片刻变成一个'不朽的经历和体验'"②。瞬间化的消费鼓动着消费者快速消费,一边快速消费眼下的消费目标,一边快速丢弃已有的消费目标,这种瞬间化点滴消费时间模式是与流动的时代背景相契合,因为流动的现代性与长远规划、长期投资和永久忠诚不相容。流动的现代性生活让瞬间化的点滴时间模式成为可能,也成为一种常态,"众多有价值之物都会快速地失去它们的诱惑力和吸引力,倘若有拖延的话,在它们被享有之前可能也仅仅是有点用处的

---

① [英]齐格蒙特·鲍曼:《流动的现代性》,欧阳景根译,中国人民大学出版社2018年版,第203页。
② [英]齐格蒙特·鲍曼:《流动的现代性》,欧阳景根译,中国人民大学出版社2018年版,第212页。

第五章 重释现代性:现代性趋于流动态势

垃圾;行动上流动灵活的程度以及抓住瞬间即逝的能力,成为了拥有较高身份和较大尊严的重要条件"①。这充分说明,瞬间化的点滴时间演变成"时尚文化",代表现代人的生活方式。

概而言之,点滴化的消费时间观鼓舞消费者追求"及时消费""立即消费""快速消费",追求一种瞬间化的永恒时间,享受这种瞬间化永恒所带来的愉悦和满足。这种瞬间性时间也是时尚哲学的重要组成部分,如果说流动的现代消费社会信奉哲学的话,那只能是信奉时尚哲学。

二是"受欲望支配"的消费理念。"欲望不会欲望满足,相反,欲望只会欲望欲望",这是鲍曼对消费欲望理念的经典凝练,消费欲望成为流动社会的重要生活理念。消费欲望不会因为消费商品的购买而得到满足,消费欲望的结果只能是欲望更多的消费欲望,这是消费欲望逻辑的本真表达。鲍曼认为,流动的消费心理,即欲望流成为消费生活的逻辑动力。由欲望支配的消费逻辑从根本上革新消费社会运转的机理。欲望流,犹如永动机一般,川流不息,动力十足,不断地攻占消费世界的所有领域,"消费市场不断地向传统开战,欲望就是这场战争的主要武器。一定要防止习惯(甚至最活跃的习惯)凝固成传统,而不断改变欲望就是最有效的预防针(当然,不断变化的注意力强化了不断改变的欲望)"②。这样一种欲望心理就是寻求刺激、寻求诱人和永远流动而不停息的状态,

不同于鲍德里亚的分析,把消费行为视为符号消费,"当代资本主义社会消费结构中的消费品系列,是一整套消费品之间存在的必然有序性关涉,其间起根本性支配作用的东西,就是符号话语制造出来的暗示性的结构性意义和符号价值(风格、威信、豪华和权力地位)"③。比较而言,鲍曼认为,"消费主义不是关于对欲望满足的承诺,而是事关为了更多的欲望而激起欲望——而

---

① Zygmunt Bauman, *Consuming Life*, UK: Polity Press, 2007, p.31.
② [英]齐格蒙特·鲍曼:《被围困的社会》,郇建立译,江苏人民出版社2005年版,第146页。
③ [法]让·鲍德里亚:《消费社会》,刘成富、全志钢译,南京大学出版社2008年版,第7页。

且是原则上不能平息的那一类欲望"①。欲望意味着"马上就可以得到更新、重获升级,意味着新的冒险、新的刺激、新的快乐"②,欲望是为了欲望更多欲望。每一次消费购物、每一次消费行为之后留下的不是满足和满意,而是更多的消费欲望,为了营造这样的效果,消费产品在被宣传作为消费者消费目标之时,会马上诋毁和贬低这种消费产品,从而拉动新一轮的消费欲望,欲望在这个层面上成为消费经济迅速发展的飞轮。"相信'真实'与'现实'的欲望客观上是有限制的——这一切将为消费者社会、消费者工业以及消费市场敲响丧钟"③。对消费市场来讲,商品要是能一次性地满足消费欲望,那么这一天将是消费社会灾难性的一天。消费市场是全天候的,一天24小时、一周7天运转的"永动机",这样才能确保欲望持续发酵。消费社会和消费市场也在努力培养消费欲望,"就未来的消费者而言,对商品的诱惑作出迅疾而全心全意的反应,与一种强制又上瘾的购物冲动,是要灌输与培养的主要美德。对市场操作的引诱反应冷淡,或者缺少对引诱作出适当反应所需要的资源,就是最大的罪过,需要彻底根除,或者以放逐来惩罚"④。鲍曼认为,欲望操纵着消费者的消费观念,也支配着消费行为,欲望创造出了消费,"因为消费主义跟以往的生活方式完全有别,先前的生活方式没有把幸福感和需要的满足感紧密联系起来,当人类欲望的程度不断膨胀时,这就暗示着要促使转化为立即的使用,快速替代那些准备和希望满足人们消费客体。新的需求需要新的商品;新的商品需要新的需求和新的欲望"⑤。这正应了鲍曼对消费欲望的总结,欲望不是欲望满足的,欲望只会欲望更多的、更新的欲望。在这种情况下,消费社会最大的推动力是让消费者自我开始去寻找消费的欲望和刺激,在正常运转的消费社会里,"消费者会积极地去寻找让自己被诱惑的机会。消费者他们从

---

① [英]齐格蒙特·鲍曼:《流动的生活》,徐朝友译,江苏人民出版社2012年版,第99页。
② [英]齐格蒙特·鲍曼:《流动的生活》,徐朝友译,江苏人民出版社2012年版,第90页。
③ [英]齐格蒙特·鲍曼:《流动的生活》,徐朝友译,江苏人民出版社2012年版,第86页。
④ [英]齐格蒙特·鲍曼:《流动的生活》,徐朝友译,江苏人民出版社2012年版,第120页。
⑤ Zygmunt Bauman, *Consuming Life*, UK:Polity Press,2007,p.31.

第五章 重释现代性:现代性趋于流动态势

一个吸引力的地方,到另一个吸引力的地方,他们的生活从一处吸引到另一吸引,从一个诱惑到另一个诱惑,从吞下一个诱饵到去寻找另一个诱饵,每一个新的吸引、诱惑和诱饵都有些不同,而且或许比之前的更要强烈"[1]。鲍曼认为,没有任何事情应当是消费者坚定要信奉的,没有任何事情应当给予永久承诺的,也没有任何需要欲望是被视为能完全满足的,也没什么欲望是最终的。鲍曼认为,消费者的满足应该是瞬间点滴化的,消费商品给消费者带来的是瞬间性的满足,很显然这种瞬间性的满足不可能具有长久的持续性,更不会把满足拖延下去。这种瞬间性的满足会瞬间结束,满足结束的时间也就是他们消费商品结束的时间。在流动的现代性消费社会里,满足和需要颠倒过来了:对满足的承诺和期待永远领先于需要,并将永远高于现存的需要水准,"为了增强消费能力,决不能让消费者休息。他们需要不断被置于新的诱惑之下,以便于一直保持激动状态,永不让兴奋萎缩,且事实上,是在一种怀疑和不满足的状态中"[2]。至此,我们发现,"受欲望支配"的消费理念,既是不可满足的欲望沟壑,也是激发释放消费之源。

三是更替性、多度化和废弃式的消费模式。"'消费主义综合征'的一切就是速度、多度及废弃"[3],是鲍曼对消费模式的重要判断。更替性、多度化和废弃式的消费模式,主要表现为消费商品更替迭代速度越来越快,消费商品的供应量远远大于需求量,消费商品从新品上市到废品废弃的时间越来越短,在流动的消费社会里,"我们需要的东西是以永远上升的速度被消费,被销毁,被磨损,被替代,被抛弃,而且其速度需越来越快"[4]。从另一角度讲,消费生活也是一种欺骗、过度与浪费的消费经济,"欺骗、过度与浪费并没有标明消费主义的失灵,而是它健康的保证,是在其之下消费者社

---

[1] [英]齐格蒙特·鲍曼:《工作、消费、新穷人》,仇子明、李兰译,吉林出版集团2010年版,第67页。
[2] [英]齐格蒙特·鲍曼:《工作、消费、新穷人》,仇子明、李兰译,吉林出版集团2010年版,第67页。
[3] [英]齐格蒙特·鲍曼:《流动的生活》,徐朝友译,江苏人民出版社2012年版,第90页。
[4] [英]齐格蒙特·鲍曼:《流动的生活》,徐朝友译,江苏人民出版社2012年版,第91页。

会或许可保生存的唯一制度。……为了让期待保持生命力,为了让被质疑和废弃的旧梦想迅速地被新希望补上,商店与垃圾桶之间需要相距不远,能够快速抵达"①。鲍曼主要从三个方面分析流动消费模式的具体表现。

首先,更替性的消费方式,意指消费商品始终处于不断更新、替换状态。更替性追求崭新、时尚潮流,不断设计最新产品,淘汰过时产品,"商品生产用'设计成立即淘汰的一次性产品'取代了'耐用商品的世界'"②。也唯有此才能保持对消费者产生持久诱惑。更替性的消费方式印证如下事实,"这个世界上没有什么东西可以持续,更别说永远延续。今天那些有用而不可或缺的事物,除极少数特例外,都是明天的废弃物。没有什么东西是真正必不可少的,没什么东西是不可替代的。万事万物自诞生之日开始,就贴上了死亡即将来临的标签;每一样事物在离开生产线的时候,都被贴上了一张'在此日期前使用'的标签。人们不会开始构筑,除非合同有效期得以确认或者合同的终止可以由未来的什么危险决定。没什么步骤,也没什么选择是一劳永逸的,没什么不可更改的。没有一个承诺能够持续如此之下,以至于无法回头"③。时尚商品必须是处于更替性状态,商品达到流行时尚之时便是濒临落伍之际,时尚是商品消费得以延续的强劲动力,是一种市场机制,通过这种机制,"永不停止的创新之链维持着'基本秩序'(对市场的从属),正是这种创新的永恒性,使个别产品的失败对秩序而言是无关紧要的,不会危及秩序本身"④,时尚的主要功能在于,促使昨日的产品过时,促使人们不再纠结旧产品不曾兑现的承诺,同时创造一种新的消费需求。今天的消费主义与物的积累没有关系,它同即时性的"一次性"享受有关,"抛弃""终结""丢弃""抛售"是我们这个液

---

① [英]齐格蒙特·鲍曼:《流动的生活》,徐朝友译,江苏人民出版社2012年版,第88页。
② [英]齐格蒙特·鲍曼:《流动的现代性》,欧阳景根译,中国人民大学出版社2018年版,第151页。
③ [英]齐格蒙特·鲍曼:《废弃的生命》,谷雷、胡欣译,江苏人民出版社2006年版,第101—102页。
④ [英]齐格蒙特·鲍曼:《立法者与阐释者——论现代性、后现代性与知识分子》,洪涛译,上海人民出版社2000年版,第220页。

第五章　重释现代性:现代性趋于流动态势

态现代世界的真正的激情。① 鲍曼对更替性消费有着自己深刻的认识,他借用蛇与梯的游戏表达自己的观察,"消费生活消费的生活是蛇与梯子的游戏。从低端到顶端的路程极短,而从顶端到底端的路程甚至更短——上升与下降就像扔色子一样快,而且说发生就发生,很少或没有任何事前的警告。声誉迅速达到它的沸点,又立刻开始蒸发"②。现实的消费社会景象也正是如此,消费者购买商品,获得商品,使用商品,废弃商品的过程几乎同时同步发生,"新产品的作用主要在于使昨日的产品过时,并使人们不再想到这些'旧'的产品不曾兑现其承诺。希望是从不会完全落空的;相反,它始终处于一种持续兴奋的状态"③。鲍曼认为,更替性消费极力"贬低商品的使用期限,把'旧的'等同于'过时的',等同于不适合未来使用的,等同于注定成为垃圾。这样的模式就是高度化的浪费率。而且,消费社会通过缩短人们欲望萌发到欲望消退之间的距离,尽管会招致无穷尽的失望局面,也要促使主体性保持活力性"④。更替性商品只在意是否能保持住对消费者的足够诱惑力,对商品的过量多度生产的浪费问题视而不见。

其次,多度化的消费方式,意指消费者所消费的商品是过度、过量、浪费的。鲍曼认为,购物中心和超级市场成为奉行新消费主义的殿堂,"发展是通过消费品的产量——通过商品和劳务的有效需求的范围来衡量的。就经济科学和政治实践而言,发展发生在这一范围扩展的时候。在一直独特的冗长推理中,这被看作是满足需求的进步,对某样东西的满意是通过对它的购买来表现的,而不管它带来的是愉悦还是烦恼"⑤。流动的消费社会以过度的商品生产和大量的商品浪费为显著表征,消费经济的繁荣是种虚荣和欺骗的繁荣,

---

① [英]齐格蒙特·鲍曼:《来自液态现代世界的44封信》,鲍磊译,杨渝东校,漓江出版社2013年版,第113页。
② [英]齐格蒙特·鲍曼:《流动的生活》,徐朝友译,江苏人民出版社2012年版,第91页。
③ [英]齐格蒙特·鲍曼:《立法者与阐释者:现代性、后现代性和知识分子》,洪涛译,上海人民出版社2000年版,第220页。
④ Zygmunt Bauman, *Consuming Life*, UK: Polity Press, 2007, p.21.
⑤ [英]齐格蒙特·鲍曼:《生活在碎片之中——论后现代道德》,郁建兴、周俊、周莹译,学林出版社2002年版,第28页。

"伴随着过度的生产和大量的浪费,虚假和欺骗的繁荣并没有发出消费经济功能失常的信号,相反,这恰恰是消费经济处于良好状态的征兆,处于稳定且正确的轨迹上的表现。这种独特的社会制度安排让消费社会得以确保自身"①。为了服务新的需要、欲望,消费经济不得不依赖商品的多度化、多量化的生产,"这是因为要保持消费主义经济持续不断地增长,就要不断地增加大量数额的创新产品,而这些产品更新的速度注定要超越行业内已经登记的需要的目标"②。尽管过度化、过量化生产是一种非常态的经济运行,但是消费社会的运转只能是生产模式,鲍曼强调,"消费社会只能是一个过度与挥霍的社会——因此,是一个冗余与巨大浪费的社会。过度加重了它被指望能根除或者至少减轻或减少的选择的不确定性——因此,过度从来都不是足够的过度"③。"我们人类生存在一个满载的地球上",是鲍曼对过度化消费生产的一种深刻描绘。

最后,废弃式的消费方式,是指消费者所消费的商品注定要被丢弃废掉,废弃的速度与更替的速度处于相同的水平。"处理、清除、丢弃物品而不是将物品移作他用,这一新重点显然符合当今消费经济的逻辑。对于其主要事物和生存要件就是把卖出和买进的商品迅速转化为垃圾的经济形态而言,人们执著于昨天的衣物、电脑、手机、化妆品就意味着灾难。"④鲍曼认为,消费商品从诞生的那一刻就被注定要走向被废弃处理,直至消失,这是消费商品的普遍的命运。"在消费主义经济里,商品的出现是首先作为规则而存在的,然后,它们寻找它们的应用。许多商品最有可能很快地流向了垃圾场,它们还都没有找到有意愿的顾客、或甚至在它们使用之前就成为垃圾"⑤。流动的消费让商品因新颖时尚而迅速诞生,却又因过时而迅速废弃,因而,"消费者经济也

---

① Zygmunt Bauman, *Consuming Life*, UK:Polity Press,2007,p.37.
② Zygmunt Bauman, *Consuming Life*, UK:Polity Press,2007,p.38.
③ [英]齐格蒙特·鲍曼:《流动的生活》,徐朝友译,江苏人民出版社2012年版,第90页。
④ [英]齐格蒙特·鲍曼:《流动的时代——生活于充满不确定的年代》,谷蕾、武媛媛译,江苏人民出版社2012年版,第120页。
⑤ Zygmunt Bauman, *Consuming Life*, UK:Polity Press,2007,p.38

第五章 重释现代性:现代性趋于流动态势

必须是一种物品迅速过期、商品迅速废弃和迅速轮换的经济,因此同时也是一种过量和浪费的经济"①,这种经济的独特性在于,"入时"和"过时"之间的差别,即今日的商品和昨日的商品之间的差别。鲍曼告诉人们,在流动的现代社会,"废弃物处理行业在流动生活之经济中居主导地位。这种社会的生存及其成员的幸福,取决于产品迅速地沦为垃圾,以及处理垃圾的速度和效率。在这种社会里,没有什么可以免受用之即弃之普遍规律的支配,也没有什么可以被容许在过气后继续存在下去"②。消费商品的归宿地只能指向了废弃物,"'消费品'的另一个属性,一定是它的出生证的一条附加条款——最终的目的地:'垃圾箱',这是用虽小却清楚、绝对可以辨认出来的印刷体写的。垃圾是所有消费者行为的最终产品。……现在轮到那有用的部分寿命短暂、变化无常、稍纵即逝,好为下一代有用的产品清空舞台"③。对此,鲍曼用"创造性毁灭"时尚总结废弃式消费方式。废弃物是商品命运本然的走向,也是流动消费生活的衍生品,"废弃物,是由消费者构成的流动的现代社会的主要的,也可以认为是最为充沛的产品。在消费社会的工业部门中,垃圾生产是规模最大、最不受危机影响的产业。在一个到处是消费者与消费品的世界里,生活不安地摇摆于消费带来的快乐与垃圾堆带来的恐惧之间"④。鲍曼认为,所有消费商品都被设定了有限的使用期限,一旦使用期限到来,消费客体就不再继续成为消费对象。一旦消费对象失去了使用价值,它们必然蜕变为无用的客体;一旦沦为无用的客体,它们将很快从消费生活场所中消失得无影无踪。现代人也不会对消费对象产生任何持久的留恋和永恒的回忆。

为此,鲍曼认为,对消费对象保持永久忠诚度并不是件令人自豪的事,反而是件令人耻辱的事。消费商品的废弃、多度和更替是消费社会存在延续的命脉,"没有奢靡的废弃物行业,消费社会要存在延续下去是不可想象的,即

---

① [英]齐格蒙特·鲍曼:《流动的生活》,徐朝友译,江苏人民出版社2012年版,第26页。
② [英]齐格蒙特·鲍曼:《流动的生活》,徐朝友译,江苏人民出版社2012年版,第3页。
③ [英]齐格蒙特·鲍曼:《流动的生活》,徐朝友译,江苏人民出版社2012年版,第96页。
④ [英]齐格蒙特·鲍曼:《流动的生活》,徐朝友译,江苏人民出版社2012年版,第10页。

使带着要去消费的意愿,消费者也不会被期盼为对消费者所得的消费目标宣读忠诚的誓言"①。由此可见,"没有奢靡的废弃物行业,消费社会要存在延续是不可想象的",这一经典判断点明了流动消费生活的样态。

五、新消费穷人

新消费穷人,是鲍曼阐释分析流动的消费社会的重要范畴,鲍曼认为,"消费主义意味着首先是把人转变为消费者,并把它们其他所有方面都变成从属的、次要的和低下一等的行列之中"②,成为消费者,尤其是成为成熟的消费者是现代人的主要任务。现代社会"将公民重新定义为一个按照商场的样子创造的社会的一个满意的消费者"③,然而,消费者却分化为两大不同的阶级:成熟的消费者属于上层群体,是富人阶级;有缺陷的消费者属于底层群体,是穷人阶级,即新消费穷人。鲍曼重点考察了新消费穷人的产生背景、内涵指向及其生存处境,为新时代的新穷人争取应得权益指明了奋斗方向。

贫穷的内涵和穷人的身份,在生产社会转向消费社会的过程中发生历史性变革,富有显著的时代色彩。鲍曼认为,不同于传统穷人身份,新穷人的内涵身份具有独特时代背景,在来源上,新穷人与消费社会的产生同根同源,是消费逻辑的衍生物,"事实上,新穷人是消费者市场的产物。不是由于消费者市场的'功能性障碍',而是因为它的存在方式和维持方式"④。现代人把消费购物置于生活首位,通过消费购物彰显身份,引领时尚的消费者就是最成功的现代人,争先恐后争当模范消费者,"消费者的竞争就不会终止,所以才会

---

① Zygmunt Bauman, *Consuming Life*, UK:Polity Press,2007,p.21.
② [英]齐格蒙特·鲍曼:《来自液态现代世界的44封信》,鲍磊译,漓江出版社2013年版,第81—82页。
③ [英]齐格蒙特·鲍曼:《生活在碎片之中——论后现代道德》,郁建兴、周俊、周莹译,学林出版社2002年版,第331页。
④ [英]齐格蒙特·鲍曼:《立法者与阐释者——论现代性、后现代性与知识分子》,洪涛译,上海人民出版社2000年版,第247—248页。

第五章 重释现代性:现代性趋于流动态势

不断地产生新穷人、新的匮乏者,甚至是新的'有缺陷的消费者'"。① 在身份角色上,新消费穷人表现为有缺陷的消费者,"今天的穷人首先是有缺陷的消费者,他们不能在他们力所能及的范围内充分利用已经显现的财富,甚至在尝试以前就被认为是不合格的"②。在内涵上,流动的消费社会赋予贫穷新意蕴,新消费穷人既有量化贫穷也有非量化贫穷。在现代社会里,消费生活是正常生活、幸福生活,而新穷人特指无法担当消费者角色的群体,"消费社会里的穷人,其社会定义或者说是自我界定,首先且最重要的就是有缺陷、有欠缺、不完美和先天不足的——换言之,就是准备不够充分的——消费者"③。从而可知,新消费穷人群体缺乏金钱购物,缺乏信用卡支付,丧失购物激情,对消费市场有免疫力,他们是"不可靠的、有缺陷的消费者,他们排斥市场骗术,无论产品显得多么诱人,他们都不为之所动。很明显,对于定位于消费者的市场而言,穷人毫无用处;对于政府机构而言,穷人也日益无用"。④ 消费社会新穷人既不是"被纯粹资本剥削的人",也不是"劳动力储备大军",而是"完全的、真正的剩余,毫无用处,作为一次性用具的穷人不再有继续生存的'合理理由'"。⑤ 因上述现状的局限,消费穷人无法遵照消费社会标准从事日常生活,他们在社会角色、政治权益、身份价值等方面面临严峻的生存困境。

新消费穷人丧失应有的社会地位。鲍曼认为,新消费穷人是社会边缘化群体,富足而丰盛的消费生活同他们无缘,他们经常被羞辱为有缺陷的消费

---

① [英]齐格蒙特·鲍曼:《寻找政治》,洪涛、周顺、郭台辉译,上海人民出版社2006年版,第175—176页。
② [英]齐格蒙特·鲍曼:《后现代性及其缺憾》,郇建立、李静韬译,学林出版社2002年版,第224页。
③ [英]齐格蒙特·鲍曼:《工作、消费、新穷人》,仇子明、李兰译,吉林出版集团2010年版,第85页。
④ [英]齐格蒙特·鲍曼:《后现代性及其缺憾》,郇建立、李静韬译,学林出版社2002年版,第68页。
⑤ [英]齐格蒙特·鲍曼:《后现代性及其缺憾》,郇建立、李静韬译,学林出版社2002年版,第68页。

者,是局外人,是具有"污点"需要被处置的人,他们是"不能对消费市场的诱惑做出反应的人,因为他们缺少必要的资源,所以根据消费选择方面界定的'自由',他们不能成为'自由个体'。从当前占据统治地位的消费市场角度来看,他们是多余的——事实上是'错位物体'"①。"'消费者需求'越高,消费者社会也就越安全,也就越繁荣。然而,与此同时,那些不能满足欲望的人和那些能够满足欲望的人之间的鸿沟也会越宽、越深。……那些不能根据自己的欲望采取行动的人,每天都会受到那些能够那样做的人的嘲笑。浪费型消费不仅是成功的标志,也是直接通向公众赞美和名声的高速公路。拥有、消费某些物品,实践某些生活风格,是幸福的必要条件,或许,这也是人类尊严的必要条件"②。一方面,新穷人是被谴责训斥的对象,"消费穷人无法做到这些,他们不是消费者;或者,更准确地说,他们的消费对于资本的顺利再生产无关紧要(不管在何种情况下,他们的消费几乎完全被排斥在市场流通之外)。他们因此不是消费社会的一员。他们不得不受到压制、管束、权威和法规的联合训诫"③。鲍曼分析到,新消费穷人被剥夺了政治权利,没有未来也没有希望,承担不起社会重任,"如果既不是从逻辑的角度,也不是从历史的角度,而是从心理学的角度看,新穷人似乎就是一种残存的、边缘化了的异己分子。边缘化,正是使今日之穷人呈现出某种不同于以往的'新'的东西"④。另一方面,新穷人也被视为犯罪的代名词,鲍曼认为,"贫穷本身日益地被视为一种罪行,变得贫穷则被视为犯罪倾向和意图的产品,即是说,酗酒、赌博、吸毒、逃学和懒惰都会使人们变得贫穷。除了不应受到照顾与帮助之外,穷人还应受到

---

① [英]齐格蒙特·鲍曼:《后现代性及其缺憾》,郇建立、李静韬译,学林出版社 2002 年版,第 12—13 页。
② [英]齐格蒙特·鲍曼:《后现代性及其缺憾》,郇建立、李静韬译,学林出版社 2002 年版,第 44 页。
③ [英]齐格蒙特·鲍曼:《立法者与阐释者——论现代性、后现代性与知识分子》,洪涛译,上海人民出版社 2000 年版,第 240 页。
④ [英]齐格蒙特·鲍曼:《立法者与阐释者——论现代性、后现代性与知识分子》,洪涛译,上海人民出版社 2000 年版,第 239 页。

第五章　重释现代性:现代性趋于流动态势

憎恨与谴责,因为他们是罪恶的化身"①。在消费社会里,日益增加的犯罪并不是社会秩序运行恶化的结果,相反,它本身是消费逻辑的合法产品,是消费社会不可避免的现象。

新消费穷人是社会底层群体。鲍曼认为,流动的消费社会重置现代人社会层级,成熟的消费者受到极大欢迎,有缺陷的消费者受到极力抵制。消费社会也是一个阶层划分鲜明的社会,大致分为上层阶级和底层阶级,这种阶层的划分根据消费者的"流动程度"来界定,即选择商品的自由度、选择何处去的自由度。选择商品的自由界定了消费者的阶层等级,消费者选择商品越自由,社会阶层越高,获得更多的尊严和幸福,也越接近美好生活;消费者选择商品越不自由,社会阶层越低,越能体验尊严感的丧失和自卑,生活也是不幸的。鲍曼认为,消费穷人在物质财富上、在精神体验上都被归纳为底层阶级。在底层阶级生存的消费穷人,也被恶意地描述成为"马虎的、罪恶的、无道德标准的形象。媒体积极配合向大众展示这样的形象:贪婪的、可怕的犯罪因素,他们居住在隐蔽的栖息地和肮脏的街道上"②。新消费穷人被降格为社会底层,他们的行为被认为是乞讨、纠缠、恐吓和破坏他人的幸福,迫使他人生活遭遇不幸。鲍曼对此点评道:"消费社会不识别年龄或性别的差异,它也不会制定限额,同样也不会识别阶级差异。从信息高速公路的全球网络中心到最遥远、贫困地区的边缘,穷人被挤压到一种处境:他们把仅有的那点钱或资源消费在毫无意义的消费客体上,而不是基本必需品上,其目的是为了扭转被人取笑和被人嘲笑的社会耻辱。"③最重要的是,新消费穷人很难扭转这种局面,鲍曼指出,新消费穷人阶层很难转化为推动社会变革的力量。消费社会里的穷人和知识分子的关系发生了根本性的变化,消费穷人无法得到知识分子的支持。鲍曼指出,穷人和知识分子在最开始是相互结盟的,然而,消费社会里的知识

---

①　[英]齐格蒙特·鲍曼:《后现代性及其缺憾》,郇建立、李静韬译,学林出版社2002年版,第48页。
②　Zygmunt Bauman, *Consuming Life*, Polity Press, 2005, p.127.
③　Zygmunt Bauman, *Consuming Life*, Polity Press, 2005, p.55.

分子对新穷人阶级越来越冷淡,丧失关注兴趣,新消费穷人作为无产阶级不再是一种革命性的主力军,他们在政治上丧失发言权,消费穷人得到的仅仅是众人的怜悯,注定担不起美好世界的创造者和建设者角色。

第六章　鲍曼现代性思想的理论贡献与当代启示

现代性理论是国内外学术界、思想界关注度极高的话题,具有鲜明的时代气息、思想意蕴和实践指向。长期以来,鲍曼现代性思想日益引起世界范围内的众多专家学者的重视青睐,对其跟踪研究、评析论述的学术成果持续不断,产生了巨大的社会影响力。本书研究认为,鲍曼对现代性的精辟论述、描绘阐释和建构拓展,极大地推动现代性理论研究的维度视域,对丰富重释马克思主义现代性理论,推动构建中国式现代化,加快建设社会主义现代化强国具有重要启示意义。

第一节　思想共鸣:鲍曼对话现代性理论家

鲍曼现代性思想经历了萌芽诞生、丰富拓展、革新演进的长达60年时光岁月,形成了独具特色的流动的现代性理论架构,这一系列学术造就让鲍曼享誉全球、名声远扬。鲍曼全部理论集成具有深厚的思想基础,他深受马克思思想的影响,深受同时代西方马克思主义现代性理论家的激发启迪,正是得益于与这些理论家的思想共鸣,鲍曼现代性思想凸显出深厚的理论底蕴和强烈的社会责任感。

一、鲍曼对话马克思

马克思的思想遗产极为厚重、底蕴绵长、影响深远。虽然"现代性"一词没有出现在马克思学术范畴内,但马克思对资本主义工业社会的深刻洞察、对贫困工人生存境况的揭露、对资本主义国家政治的批判,都蕴含着对现代性问题的诊断剖析。在这个意义上讲,马克思是当之无愧的现代性诊断家、现代性理论家,"卡尔·马克思是第一位使现代与前现代形成概念并在现代性方面形成全面理论观点的主要的社会理论家"[①]。总的来讲,马克思从商品经济、资本逻辑、世界历史、全球贸易以及无产阶级社会政治地位等角度透析现代社会图景,反思反观现代性问题本质及其外在表现。在马克思看来,不同于以前一切时代,资产阶级时代意味着现代社会的形成,理性技术、自由人权等被封建时代、前现代社会所遮蔽的价值理念得到广泛普及,资产阶级以工业革命这一强大生产力推动社会进步、文明发展,它们在历史上起过非常革命的杠杆作用。资本逻辑、理性原则彻底破坏一切封建的、宗法的、田园诗般的旧社会关系,变革革新构成现代性的基本维度。关于资本主义现代社会,马克思有以下一段经典论述,"生产的不断变革,一切社会状况不停的动荡,永远的不安定和变动,这就是资产阶级时代不同过去一切时代的地方。一切固定的僵化的关系以及与之相适应的素被尊崇的观念和见解都被消除了,一切新形成的关系等不到固定下来就陈旧了。一切等级的和固定的东西都烟消云散了,一切神圣的东西都被亵渎了。人们终于不得不用冷静的眼光来看他们的生活地位、他们的相互关系"[②]。上述精辟的总结,深刻反映出现代性对生产关系、经济关系、社会关系以及日常生活所带来的颠覆性重构。基于此,鲍曼还从生产与消费、市场与贸易、国家统治、剥削压迫、斗争解放等方面深入考察资本主义工业社会景象,尤其关注无产阶级解放事业。解放是马克思思想的核心主题和终极使命。在解放事业上,马克思不但追求无产阶级的政治解放,而且关注无产阶级的社会解放,为无产阶级解放事业指明前进方向,引领人类共同奋斗,建设共产主义美好理想社会。

---

① [美]斯蒂芬·贝斯特、道格拉斯·凯尔纳:《后现代转向》,陈刚译,南京大学出版社2002年版,第100页。
② 《马克思恩格斯文集》第2卷,人民出版社2009年版,第34—35页。

第六章 鲍曼现代性思想的理论贡献与当代启示

鲍曼与马克思具有深度关联性,马克思思想在鲍曼全部理论中占据重要地位。1998 年,马克思恩格斯《共产党宣言》出版 150 周年之际,鲍曼特意撰文《第二次启蒙运动》纪念。他认为,《共产党宣言》是人类历史上少有的坚硬且不可移动的岩石,我们凭借它测量历史起伏和社会变革的速度、力度、方向和波动,具有时代风向标的价值作用。纵览鲍曼学术生涯,鲍曼早年接受马克思主义教育,信仰共产主义,参加过革命战争,持有过共产党员党籍,早期学术探索聚焦资本主义,向往社会主义社会。然后,苏联模式共产主义的崩塌对鲍曼产生毁灭性冲击,倡导推动"人道主义马克思主义"思潮,在学术研究上离正统马克思主义越来越远。不过,鲍曼所关注的社会现状同马克思主义问题域密切相关,批判西方发达工业社会贫富差距问题,个体分化政治权益丧失问题,对底层群体报以满腔热忱。

晚年鲍曼理论转向流动的现代性、消费社会。应该来讲,马克思商品拜物教理论深深地启发了鲍曼对消费社会的思考。马克思认为,异化和商品拜物教(货币拜物教)支配资本主义社会中所有人,商品以崭新的方式操控现代人的心灵和生活,现代人都生活在异化的世界里。"鲍曼从马克思那里获取的中心思想是,为了理解世界,具体的人类存在不得不重新获得对其的控制。在资本主义社会中,大多数男女都受到支配,被迫在剥削和疏离的条件下生活和工作。他们存在于一个扭曲的世界当中。结果是,他们必须克服异化,再次使世界成为他们自己的"①。再者,马克思恩格斯尖锐地指出,早期资本主义生产体系下的贫富差距的问题,认为富人的生活是奢靡的、浮华的;穷人生活在毫无尊严和地位的境地,"他们不仅呼吸街上的污浊空气,还被成打地塞在一间屋子里。他们在夜间呼吸的那种空气完全可以使人窒息。给他们住的是潮湿的房屋,不是下面冒水的地下室,就是上面漏雨的阁楼。……给他们吃的食物是劣质的、掺假的和难以消化的。"②其状况都不如动物的生存条件,甚至连

---

① [英]丹尼斯·史密斯:《后现代性的语言家:齐格蒙特·鲍曼传》,萧韶译,江苏人民出版社 2002 年版,第 32 页。
② 《马克思恩格斯文集》第 1 卷,人民出版社 2009 年版,第 410—411 页。

基本的阳光、空气等都不能享有。鲍曼也在此基础上,重点考察了消费社会里穷人和消费的问题,消费穷人在尊严感、地位、政治权益等方面的遭遇。鲍曼继承并发扬马克思劳动异化和消费异化的思想,从更微观、具体的层面探讨消费生活的种种表现。马克思从宏观层面讲消费商品对人的控制以及资本家扩大生产的根本目的是为了追求利润。得益于马克思的启发,鲍曼进一步探讨了消费异化微观领域,如消费生活的新模式,如追求瞬间化、更替性和循环式的消费生活,追求生理心理欲望流的释放和满足等。

但鲍曼并不是马克思主义者,鲍曼现代性思想属于激进的西方左翼思潮。贝尔哈兹认为,鲍曼学说偏离马克思主义同时修正马克思主义,其学说性质属于后马克思主义阵营。贝尔哈兹指出,鲍曼急迫地批驳或否定社会主义,"解构了他年轻时十分熟悉的传统的社会主义。把它理解为知识分子理论、政治体系和社会秩序。他解开了马克思主义的绳结,分解出了历史的、社会学的、哲学的因素,确定了自己对这些学科的研究"①。鲍曼现代性理论研究最终走上了解构马克思主义的道路,他尤为突出现代人的道德、文化、心理、生活方面的研究,偏重社会学框架阐释研究,认为马克思主义是一种整体结构的科学理论,"科学、意识形态和社会结构之间的关系,理论的作用、价值观、文化偏见和社会学家在社会中的角色的关系也是相互关联的"②。鲍曼始终关注关心底层群体、普遍大众的生活困境,善于从细微之处挖掘日常生活中的生活意义和价值。生活政治是鲍曼理论的重要内容,他时常说道,"知识是粗糙的,而生活是微妙的"③,从日常生活中窥视政治,把社会学实践变成政治诉求,为人们构筑美好生活理想。鲍曼在根本立场和情怀使命上,同马克思保持思想上的共鸣和回响,马克思把"现实的人"作为社会物质生产、历史进步的主体,"现实的人"被异化状态,无论迫于技术理性,还是科层组织,抑或制度文化,

---

① [英]丹尼斯·史密斯:《后现代性的预言家:齐格蒙特·鲍曼传》,萧韶译,江苏人民出版社2002年版,第55页。
② [英]丹尼斯·史密斯:《后现代性的预言家:齐格蒙特·鲍曼传》,萧韶译,江苏人民出版社2002年版,第82页。
③ Tony Blackshaw, *Zygmunt Bauman*, London: Routlege, 2005, p.3.

寻求人的解放任重而道远。鲍曼同样把个体置于理论研究的核心地位,从社会关系结构中考察人的生存状况,"努力通过分析人类相互依赖的多重关系网络来理解人类的处境,人类相互依赖的多重关系网络是解释我们的动机以及这些动机所激活的效应的最为直接的现实"[1],对个体、自由度、不确定、恐惧等现代社会生活场景进行精准阐释,认为全球绝大多数人处于"五大邪恶"之下:"这五大邪恶是贫困、愚昧、匮乏、懒惰和疾病"[2],人类不平等的鸿沟依旧在拉大,"产生了让人吃惊的、一致承认的后果:不平等程度正在加深,自世纪之交以来,经济增长所增加的价值,几乎都全部进入了最富有的1%人口的腰包。……在全球层次,处于全球底层的人,大约有35亿,占到全球人口的一半,且只占有全球1%的财富,即仅相当于全球最富有的85个人所占有的财富"[3];坚持批判理论立场,明确指出"理性是一把双刃剑"[4],它和极权具有亲和性,"现代文明在大屠杀的发生和实施过程中所扮演的角色是积极的而非消极的。这说明了大屠杀如同是现代文明的一个失败一样,也是现代文明的一个产物"[5];对社会道德因素的重视,鲍曼经典名著《现代性与大屠杀》对现代性和道德的关系作出精细分析,把伦理原则、道德观念、社会责任、正义善良等理念突出出来;对美好社会的向往,鲍曼对理想社会的追求和勾画具有正面引导意义,以"乌托邦"梦想激起人们对自由、正义、幸福生活的憧憬,他认为,要增加社会福利,保障公民基本收入,支持制定"全民基本收入方案"等举措推动"现实主义乌托邦","能够作为一种独特而有力的斗争武器,来扭转那种

---

[1] [英]齐格蒙特·鲍曼:《通过社会学思考》,高华等译,社会科学文献出版社2002年版,"绪言"第15页。
[2] [英]齐格蒙特·鲍曼:《怀旧乌托邦》,姚伟等译,中国人民大学出版社2018年版,第150页。
[3] [英]齐格蒙特·鲍曼:《怀旧乌托邦》,姚伟等译,中国人民大学出版社2018年版,第128—129页。
[4] [英]齐格蒙特·鲍曼:《通过社会学思考》,高华等译,社会科学文献出版社2002年版,第244页。
[5] [英]齐格蒙特·鲍曼:《现代性与大屠杀》,杨渝东等译,译林出版社2002年版,第120页。

可怕、危险而具有潜在灾难性的'回到不平等'趋势"①。

二、鲍曼对话西方马克思主义理论家

与同时代现代性理论家保持对话,是鲍曼理性研究生涯的重要环节。鲍曼始终认为,现代社会理论家应该"与从事科学的同时代人当中最现代的人处于持久的对话当中"②,西方马克思主义者以及左翼思潮群体阿多诺、葛兰西、哈贝马斯、福柯、利奥塔等思想家对鲍曼理论研究产生了重要影响,他们对现代性、后现代性的立场观点激发了鲍曼对现代社会的深度思考。

从阿多诺身上,鲍曼习得批判理论的精髓,发现理性之"殇",技术之"凶",启蒙之"魅",特别是《现代性与大屠杀》揭开理性与邪恶之间"被隐藏的关联性",深刻描绘出现代性的另一幅面孔:科技理性的灾难性后果同进步性成就同样凸显。葛兰西《狱中札记》启发鲍曼对社会文化因素的重视,意识到市民社会、生活政治在现代社会中的"基础性功能",强调要恢复知识分子的使命担当,重新定义知识分子的伦理准则、道德责任和教育功能,从文化领导权建设的角度推动社会进步。哈贝马斯认为,现代性是一项未竟事业,这一重要判断深化了鲍曼对现代性品格的理解。在社会交往上,哈贝马斯坚持理性共识原则,鲍曼也认为,个体和共同体,私域和共域,私人和社会,陌生人和陌生人,唯有通过团结合作、相互认可,才能构建"善"的社会。

福柯一直将现代性视为一个"理性化""规范化""管制化"的发展过程,现代性通过社会制度、话语、技术实践等方式实现对人的统治和训诫,"现代的个人既是知识的客体,又是知识的主体,他不是一个'受压制'的存在物,而是一个在'科学—规戒机制'之母体中被积极地构铸的存在物"③,即现代人

---

① [英]齐格蒙特·鲍曼:《怀旧的乌托邦》,姚伟等译,中国人民大学出版社 2018 年版,第 161 页。
② [英]丹尼斯·史密斯:《后现代性的预言家:齐格蒙特·鲍曼传》,萧韶译,江苏人民出版社 2002 年版,第 82 页。
③ [美]道格拉斯·凯尔纳、斯蒂文·贝斯特:《后现代理论——批判性的质疑》,张志斌译,中央编译出版社 2004 年版,第 65 页。

第六章 鲍曼现代性思想的理论贡献与当代启示

是被一整套技术力量和制度力量精心组织起来的社会客体,自17世纪以来,个人"被束缚在一个复杂的、规戒性的、规范化的、全方位的权力网络中,这个权力网络监视、判断、评估和矫正着他们的一举一动"①,福柯规训思想全面渗透到鲍曼批判理论体系中,鲍曼发现技术监控训诫,市场驯化伎俩,广告引诱手法,欲望支配操控等现代性规训的方式途径。鲍曼经常借助福柯"全景监狱"剖析现代性操控个体的秘密:能够监管他人又使他人看不到自己的监管,组织他人的幸福生活,"并不需要辅以道德说教、理想化的布道或任何其他占用被监管人灵魂和精神的方式"②,鲍曼认为,现代性对社会的管控以同样原则运行。利奥塔后现代状况表现在三大方面,一是抵制基础主义,反对元叙事;二是规避宏大合法化图式;三是拥护异质性、多元性和革新性,提倡微观政治。挖掘日常生活中的生活意义和价值是鲍曼理论的重要内容,从日常生活中窥视政治,推动政治建设,是鲍曼研究现代性的主题之一。利奥塔对后现代的推崇让鲍曼陷入"后现代性"之思,鲍曼认同利奥塔"反元叙事"观点,强调差异性、多元性、碎片化、不确定性,坚持解构解体立场:解除管制、解除禁锢,"如果秩序和创造是现代性的战斗口号,那么解除管制和再利用就成为后现代的标语"③。但是,鲍曼并不接受利奥塔激进的后现代实践,他坚持从建设性的角度看待伦理崩溃、道德沦丧、秩序失控等问题,努力寻找"后现代性理性",注重在个人身上注入道德理念、道德责任,重建现代社会伦理原则。

对话是智慧,共鸣是心声,启迪是灵感。鲍曼不断深化拓展现代性理论研究,得益于与西方马克思主义以及左翼思潮理论家的思想碰撞,既有否定质疑,又有继承创新。阿多诺的启蒙辩证法启迪鲍曼现代性辩证法,鲍曼先全面接受文化霸权理论框架,进而又舍弃霸权策略,转向福柯规训思想。在现代性和后现代问题上,他对哈贝马斯亲近又远离,对利奥塔远离又亲近,尤其注重

---

① [美]道格拉斯·凯尔纳、斯蒂文·贝斯特:《后现代理论——批判性的质疑》,张志斌译,中央编译出版社2004年版,第70—71页。
② [英]齐格蒙特·鲍曼:《自由》,杨光、蒋焕新译,吉林人民出版社2005年版,第11页。
③ [英]齐格蒙特·鲍曼:《生活在碎片之中——论后现代道德》,郁建兴、李静韬译,学林出版社2002年版,第31页。

对生活政治的考察,把日常生活策略提到重要位置。

第二节　理论贡献:鲍曼现代性思想的创新之处

作为理论大师,鲍曼既被誉为后现代性的预言家,又被称为流动的现代性思想家,还被视为杰出的人类境遇阐释家。鲍曼对现代性的研究独特而精深,鲜亮而厚重,平实而不凡,其最精妙之处在于,他把现代性、后现代性、流动的现代性贯通融合起来,以宏阔的时代视野,丰富的社会实践为基石,开辟理论研究新境界,为人类睁开双眼重新认识世界提供新型瞭望镜。鲍曼现代性思想的创新创造主要体现在两大方面,即现代性与后现代性、固态的现代性与流动的现代性。

一、理论架构创新之一:现代性与后现代性

早期鲍曼研究现代社会的分析策略,主要从资本主义与社会主义角度,透析普通民众的生活疾苦,反对资本主义国家剥削压迫,憎恶帝国主义战争,追求自由平等、幸福美好生活,探讨社会主义美好理想,呈现出"传统社会主义"乌托邦叙事风格。20世纪50年代至70年代,东欧社会主义国家和苏联社会主义国家的矛盾裂隙越来越大,特殊的时代环境和亲身经历的政治生涯,让鲍曼开始反思并修正苏联马克思主义,他认为传统社会主义秩序开始崩溃,需要一种新的理论框架阐释现代社会。为此,20世纪80年代,鲍曼转向社会学研究,创造性地提出现代性与后现代分析策略,并逐渐放弃资本主义与社会主义分析策略,并用局内人与局外人替代资产阶级与无产阶级,把现代性视为伟大的筹划,围绕现代性这一时代课题展开研究,从社会学视域探析现代世界变革的新面貌。

现代性与后现代性分析策略,是一种双重视域框架,阐释现代社会运行机理和时代发展景象,既肯定现代性正面效应,又不否定现代性负面效应,既接受认同后现代视角,又不彻底断裂现代性,从共域交叉透视的策略,诊断西方

第六章　鲍曼现代性思想的理论贡献与当代启示

发达工业世界的新气象新动向。

鲍曼对现代性、后现代性概念内涵的现实指向作出独特理解和阐释。鲍曼明确指出,现代性、后现代性概念绝不等同于现代主义、后现代主义,现代性与后现代性理论策略,重在叙述阐释现代社会变革景象和人类生存境况。何谓现代性?在鲍曼眼里,"现代世界持久地高速向前发展,现代性意味着不断的变化"①,是强大的社会变革力量,现代性的欲望就是改变世界,改造人类历史。鲍曼倾向于"将社会的发展描述为一系列十分突然的变革,犹如有轨电车开了一段路程,突然从一条轨道转向另一条轨道"②。现代有别于过去,不同于过去、过时和消逝的年代。一般而言,人类历史大致分为,古代、中世纪和现代,而现代时期发端于16世纪,以英国工业革命时代为标志性,现代社会和现代人逐渐形成。现代世界的来临,现代性的实践力量主要体现在三个方面,现代国家机器的形成,彻底推翻封建分封制、世袭制,现代国家的根基源自契约精神和公民政治,税收是现代国家运行的重要物质基础,国家成为暴力机器,依靠官僚组织、军队士兵、警察监狱、政府机关等,资产阶级通过暴力手段维护政治统治,威胁控制底层民众。现代科学技术,成为人们改造自然界、人类社会的强大力量。鲍曼认为,"现代科学产生于征服大自然,使之服从于人类需要这一压倒性抱负。颇受赞颂的科学好奇心从未摆脱控制、管理、使事务更美好(即更加柔顺、驯服、乐意效劳)这一令人振奋的幻想。而据说正是这种好奇心推动着科学家'步入至今无人敢涉足的领域'"。③ 科学家群体努力探索揭示出自然规律,帮助人们认识规律、掌握规律和运用规律,工程师设计创造出先进的科技产品,帮助人们提升社会生产力,强劲推动现代世界前进步伐。如同马克思对科技的赞誉,商业、航海业和工业空前高涨,蒸汽和机器引领工业生产革命,现代工业取代手工作坊,一支支产业大军蓬勃发展,"自然

---

① [英]丹尼斯·史密斯:《后现代性的预言家:齐格蒙特·鲍曼传》,萧韶译,江苏人民出版社2002年版,第7页。
② [英]丹尼斯·史密斯:《后现代性的预言家:齐格蒙特·鲍曼传》,萧韶译,江苏人民出版社2002年版,第188页。
③ [英]齐格蒙特·鲍曼:《现代性与矛盾性》,邵迎生译,商务印书馆2003年版,第60页。

力的征服,机器的采用,化学在工业和农业的使用,轮船的行驶,铁路的通行,电报的使用,整个整个大陆的开垦,河川的通航"①,这一切的一切物质财富得益于科技的创新,科技的力量,对此,鲍曼评论道:"交通方式的不断进步是现代历史的标记。交通和旅行是变化尤其巨大、迅速的领域;这里所谓的进步,正如熊彼特很久以前指出的,不是把马车的数量加倍的结果,而是新的交通工具——火车、摩托车和飞机——的发明和大批量生产的结果。"②资本主义以自由市场、金融资本、劳动力和工厂为核心要素,形成一整套完善的社会制度体系,把全世界资源并入其运转轨道,激起人类历史上第一次叹为观止的社会革命,"资本主义将全部人口纳入创造流动财富的活动当中,这种财富是一种可用来发动进一步变革的资源"③,马克思讲道:"资产阶级在它的不到一百年的阶级统治中所创造的生产力,比过去一切世代创造的全部生产力还要多,还要大"④。鲍曼对现代性寄予厚望,现代性核心指向是"为改善和提高生活水平而奋斗:过得更好,做得更好,得到的更好……一个承诺:即一个即将到来的更为美好的世俗存在"⑤。何谓后现代性? 鲍曼反复强调,谈论后现代性并非意味着现代性已经寿终正寝,并不代表后现代性完全取代现代性。鲍曼眼中的后现代性,是一种新理论策略,一种新观察视域,他认为,要站在后现代视角反观现代性自身所衍生的问题和不足,从现代性之外再拷问现代性在实践中出现的新情况。后现代性作为一种关键思维方式,鲍曼借后现代性深入观察现代社会在跨世纪阶段所发生的新变化,主要体现在四个方面:经济全球化席卷全世界,国际资本和跨国企业在全球自由流动,利润增值空间和活动地域早已突破一国一域,流向全世界的大舞台,"它们能使自己的投资从一个国家转

---

① 《马克思恩格斯文集》第 2 卷,人民出版社 2009 年版,第 36 页。
② [英]齐格蒙特·鲍曼:《全球化——人类的后果》,郭国良、徐建华译,商务印书馆 2015 年版,第 13 页。
③ [英]丹尼斯·史密斯:《后现代性的预言家:齐格蒙特·鲍曼传》,萧韶译,江苏人民出版社 2002 年版,第 8 页。
④ 《马克思恩格斯文集》第二卷,人民出版社 2009 年版,第 36 页。
⑤ [英]丹尼斯·史密斯:《后现代性的预言家:齐格蒙特·鲍曼传》,萧韶译,江苏人民出版社 2002 年版,第 8—9 页。

第六章 鲍曼现代性思想的理论贡献与当代启示

移到另一个国家,依靠另一个国家的政府提供最好的政策"[1],跨国公司跟现代国家的关系是纯粹的利益关系、契约关系,牟利和增值是企业流动的第一要义,"全球金融、贸易和信息产业是依赖世界图景的政治崩溃——分成碎块——来谋取活动的自由和不受束缚自在地追求其目标。……促其系统地摧毁可能阻碍或延续资本自由流通和限制市场自由的一切东西"[2]。不确定风险与日俱增,现代科技"对自然的征服带来的更多的是废物,而非人类幸福。工业扩张最显赫的成功之处在于,使风险成倍翻番:更多的风险、更大的风险、前所未闻的风险"[3],不确定性风险是现代社会的代名词,人们对一切可靠的事物都失去信任和信心,科学在产生好的结果的同时很可能产生坏的结果,现代人的生活始终和高水平的风险相伴相随,福利政策难以兑现,生态环境持续恶化,癌症尚未有特效药物,等等。这一切当中最恐怖的是,科学已经显示出危险邪恶的一面。现代国家功能萎缩简化,个体化进程加快,鲍曼认为,民族国家的力量逐渐退化,"当前国家的政治主权,仅仅是先前根据全能国家模型塑造的国家多方面(政治的、经济的、军事的和文化的)自治的一个阴影。今天的主权国家无法顶住全球资本、金融和贸易(包括文化贸易)的压力"[4],国家越来越没有能力去平衡社会成员的利益,实施基本安全的保护呵护。

鲍曼把看似悖论对立的"现代性/后现代性"理论立场作出巧妙融合,从而避免了现代主义与后现代主义两大社会思潮的争议。鲍曼一方面深入考察现代性在当今世界的实践状况,及其强大力量引领社会变革所作出的突出贡献,认同现代性所秉持的普适性价值——理性、自由、民主、科技等理念;另一

---

[1] [英]丹尼斯·史密斯:《后现代性的预言家:齐格蒙特·鲍曼传》,萧韶译,江苏人民出版社 2002 年版,第 11 页。
[2] [英]齐格蒙特·鲍曼:《全球化——人类的后果》,郭国良、徐建华译,商务印书馆 2015 年版,第 65 页。
[3] [英]齐格蒙特·鲍曼:《现代性与矛盾性》,邵迎生译,商务印书馆 2003 年版,第 410 页。
[4] [英]齐格蒙特·鲍曼:《被围困的社会》,郇建立译,江苏人民出版社 2005 年版,第 56 页。

方面检视后现代性在近期所呈现的种种混乱迹象和新奇体验——不确定性、风险性、差异性和失序碎片化等症状,寻找后现代化、后现代实践、后现代栖息地这一新世界:全球化潮流推动社会结构变革转型,现代人的社会身份由生产者变为消费者,日常生活呈现为消费生活,熟人社会变为陌生人社会,大型购物中心成为消费世界的殿堂。现代性同后现代性如同孪生体,现代性构建秩序之不可能状态,失序混乱、碎片多元的后现代性视域便得以呈现,同样,秩序与无序、碎片与整体、多元与一元等元素原本就内置于现代性实践历程中,整合化和碎片化、全球化和区域化是一个相互融合、相互推动的进程,即同一过程的两个方面。现代性产生矛盾态度,同时产生了否定对立,质疑现代性的开始,便是后现代性视角的转向。

现代性和后现代性是共存共生的关系,相互交织,是对同一对象目标进行的不同理解审视,后现代性变动不居、动荡不安、消解传统、革新未来的本性,在实践逻辑中必然呈现出不确定、不稳定和不可靠,消解传统必然对一元化体系解构,"自由并不许以任何确定性,不对任何东西作出保证。这就引起精神上的极大痛苦。在实践中,自由意味着经常暴露在矛盾性中"①,后现代性体验源自现代性自身的发难,鲍曼认为:"自从人们开始讲述现代性的故事,后现代就不为人知地甚至隐姓埋名地出现在现代性每天的故事当中。"②以全球化为例,既是现代性的实践景象,也是后现代性特征,全球化源自物质生产国际化贸易的拓展,资本增值和经济发展推动全世界进步发展、统一团结;同时,全球化极富后现代性色彩,它代表"新的世界失序",全球化具有不确定、难以驾驭控制和自行推进的性质,没有中心、没有疆界、没有管理枢纽。对世界政治版图来讲,全球政治处于失控状况,国家政治遭遇瓦解,生活政治日益活跃。现代性尤为强调确定感,可算可知,"现代精神的一个自明之理事,假如有

---

① [英]齐格蒙特·鲍曼:《现代性与矛盾性》,邵迎生译,商务印书馆2003年版,第369页。
② [英]丹尼斯·史密斯:《后现代化的预言家齐格蒙特·鲍曼传》,萧韶译,江苏人民出版社2002年版,第227页。

第六章 鲍曼现代性思想的理论贡献与当代启示

1000种潜在的知识尚未被发现,那么,发现了一种也就意味着总共还剩下999种"①,可计算的理性逻辑就是现代性。后现代性却又强调不可计算不可知,"对这一自明之理的摒弃,标志着现代性进入了后现代阶段。现代性达到这一新的阶段,此时它便能正视这样一个事实:知识的增长扩展到无知的领域,随着向新的、未知陆地那一视域的每一步走去,知识的获得仅仅表现为对更多无知的觉知"②。

鲍曼坚持从历史逻辑、现实逻辑和发展逻辑相结合的角度透视现代性和后现代性的关系问题,他认为,后现代性不是对现代性的替代,现代性也不会因后现代性的出现而消失,要善于将两者的共存视为现代社会变革的条件,从而准确把握时代发展趋势。他始终强调,后现代性孕育于现代性,它犹如一根长刺从诞生之日起就把基因种植于现代性身上,不断地从现代性身上吸取养料又努力跨越现代性之"难","后现代性是现代性与其不可能性的妥协,是一种自身监控的现代性——是清醒地抛弃了曾经不知不觉所做的一切的现代性"③,人们对现代性的不满成就了后现代性的光辉,现代性是一项未竟的事业,后现代性光芒必将始终闪耀。从时间进程上看,后现代性是现代性的成年,是现代性实践发展到一定程度对自身问题反思总结的清单目录,并据此发现"问题所在、矛盾所在、困难所在"。鲍曼认为,现代性与后现代性虽有前后之分,但没有断裂之意,"后现代性策略并不包含有排斥现代性策略的意思;相反,如果没有对现代性策略的继续,后现代性策略也不可能被构划"④。政治、民主、公民依旧是现代性/后现代性的核心主题,"后现代性并非政治的终结,正像它不是历史的终结一样,恰恰相反,后现代承诺中的引人之处,要求更

---

① [英]齐格蒙特·鲍曼:《现代性与矛盾性》,邵迎生译,商务印书馆2003年版,第368页。
② [英]齐格蒙特·鲍曼:《现代性与矛盾性》,邵迎生译,商务印书馆2003年版,第369页。
③ [英]齐格蒙特·鲍曼:《现代性与矛盾性》,邵迎生译,商务印书馆2003年版,第410页。
④ [英]齐格蒙特·鲍曼:《立法者与阐释者——论现代性、后现代性与知识分子》,洪涛译,上海人民出版社2002年版,第6页。

多的政治、更多的政治保证、个体和集体行动的更多的政治功效"①,知识分子的身份既是现代的,又是后现代的,全球化既是现代的也是后现代的,后现代性在接力棒中续写现代世界的多彩画卷。

二、理论架构创新之二:固态的现代性与流动的现代性

21世纪以来,鲍曼现代性思想发生重大转向,他对现代性理论分析策略作出革命性调整,创造性地启用流动的现代性这一新型理论构架。鲍曼在跨世纪交替之际,郑重而鲜明地提出流动的现代性,彰显强烈的理论创新色彩,开创性地挖掘现代性理论研究的新沃土,意义重大,影响深远。至此,鲍曼重释现代社会,开始立足于"固态的现代性与流动的现代性"分析框架,借助固态的现代性与流动的现代性双重视域解读现代社会发展的新态势,叙述现代人生存的新遭遇,提出液态现代世界、流动时代、流动生活、消费生活、新消费穷人等新理念,以期拓展探索研究现代性理论的疆域。

整体性系统化理解鲍曼流动的现代性思想,必须基于对比框架的研究策略:即固态的现代性与流动的现代性,唯此才能全面把握鲍曼理论的形成脉络、理论特质、思想内核及观点立场。回眸鲍曼理论生涯,我们发现,比较视域、隐喻表述、贴近感知、紧盯时代之变,是鲍曼理解研究当今世界和现代社会一贯的学术品格。在早期鲍曼转向现代性理论研究道路时,他便采用现代性/矛盾性、秩序/混乱、立法者/阐释者、局内人/局外人、本土化/全球化、熟人/陌生人(异乡人)、单景监狱/全景监狱、园丁/园艺化、不确定/不可靠/不安全、戈尔迪之结,等等。再到转向后现代性思想时,鲍曼观察现代社会的眼光和叙述能力更加娴熟,隐喻式理论解读风格更加凸显,他提出后现代生活风格的四种类型:漫步者、流浪者、旅行者和比赛者;现代性的英雄和牺牲品:新贵/贱民;后现代性的英雄和牺牲品:观光者和流浪者;后现代栖息地等。新世

---

① [英]齐格蒙特·鲍曼:《现代性与矛盾性》,邵迎生译,商务印书馆2003年版,第416—417页。

第六章 鲍曼现代性思想的理论贡献与当代启示

纪以来,流动的现代性炫亮出世,成为鲍曼现代性思想的鲜明品牌,至此鲍曼理论架构和叙述风格日臻完善,独具品味,他研究提出生产社会/消费社会、成熟的消费者/有缺陷的消费者、工作伦理/消费伦理、固态的现代性/流动的现代性及其流动系列术语:流动时代、流动社会、流动生活、流动艺术、流动罪恶、流动恐惧、流动监视、流动之爱、液态现代世界,等等。

聚焦固态的现代性与流动的现代性这一新型理论策略,深入考察鲍曼学术创造的心历路程,我们越发觉得鲍曼现代性思想内在的继承性、外在的拓展性、震感的时代感和悲天悯人的高尚情怀,擎立起现代社会学理论研究的新标杆新典范。鲍曼启用流动的现代性,弃用后现代性,在理论属性和立场原则上彻底地同后现代、后现代主义思潮和哲学流派作出切割,这表明鲍曼理论不能归纳于后现代理论阵营,同时标注出鲍曼理论属于现代性理论谱系。对理性秩序、科学技术、启蒙价值、自由平等、民主权益等现代价值,鲍曼自始至终铭记于心,推崇备至,他认为:"现代智力追求的是完美,……寄希望它的是能带来一个稳定祥和的时代,因而还给人们带来舒适与悠闲。"① 这些皆是现代社会之基,现代人生存之本,理想社会的标配。然而,通过反思反省现代性实践进程中的负面效应,他提醒人们,要时刻警惕现代性内生的劣根之痕,主要表现在现代性允诺具有幻灭感,理性之"能"具有霸道专制倾向,科技之"神"具有反人性冷酷面孔。为此,我们认为鲍曼理论基因根源现代性,理论发展围绕现代性,理论创造深化现代性,纵然在表述上大谈特谈不确定性、个体化、碎片化、解构解体等后现代言语,坚持批判质疑、对立否定、差异多元、分化多样等后现代精神,提出后现代伦理/道德/栖息地/社会等后现代概念,但是其研究主题和探讨焦点始终紧扣现代性,从未离开过现代性问题域,积极借助后现代思维火花透视现代性困境。鲍曼始终站在时代和哲学的高度,直面现代性问题,从不回避矛盾挑战,抨击西方发达工业国家的社会弊政,客观评估全球化衍生的后果。高扬社会责任和使命担当,鲍曼以思想家的宏阔视野,俯瞰全球

---

① [英]齐格蒙特·鲍曼:《流动的现代性》,欧阳景根译,中国人民大学出版社2018年版,第7页。

政治版图,他反复警示,当今世界一个日趋明显的国际问题,全球范围内的"移民、难民、流亡者、寻求避难者等无家可归的人的数量在不可阻挡地攀升:这是一些在一直漂泊、居无定所的人们"①,忧心忧虑贫富悬殊沟壑,关注关心底层群体,向往平等正义、幸福美好的理想社会,帮助人们克服超越现代性之难,积极提交解答现代性问卷的"钥匙",推进现代性未竟之业。

2000年,流动的现代性这一风靡全球的新术语,再次让鲍曼的理论研究名声大振,他是当之无愧的现代性理论家、社会哲学家。鲍曼从液体自然流动的物理现象中,引申洞察出当今世界的"新奇"特质,他将流动性同时代之变、历史发展、哲学精神绝妙地融合起来,以反向对比的审视角度,细腻入微的比喻叙述,简约贴切的理论表达,描绘阐释现代社会奔流不息的前进步伐,努力书写当今世界的百态人生和世间炎凉。鲍曼固态的现代性与流动的现代性理论框架,如同现代性与后现代性理论框架一样,其理论架构的逻辑根基、展开机理和内涵要义,集中体现在以下两大方面:一方面是隐喻形象的叙述风格。从液态之物启发灵感之思,流动一词豁然明朗,撑起理论研究的一片新天地,流动,意味着"变化""快速""轻灵",这些特质把现代性之"变动不居""动荡不安",全球化之"便捷便利""四通八达",现代社会之"瞬息万变""时尚潮流",现代人之"个体自由""无拘无束"等面容刻画得惟妙惟肖,令人赞叹不已。与之相对,流动的另一面是固态,它意味着"沉重""庞大""静止",这些特质把现代性之"稳定秩序""单一可控",国家政府之"主权归一""权威信赖",技术设备之"坚硬重型""可靠安全"等肖像描绘得栩栩如生,出神到位。显而易见,鲍曼运用一正一反、一动一静的对比手法,借助于"流动"/"固态"隐喻使现代性的时代内涵及其特征外观淋漓尽致地浮现出来。鲍曼认为,固态的现代性,是早期现代社会的画像,也称为"硬件时代":"一种大量占有的

---

① [英]齐格蒙特·鲍曼:《流动的现代性》,欧阳景根译,中国人民大学出版社2018年版,第13页。

第六章 鲍曼现代性思想的理论贡献与当代启示

现代性、一种'越大越好'的现代性,一种'大就是力量,多即是成功'的现代性"①,现代性在感官外观上具象为重型机器、沉重机车、庞大工厂、铁矿煤矿等体积浑厚、又大又笨的物理载体。"秩序的可靠和坚固,是人类自由力量的典型产物和结晶"②,然而,现代社会的立法条文、伦理法规、道德规范十几年一成不变,早已赶不上时代文明前进的步伐。流动的现代性,是当今世界的真实容颜,也称为"软件时代""流动时代",现代社会的时间空间以及人际关系发生重大转变,如果说,固态的现代性是一个相互承诺的时代,那么,流动的现代性却是"解除承诺、捉摸不定、熟练地逃避和没有希望的时代"③。在流动的现代性时期,时空感知和时间距离正在一起浓缩,时间"'接近瞬时'预兆着空间的贬值"④,长期永恒失去价值,短暂即逝成为时尚追捧,"时间的这一新奇的瞬时性,急剧地改变了人类共处的形式"⑤,流动时代业已到来,现代社会"越来越多地被视为一种'网络而非结构':社会被人们认识为包含各种随意性的联结和分离的矩阵,一个可能出现无数种排列组合方式的矩阵"⑥,日常生活处于不断的现代化的进程中,"流动的速度,在今天已经成为社会分层和统治等级制度的一个重要的或许也是至高无上的因素"⑦,现代人被时代之变的涌流推上变幻无常的世界舞台,流动的不确定性随处可见,人们不得不在社会转型变革中重新确定位置和身份,掌握生活策略技能,寻找道德共识,寻求

---

① [英]齐格蒙特·鲍曼:《流动的现代性》,欧阳景根译,中国人民大学出版社2018年版,第195页。
② [英]齐格蒙特·鲍曼:《流动的现代性》,欧阳景根译,中国人民大学出版社2018年版,第29页。
③ [英]齐格蒙特·鲍曼:《流动的现代性》,欧阳景根译,中国人民大学出版社2018年版,第206页。
④ [英]齐格蒙特·鲍曼:《流动的现代性》,欧阳景根译,中国人民大学出版社2018年版,第202页。
⑤ [英]齐格蒙特·鲍曼:《流动的现代性》,欧阳景根译,中国人民大学出版社2018年版,第215页。
⑥ [英]齐格蒙特·鲍曼:《流动的时代——生活于充满不确定性的年代》,谷蕾、武媛媛译,江苏人民出版社2012年版,第4页。
⑦ [英]齐格蒙特·鲍曼:《流动的现代性》,欧阳景根译,中国人民大学出版社2018年版,第252页。

幸福生活。另一方面是质疑反思的批判精神。鲍曼固态的现代性与流动的现代性具有强烈的批判精神,他认为:"现代性是一个陷阱,后现代性是一个雷区,我们大多数人处于两地之间。"①这一重要判断充分表明,现代性无论在固态阶段还是流动阶段,其本身内生的矛盾性不可避免,现代人无论是固守传统现代性,还是拥抱流动现代性,都面临生存压力:理性失能、霸权管制、市场规训、欲望诱引、不确定性操控等。计算机先驱理论家冯·诺依曼曾悲观地预言,自动化机器的创造者发现无法认识自己的创造物,"近50年来出现的新科技的行动方式和自然一样。动机、意图、设计、目标和方向等都是从'完全盲目的机制'的杂乱运动中出现的,根本没办法确定这种运动是否会把我们带往'好的方向',也不能保证它不会把我们带到死胡同或深渊中去"②,而事实上,人造科技每前进一步就会获得自我更强的独立性和自我推进力,人造科技正在转变为一种非人类的力量。鲍曼认为,人们失去了对理性、秩序的信仰,"我们已经十分严肃地对我们贯彻大规模计划的能力表示怀疑,这些计划把世界视作人类和自然资源的全部,它消极地等待'组装',被指向正确的方向"③。现代性的园艺化功能不断裁剪人生规划,"现代性要求一个巨大的管理机器保持社会的秩序。管理者,即精英,是一些像园丁一样的人"④。园丁的职责,在于企图保证每一种植物在花园中处于恰当的位置,得到恰当的生长。但是野草没有生长的地方,因此从花园中被铲除。在教育体系中,政府培塑年轻人成为有责任心的工人、爱国的公民。国家犹如"暖房大棚",提供社会福利保障,确保工人身体健康并有安全感。监狱和教养院具有"害虫控制"功能,把犯罪分子、穷人、乞丐等有害野草逐出花园,或者通过判决徒刑,给予

---

① [英]丹尼斯·史密斯:《后现代性的预言家:齐格蒙特·鲍曼传》,萧韶译,江苏人民出版社2002年版,第35页。
② [英]齐格蒙特·鲍曼:《流动的恐惧》,谷蕾、杨超等译,江苏人民出版社2012年版,第96页。
③ [英]丹尼斯·史密斯:《后现代性的预言家:齐格蒙特·鲍曼传》,萧韶译,江苏人民出版社2002年版,第174页。
④ [英]丹尼斯·史密斯:《后现代性的预言家:齐格蒙特·鲍曼传》,萧韶译,江苏人民出版社2002年版,第161页。

关押。现代人在追求秩序进程中也付出了惨痛的代价,最极端的事件就是,"犹太人在纳粹时期的德国被视为'杂种'而被屠杀的事实。在纳粹主义看来,犹太人是肮脏的、丑陋的和危险的,因而应该被消灭,犹如花园里的'野草'"①。鲍曼认为,大屠杀是一个非同寻常的种族灭绝,它同现代性具有天然的"亲和性",它有着与过去任何屠杀都不同的特征,值得特别注意的正是这些特征。它们具有一种明显的现代气息。这些特征的存在说明了现代性直接有助于大屠杀的远不仅仅是它自身的弱点和无能。"这些特征的存在说明了现代文明在大屠杀的发生和实施过程中所扮演的角色是积极而非消极的。这也说明大屠杀如同现代文明的一个失败一样,也是现代文明的一个产物。就像按现代——理性的、有计划的、科学信息化的、专门的、被有效管理的、协调一致的——方式所做的所有其他事情一样,大屠杀超过了全部它所谓的前现代等价事件并使它们黯然失色"②。就像我们现代社会的所有其他事物一样,如果以我们社会所宣扬和制度化的标准来衡量,大屠杀在各个方面取得非常出色的成就。"集中营是一种现代发明;一种仅归因于现代性最引以为豪的成就——不是理性、技术、科学,它所喜爱及支持的结果——的发明;一种从现代这个视公开的野心为其优势的首要标志的社会获得需要、有用性和职能的发明"③。

即便到了流动的现代性阶段,人们又要面对一种绝对的两难困境:危险与自由的并存,人与人的关系成为陌生人的关系,"既相互吸引又相互排斥——它的吸引力和排斥力相互束缚,彼此滋养,同甘共苦,永不改变"④。"潜在的困难不再是如何发现、发明、建造、组装(甚至购买)一个身份,而是如何阻止

---

① [英]齐格蒙特·鲍曼:《后现代性及其缺憾》,郇建立、李静韬译,学林出版社2002年版,"序"第3页。
② [英]齐格蒙特·鲍曼:《现代性与大屠杀》,杨渝东、史建华译,译林出版社2002年版,第120页。
③ [英]齐格蒙特·鲍曼:《生活在碎片之中——论后现代道德》,郁建兴、周俊、周莹译,学林出版社2002年版,第221页。
④ [英]齐格蒙特·鲍曼:《生活在碎片之中——论后现代道德》,郁建兴、周俊、周莹译,学林出版社2002年版,第141页。

它变得束缚人——并且阻止它依附于人的身体。完好建造的、持久的身份是在将赞同变为责任的过程中出现的。后现代生活策略的中心不是建立身份,而是逃避限制"①。在流动的社会,终身职业已经消失,工作岗位不再受保护、工作环境也不再稳定、人际关系也不再牢固。在后现代性时代,"个体自由是至高无上的价值,根据这一标准,所有社会功绩或罪恶都需要被重新评估"②。后现代症候日趋凸显,人们越加体会到不确定性和安全感的丧失,在得到某些东西的时候,同时要失去一些东西。个体重新陷入自由的困境,"在令人神往的自由与令人恐惧的不确定性之间,深受折磨的个体向往着不可能的事情:他们想'吃掉蛋糕之后还继续拥有它',想充分享受选择的喜悦而不会因错误的选择而受到惩罚"③。在确保安全的时候却要失去自由,在确保自由的时候却要失去安全,事实上,"没有自由的安全和没有安全的自由都是人类社会的缺憾,在这两种情况下,人们都不可能获得稳定的幸福"④。人人处于"纯粹联系"状态,即在任何一个特殊的点上,都可能被随心所欲地打断。浪漫的罗曼史不再等于永恒,性快乐已经从传统的生育、血亲关系和传宗接代中分割出去。爱遭到了贬低,情爱被性欲取代。情爱在生理上源于性欲的冲动,但是它将性交视为爱情的有机组成部分,是一种亲密化的社会关系。而性欲则将性交降低为一种生理功能,即满足性欲,是一种动物化的交媾,"这种降低通常是由警惕性来补充的,这种警惕性旨在防止性关系产生相互的同情和义务,因此也防止它变成一种成熟的人际关系。性欲从色情语境中得到'解放'(色情最充分的表述是浪漫的爱情),这使所有爱的关系——性欲的关系以及非性

---

① [英]齐格蒙特·鲍曼:《生活在碎片之中——论后现代道德》,郁建兴、周俊、周莹译,学林出版社2002年版,第96页。
② [英]齐格蒙特·鲍曼:《后现代性及其缺憾》,郇建立、李静韬译,学林出版社2002年版,"序"第3页。
③ [英]齐格蒙特·鲍曼:《后现代性及其缺憾》,郇建立、李静韬译,学林出版社2002年版,"序"第8—9页。
④ [英]齐格蒙特·鲍曼:《后现代性及其缺憾》,郇建立、李静韬译,学林出版社2002年版,"序"第4页。

欲的关系——都被严重削弱了"①。液态世界让不确定成为常态,我们的生活就像所有的流体一样瞬息万变,"这个世界中的一切,差不多一切,都是变动不居的:包括我们追随的时尚与我们关注的对象"②,我们有梦想也有恐惧,我们有渴望也有厌倦,我们既充满希望又坐卧不安。

第三节　实践指向:鲍曼现代性思想的现实启示

鲍曼现代性思想具有鲜明的实践指向,他始终认为,现代性是关于社会学研究的一门重要科学,它从常识中洞察社会之谜,使我们的感知更加敏锐,让我们睁大双眼,深入理解至今还几乎仍然难以辨识的人类处境,现代性思维有利于"促进我们之间的团结,这种团结建立在相互理解、相互尊重的基础之上,建立在我们共同抵抗灾难,谴责带来灾难的残酷行为的基础之上。如果这个目标能够实现,自由的事业就会得到加强和巩固,成为我们大家共同的事业"③,理论研究的使命在于为世界未来发展提供方向指引。鲍曼社会学之思,尤其是他对全球化、共同体和消费社会的深度研究,既有理论高度的思索,也有现实指向的拷问,全球化顺应时代发展却衍生出更多社会政治问题,个体化社会让现代人陷入极度的不稳定不安全中,共同体庇护是最牢固最温馨的家园,消费社会繁荣昌盛的背后掩藏着底层群体的生活隐忧。对命运不公的抗争、对自由安全的渴望、对民主权益的追求、对幸福生活的向往等现实诉求赋予鲍曼理论研究厚重的社会责任和实践要求,这也对我们建设美好社会、构建人类命运共同体具有重要启示意义。

---

① [英]齐格蒙特·鲍曼:《现代性与矛盾性》,邵迎生译,商务印书馆2003年版,第313页。
② [英]齐格蒙特·鲍曼:《来自液态现代世界的44封信》,鲍磊译,漓江出版社2013年版,第1页。
③ [英]齐格蒙特·鲍曼:《通过社会学去思考》,高华等译,社会科学出版社2002年版,"绪言"第17页。

一、全球化:拥抱"积极"全球化,抵制"消极"全球化

全球化,是鲍曼现代性思想的核心范畴,是鲍曼观察时代变革和社会变迁的重要维度。鲍曼认为,如果说,早期资本主义全球化的标签是大航海、大航空和洲际电报通讯,那么,当今社会全球化的标签是国家自由贸易、时尚潮流消费、互联网世界。现代时代首先是全球化时代,现代社会必然是全球化社会。地球村,是地理疆域上的全球化,全球人,才是世界版图上的全球化,全球化是一项未竟的伟大人类事业。

鲍曼对全球化有深邃洞察,他既强调全球化的正面效应,也警惕全球化的后果灾难,全球化是助力时代进步的重要推手,也是滋生国际问题的源头,必须以辩证思维审视全球化、拥抱全球化和改造全球化。一是全球化重组世界版图。鲍曼认为,"全球化既联合又分化。它的分化不亚于它的联合——分化的原因与促进全球划一的原因是相似的"[1],整合和分化、国际化和本土化是相辅相成的互补关系,是全球化同一过程的两个方面。随着工业技术的大发展,"时空压缩""地理终结"的时代已经到来,资本资源的流速流向全面跃升,但是,全球化并非是单一化的发展模式,而是多元化两极化的发展趋势,"每天,新的、越来越具有世界性的社会、政治、经济和文化阶层不断地形成和重建,其依据就是流动性"[2],谁站在流动性的潮头,谁就掌握时代的发展;谁落在流动性的尾巴,谁就落伍于社会的进步。一部分人成为名副其实的全球化人,另一部分人被固定在"孤岛";一部分人成为财富雄厚的社会精英,另一部分人成为经济难民。经济全球化、资源流动性,正在重新塑造世界版图,切割社会空间,这对民族国家振兴发展、社会民生改善提出新的挑战。二是全球化重构社会发展模式。鲍曼认为,全球化,意味着新速度、新分化和新剥削,强

---

[1] [英]齐格蒙特·鲍曼:《全球化——人类的后果》,郭国良、徐建华译,商务印书馆2015年版,第2页。
[2] [英]齐格蒙特·鲍曼:《全球化——人类的后果》,郭国良、徐建华译,商务印书馆2015年版,第9页。

第六章　鲍曼现代性思想的理论贡献与当代启示

调无中心、无管辖,这必然导致失控失序,是"新的世界无序"的别称,"新的全球自由移动的最重大的后果之一是:把社会问题重新锻造成有效的集体运行已变得愈加困难,也许是根本不可能的了"①。全球化有两副面孔,一副是"积极"全球化,即全球化国际组织、全球立法司法、全球化倡议、联合国等机构等;另一副是"消极"全球化,即武器贸易、恐怖主义、毒品交易、跨境犯罪、战争移民,等等。为此,文明社会的发展必须提出应对全球化无序混乱状态的策略,尤其面对经济全球化冲击,要铸牢政治主权,捍卫本国国民的权益,在参与全球化的历史进程中,制定全球化倡议和行动方案,平衡国内外发展需求,练就强大的社会治理能力。三是全球化重塑人际关系。鲍曼认为,全球化对个人生活产生重要影响,随着自由市场对政府职能的侵蚀,民族国家的功能开始简化转移,把应有的义务责任转向市场,进而由个人承担起风险成本。自由市场的高度不确定性,随着全球化的普及,风险社会已经来临,离线/在线、线上/线下、虚拟/现实,构成现实生活的多种幻境,网络世界是现实生活的"瞬间快照","那个作为生活和经验的世界也是年轻人亲自经历的世界,已经渐渐但稳步地从网下世界移植到网上世界了……将现实的社会关系和社会承诺看成了不断需要协商的一个瞬间快照,而非永远不变的稳定状态"②。可见,"我们所生活的这个世界是一个要多复杂就多复杂的系统,所以,它的未来是一个巨大的未知数;而且,无论我们做什么,它仍然无法预测。预测只能是猜测,相信猜测意味着要冒巨大风险"③,我们的现代城市充满了陌生人、异乡人,我们身边居住着无数的未知数,我们的邻里关系、社会身份、个体私域、道德判断正在面临新的考验。"在我们这个粉末化、原子化的社会,四处散布着人力关系崩解的残骸及其极度脆弱易裂的替代关系,这些都足以让小人物个

---

①　[英]齐格蒙特·鲍曼:《全球化——人类的后果》,郭国良、徐建华译,商务印书馆 2015 年版,第 66 页。

②　[英]齐格蒙特·鲍曼:《来自液态现代世界的 44 封信》,鲍磊译,漓江出版社 2013 年版,第 20 页。

③　[英]齐格蒙特·鲍曼:《来自液态现代世界的 44 封信》,鲍磊译,漓江出版社 2013 年版,第 132 页。

人生命史的微型天使饱受惊吓,并被迫逃之夭夭"[①],如何安全生存下去,如何享受幸福美好等生活策略成为现代人最大的政治。

  鲍曼对全球化的深刻论述,具有丰富的现实启迪。建设社会主义现代化强国,实现强国复兴伟大中国梦,必须胸怀全球,拥抱全球,站在时代的高度,继续深化改革开放,广泛深度融入世界,大胆阔步走向海外,把握全球化脉搏,发挥全球化积极效应,规避全球化负面效应,正视全球化问题,面对全球化风险,在危机中寻找机遇,推动全球化朝着公平正义、自由民主、造福人类的方向发展。一是要坚定全球化理念。全球化是时代发展趋势,是"世界历史"的现实写照,符合人类社会发展规律。当今时代正处于百年未有之大变局,当代中国发展要成为时代发展的标杆,当代中国文明要在新时代焕发生机活力,融入国际社会,踏上世界舞台是历史所趋、时代要求。树立全球化发展理念,意味着全领域多方位的国际化发展方向,努力提升经济、政治、文化、社会、生态、外交、国防、科技、道德等领域的现代化文明化进程。在思维革新和实践运转上,处理好传统文化与外来文明的关系、处理好经济全球化与国家主权统一的关系、处理好国际市场与国内市场的关系、处理好技术引进和自主创新的关系、处理好境外人员与本国公民的关系,等等。二是要积极释放全球化正效应。全球化在市场贸易、资源利用、技术转化、人员交流、国际合作等方面具有超凡的优化配置功能,尤其是经济全球化,积极推动社会实现跨越式发展,跨国公司大幅度提升产品供应规模和数量,为社会提供源源不断的就业岗位,增加居民家庭经济收入,普惠贫穷落后国家。既要借助时空压缩、地理终结的便捷便利,更要全面推进全球化"流动",提升全球化"流速",拓展全球化"流向",在力度速度广度上不断提优完善。充分利用科技革新,布局增拓 5G 网络,让深山乡村、边疆岛屿等地带同全球化手拉手,优质产品与世界市场无缝对接,踏上建设发展的快车道。三是要警惕"逆全球化""去全球化""反全球化""负全球化"思潮。不可否认,全球化是把双刃剑,但是不能因此而开"历史倒

---

 ① [英]齐格蒙特·鲍曼:《此非日记》,杨渝东译,漓江出版社 2013 年版,第 136 页。

车",在思想上无形放大夸大全球化灾难后果,在行动上采取"抵制策略",在关税制度上设置"障碍条款"。当今世界的发展,已经深度融合,你中有我,我中有你,互为一体。时刻关注少数国家单边主义行径,推崇自我优先、本国第一的理念,枉顾国际社会责任,置全球道义于脑后,凭借科技优势、金融优势、军事优势,肆意"划河为界""筑墙挖沟",把本国利益置于他国利益之上。在国际社会上,倡导平等协商、互利合作、共赢普惠的全球化发展理念,为全球化发展注入更多的政治平衡、文化精神和道义责任。

二、共同体:构建人类命运共同体

生存之忧、发展之惑的钥匙——共同体,是鲍曼现代性思想的重要内容,是鲍曼探索解决现代人生存困境的现实思考。在鲍曼看来,"我们恰好生活在残酷无情的年代里"[1],流动的液态世界(不确定之确定、不可靠之可靠、不安全之安全)、高风险的社会(日常生活如履薄冰)、满载的星球(工业废弃物堆积如山),是我们每一个人面对的生存环境,个体无法承受也不应该由个体承担集体使命和责任。鲍曼认为,受全球化冲击,经济与政治分离,民族与国家分裂,市场与政府分治,"政治,作为一种决定方向和目的的行为方式,却不能有效地作用于全球范围,……导致国家机构将越来越多曾归于其下的职能丢弃、转移,或者'下分'以及'外包'"[2],孤独的个人、集体的失联,"国家已不再对社会提供保障,至少后者已不再相信前者提供的任何保障。社会正遭受着各种力量的掠夺,而这些力量它既无法控制也不再希望驾驭与制服"[3],现代人比任何时候都需要共同体的庇护和照顾,"环境总是如此变化多端,没有定势,但解决由此而生的各种困境之责却落在个体头上——个体被期望成为'自由抉择者',而且应该为自己的选择负责。个体抉择所面对的风险是由一

---

[1] [英]齐格蒙特·鲍曼:《共同体》,欧阳景根译,江苏人民出版社2003年版,"序曲"第4页。

[2] [英]齐格蒙特·鲍曼:《流动的现代性——生活于充满不确定性的年代》,谷蕾、武媛媛译,江苏人民出版社2012年版,第2页。

[3] [英]齐格蒙特·鲍曼:《流动的现代性——生活于充满不确定性的年代》,谷蕾、武媛媛译,江苏人民出版社2012年版,第31页。

些超出个体理解及行为能力的力量所致,但是个体却要为任何的风险失误买单"①。鲍曼强调指出:"在一个已经负面全球化了的星球上,所有最基础的问题都是全球性,而正因为如此,它们不接受地区性的解决方案。对于这些始于全球化又在全球化范围内激化了的问题,也不可能有地区化的解决方案。"②为此,民族国家失去担当、地方政府失去责任,唯一共同体才能充当人类自由安全的保障。鲍曼认为,共同体是栖息地,它"意味着的并不是一种可以获得和享受的世界,而是一种我们将热切希望栖息、希望重新拥有的世界"③,生活于其中将得到充分的安全、信任和友善。尽管鲍曼也谈及,个体化社会与共同体存在不可调和的矛盾,"没有共同体的自由意味着疯狂,而没有自由的共同体意味着奴役"④,这种局面是一种绝对的两难困境:危险与自由并存、奴役与安全同在,令人兴奋的冒险与遭受损害的困惑不可分割,幸福生活的目标是一种妥协艺术,它讲究如何在自由机会和风险威胁之间获得巧妙平衡,努力促使相互冲突的方面达成"和解"。地球资源是有限的,地球忍耐也是有限的;同样地球是拥挤的,人类的安全同在一个房间内,"在这个全球化了的小行星上,没有谁能划一个边界,在这个边界之内,他就会感到完全而真正的安全"⑤,但是,解决全球化问题,回应所有的生存关切,共同体意识、共同体制度、共同体组织才是最优方案,鲍曼认为,应对人类遭遇的全球性难题,"根本的和最终的应对之策,远远超出了任何单一国家的能力范围,不管这个国家有多大和多强,甚至由几个国家组成的联合体如欧盟,也不能解决这个问题"⑥。

---

① [英]齐格蒙特·鲍曼:《流动的现代性——生活于充满不确定性的年代》,谷蕾、武媛媛译,江苏人民出版社2012年版,第4页。

② [英]齐格蒙特·鲍曼:《流动的现代性——生活于充满不确定性的年代》,谷蕾、武媛媛译,江苏人民出版社2012年版,第32页。

③ [英]齐格蒙特·鲍曼:《共同体》,欧阳景根译,江苏人民出版社2003年版,"序曲"第4页。

④ [英]齐格蒙特·鲍曼:《生活在碎片之中——论后现代道德》,郁建兴、周俊、周莹译,学林出版社2002年版,第142页。

⑤ [英]齐格蒙特·鲍曼:《被围困的社会》,郇建立译,江苏人民出版社2005年版,"引言"第14页。

⑥ [英]齐格蒙特·鲍曼:《怀旧的乌托邦》,姚伟等译,中国人民大学出版社2018年版,第111页。

第六章 鲍曼现代性思想的理论贡献与当代启示

分裂和矛盾的时代把共同体凸显得更加迫切,"我们——地球上的人类共居者——现在比以往任何时候更加接近生死抉择的关头:我们应相向而行,手挽手、肩并肩共同前进,否则我们将一起走向毁灭"①,对鲍曼来讲,共同体不是幻想虚化的想象物,而是客观实在的存在物,命运因共同体而互为一体,"我们都希望有尊严地活着,不受羞辱,不受恐惧的侵袭,被容许追求幸福。这是一个广泛而稳固的共同的基础,只有在这个基础上,我们才能开始营造一致的思想和行动"②,共同体的实践形式包括全球倡议、全球行动、全球方案以及配套执行机构,譬如国际组织、国际协会、联合国等。"我们的世界再次变成了一个战争剧场,陷入了一切人反对一切人的战争,由每个人发起反对每个人战争,没有人属于例外"③,个体化社会是一个制造相互猜忌、矛盾冲突、利益竞争的世界,团结友爱在这里是昂贵的奢侈品。共同体恰好是化解个体处境的重要方案。鲍曼共同体思想再次表明构建人类命运共同体的必要性紧迫性。

一是树立人类命运共同体理念。构建人类命运共同体,是习近平主席在2015年9月出席第七十届联合国大会讲话中的重要思想,他郑重提出:"在联合国迎来又一个10年之际,让我们更加紧密地团结起来,携手构建合作共赢的新伙伴,同心打造人类命运共同体。"④这一重要战略思想寄托人类新愿景,开启全球人类合作新时代,意义重大而影响深远。曾几何时,人类饱受战争之难,人类饱受饥饿之苦,习近平强调:"和平、发展、公平、正义、民主、自由,是全人类的共同价值,也是联合国的崇高目标。目标远未完成,我们仍须努力"⑤。现代人同在一片蓝天下,脚踏同一个地球,相互依存、命运与共、休戚相关,是互为融合的命运共同体。贝克曾把现代社会描绘为正在迅速全球化、解除控

---

① [英]齐格蒙特·鲍曼:《怀旧的乌托邦》,姚伟等译,中国人民大学出版社2018年版,第230页。
② [英]齐格蒙特·鲍曼:《被围困的社会》,郇建立译,江苏人民出版社2005年版,"引言"第18页。
③ [英]齐格蒙特·鲍曼:《怀旧的乌托邦》,姚伟等译,中国人民大学出版社2018年版,第63页。
④ 《习近平谈治国理政》第二卷,外文出版社2017年版,第526页。
⑤ 《习近平谈治国理政》第二卷,外文出版社2017年版,第522页。

制的风险生活,"可控制性、确定性和安全性的理念已经崩溃了"①,风险的不可控性系数骤然增加。"黑天鹅""灰犀牛"事件让原本脆弱的现代社会更加脆弱,人类抵御不确定性灾难的能力依然不足,譬如全球气候变化、恐怖主义、地震频发、旱涝灾情、飓风海啸、瘟疫,等等。2020 年,新型冠状病毒肺炎(COVID-19)严重危及全人类生命健康和安全,病毒没有国界,疫情不分种族,新冠肺炎是全人类的公敌,"没有一个国家能凭一己之力谋求自身绝对安全,也没有一个国家可以从别国的动荡中收获稳定"②,人类命运相互关联、彼此影响。面对共同灾难,团结一致,携手战"疫"才是正确而现实的选择。二是制定全球倡议行动方案。全球倡议、全球行动是贯彻落实人类命运共同体理念的行动落实,是全球化治理水平的重要标志。全球化协议、公约、国际法等倡议行动在推动人类发展进程中发挥着重要作用,全球非盈利组织、非政府机构等在维护人类权益方面发挥积极作用。中国"一带一路"倡议是新时代全球倡议行动的典型方案,聚焦实现共赢共享发展,着力为国际社会提供更多更好公共产品,为世界各国发展提供更多机遇,为人类幸福家园建设贡献更多力量。三是发挥国际组织机构的功效。中国始终坚持维护以联合国为核心的国际体系,以国际法为基础的国际秩序,以协商共建的多元沟通机制,尤其注重发挥联合国这一重要国际组织的功能,协调世界各国各地区力量资源,在重大突发灾难事件上,把和平安全放在首位,履行联合国决议,弘扬人道主义精神,支援救助落后贫穷地区;以国际法为准绳妥协处理矛盾纠纷,坚持公道正义,确保主权国家权益;坚持和而不同、坚持多元沟通原则,倡导以对话解决争端、以协商化解分歧,全面提升全球治理水平。

三、消费社会:构建新时代消费社会

消费社会,在鲍曼现代性思想中占据重要地位,是鲍曼研究阐释现代社会

---

① Ulrich Beck, *World Risk Society*, Cambridge: Polity Press, 1999, p.2.
② 《习近平谈治国理政》第二卷,外文出版社 2017 年版,第 523 页。

第六章 鲍曼现代性思想的理论贡献与当代启示

结构转型的重要视域。鲍曼明确指出,当今时代是一个消费时代,"我们所处的社会,是个消费社会"①,"流动的生活是消费的生活"②,消费社会业已来临。鲍曼对消费社会作出深刻分析,他认为,固态的现代性转向流动的现代性,标志着生产社会转向消费社会,现代人首先以消费者身份呈现于世,成为消费者是生存第一要务,现代社会是商品海洋,"资本主义的梦想不仅仅是将其疆域拓展到全球每个角落,把每一个物体都变成一种商品(如水资源权力、基因权力、生物物种、婴幼儿、人类器官),并且深入开发先前属于隐私的东西,将其用于商业(盈利)目的,过去属于个人掌控的东西(如主体性、性),现在被转化为商品"③。

鲍曼主要从消费逻辑、消费文化、消费心理和消费生活几个方面解读这个新型社会样态。从表象上看,消费社会把资本主义世界的繁荣昌盛展示得一览无遗:一个富裕奢华、铺张浪费、供应浪费、厌腻饱足的世界。消费世界是购物天堂,琳琅满目的商品想方设法满足消费者的需求,堪称从"摇篮"到"坟墓"的终身服务。但是,鲍曼从机理规律层面对消费社会景象作出批判性思考,他认为,在消费社会,自由被塑造为消费选择,"购物中心并非仅仅出售商品,它们也销售一种不同的生活世界"……在购物中心,对专家设计的生活世界的筹划被商品化了,并受到市场的检验。④ 人生被规划成消费生涯,"把整个生活当成了一种拓展了的大买特买的自由,意味着把这个世界看成是一个消费商品泛滥的大型零售商店"⑤,自由权益简化为消费自由。时尚逻辑、欲望逻辑和浪费逻辑构成消费社会运行机制,消费文化就是时尚潮流,"与永动机的概念却又共同之处,时尚可能一直处于不断变化中(即永久地运行)的情

---

① [英]齐格蒙特·鲍曼:《工作、消费、新穷人》,仇子明、李兰译,吉林出版集团2010年版,第63页。
② [英]齐格蒙特·鲍曼:《流动的生活》,徐朝友译,江苏人民出版社2012年版,第9页。
③ [英]齐格蒙特·鲍曼:《来自液态现代世界的44封信》,鲍磊译,杨渝东校,漓江出版社2013年版,第118页。
④ [英]齐格蒙特·鲍曼:《现代性与矛盾性》,邵迎生译,商务印书馆2003年版,第341页。
⑤ [英]齐格蒙特·鲍曼:《流动的现代性》,欧阳景根译,中国人民大学出版社2018年版,第156页。

况并非不可想象"①,消费者永远赶不上商品的更新迭代的速度。欲望逻辑根源于力比多本能心理机理,自我驱动、自我运转和自我提升,"消费者社会把它的框架建立于以一种过去其他社会做不到的或者想都没想过的方式来满足人们欲望的许诺上。然而,只有当欲望没有得到满足,满足欲望的许诺才会有诱惑力。"②在消费欲望的驱动进程中,"生活转变成了一系列无节制的购物冲动,而且,犹如购物活动带来的刺激、冒险和挑战,它不管在本质上还是实践上都是消费性的"③。当代社会的消费生活具有欺骗、多度、浪费的特性,其背后的根源是资本增值、利润至上。一派繁荣的消费景观,同样藏匿着社会阶层的分裂,富人永远是成熟的消费者,成功人士的代表,穷人却被定性为有缺陷的消费者,被市场抛弃,被社会边缘化,成为无力抗争的底层群体。

鲍曼对消费社会的批判性思考,为我们科学建设发展新时代消费社会提供重要方向。一是消费社会标志着社会文明进步、幸福美好生活。马克思认为,物质生产活动是人类社会进步的根本动力,"人们为了能够'创造历史',必须能够生活。但是为了生活,首先就需要吃喝住穿以及其他一些东西。因此第一个历史活动就是生产满足这些需要的资料,即生产物质生活本身。……首次写出了市民社会史、商业史和工业史。"④满足人类对生活资料、生产资料的需求是社会发展的最终目的。自由解放的社会必定是物质资料极其丰富的社会,生产—消费—再生产—再消费推动着人类历史不断发展,生产富裕是文明社会的标志。同样,落后不是社会主义,贫穷也不是社会主义,发展当代中国必须以满足人们对美好生活的向往为出发点,大力发展生产力,推动社会进步,物质生产要同消费需求相平衡,消费需求同样带动物质生

---

① [英]齐格蒙特·鲍曼:《流动世界的中的文化》,戎林海、季传峰译,江苏凤凰教育出版社2014年版,第9页。
② [英]齐格蒙特·鲍曼:《流动的生活》,徐朝友译,江苏人民出版社2012年版,第86页。
③ [英]齐格蒙特·鲍曼:《被围困的社会》,郇建立译,江苏人民出版社2005年版,第204页。
④ 《马克思恩格斯文集》第1卷,人民出版社2009年版,第531页。

产,两者相辅相成,互为一体。消费社会的繁荣景象,是社会生产蓬勃发展的象征,是人民生活富裕的标志,必须把消费社会建好。"更好的教育、更稳定的工作、更满意的收入、更可靠的社会保障、更高水平的医疗卫生服务、更舒适的居住条件、更优美的环境"[1],这一切一切的美好生活对物质生产、商品服务供给提出极高期待,"我们要为人民福祉着想,秉持人类命运共同体,用实际行动为建设美好社会作出应该贡献"[2]。繁荣昌盛的消费社会是幸福生活的最直接的体现。要发挥市场在资源配置中的决定性作用,发挥政府作用,坚持以人民为中心,发展消费经济,不断提高保障和改善民生水平,满足人民日益增长的美好生活需求。二是警惕消费主义综合症。消费社会的到来,并不意味着生产社会的消退,也不意味着消费是社会发展的动力。消费主义综合症把欲望、时尚、废弃置于日常生活的第一位,把幸福满足等同于消费欲望的满足,把社会地位等同于时尚品牌的排名,把人生价值等同于"我消费,我存在"。必须摒弃消费主义不良文化的侵蚀,树立科学、健康、可持续的消费理念,抵制低俗庸俗粗俗的消费品位,禁止黄赌毒消费行为。抑制非理性消费方式:冲动消费、报复性消费、透支消费、欲望消费、浪费消费。科学辨析消费广告宣传、网络营销、专家推荐、产品功能等介绍信息。形成可持续的科学消费生活:绿色消费、健康消费、人文消费、DIY 消费、简约消费、生态消费。三是勾勒新时代消费社会愿景。新时代,建设社会主义现代化强国,建设经济繁荣、物质富足、商品丰富、消费充裕的美好生活,符合人民群众对幸福社会的愿望愿景。为此,新时代消费社会建设需要遵循以下重要原则:坚持生产驱动消费逻辑,物质生产是始基,是动力,消费是需求,是终端,把繁荣昌盛的消费社会建立于物质生产这一科学规律之上,推动生产—消费—再生产—再消费动态平衡,接续优化、螺旋上升,科学发展。坚持以人民为中心的消费理念,强调生产为了满足人民,消费为了服务人民,把人民群众对美好生活的期待作为消费社会的根本宗旨。坚持科技赋能的消费场景,发挥中国 5G 网络优势,AI 智能

---

[1] 《习近平谈治国理政》第一卷,外文出版社 2018 年版,第 4 页。
[2] 《习近平谈治国理政》第四卷,外文出版社 2022 年版,第 455 页。

科技优势,全方位立体式多领域打造"智汇"消费场景,为现代生活赋能智能体验,营造人性化、贴心化、美感化的优质消费服务氛围,建设具有鲜明中国特色、时代性、引领性的消费文化,倾力擘画构筑网络购物世界新景象,让中国产品、中国智慧、中国服务惠及全人类、造福全人类。

参考文献

一、经典文献

1.《马克思恩格斯选集》第1—4卷,人民出版社2012年版。

2.《马克思恩格斯文集》第1—10卷,人民出版社2009年版。

3.《列宁专题文集》第1—5卷,人民出版社2009年版。

4.《毛泽东文集》第一—八卷,人民出版社1993年版。

5.《习近平谈治国理政》第一卷,外文出版社2018年版。

6.《习近平谈治国理政》第二卷,外文出版社2017年版。

7.《习近平谈治国理政》第三卷,外文出版社2020年版。

8.《习近平谈治国理政》第四卷,外文出版社2022年版。

9.《习近平新时代中国特色社会主义思想学习纲要》,学习出版社、人民出版社2023年版。

10.《习近平新时代中国特色社会主义思想学习问答》,学习出版社、人民出版社2021年版。

11.《习近平新时代中国特色社会主义思想基本问题》,人民出版社、中共中央党校出版社2020年版。

12.《习近平著作选读》第一、二卷,人民出版社2023年版。

二、鲍曼著作中文版

1.[英]齐格蒙特·鲍曼:《生与死的双重变奏——人类生命策略的社会学诠释》,陈正国译,东大图书公司出版社1996年版。

2.[英]齐格蒙特·鲍曼:《立法者与阐释者》,洪涛译,上海人民出版社2000年版。

3.[英]齐格蒙特·鲍曼:《全球化——人类的后果》,郭国良、徐建华译,商务印书馆

2001年版。

4.[英]齐格蒙特·鲍曼:《定位政治》,李培元译,韦伯文化事业出版社2002年版。

5.[英]齐格蒙特·鲍曼:《生活在碎片之中——论后现代道德》,郁建兴、周俊、周莹译,学林出版社2002年版。

6.[英]齐格蒙特·鲍曼:《个体化社会》,范祥涛译,三联书店出版社2002年版。

7.[英]齐格蒙特·鲍曼:《后现代性及其缺憾》,郇建立、李静韬译,学林出版社2002年版。

8.[英]齐格蒙特·鲍曼:《流动的现代性》,欧阳景根译,三联书店2002年版。

9.[英]齐格蒙特·鲍曼:《通过社会学去思考》,高华等译,社会科学文献出版社2002年版。

10.[英]齐格蒙特·鲍曼:《社会学动脑》,朱道凯译,台湾群学出版有限公司2002年版。

11.[英]齐格蒙特·鲍曼:《现代性与大屠杀》,杨渝东、史建华译,译林出版社2002年版。

12.[英]齐格蒙特·鲍曼:《共同体》,欧阳景根译,人民出版社2003年版。

13.[英]齐格蒙特·鲍曼:《后现代伦理学》,张成岗译,人民出版社2003年版。

14.[英]齐格蒙特·鲍曼:《现代性与矛盾性》,邵迎生译,商务印书馆2003年版。

15.[英]齐格蒙特·鲍曼:《工作、消费与新贫》,王志宏译,台湾巨流图书有限公司2003年版。

16.[英]齐格蒙特·鲍曼:《与鲍曼对话》,杨淑娇译,台湾巨流图书有限公司2004年版。

17.[英]齐格蒙特·鲍曼:《被围困的社会》,郇建立译,人民出版社2005年版。

18.[英]齐格蒙特·鲍曼:《自由》,杨光、蒋焕新译,吉林人民出版社2005年版。

19.[英]齐格蒙特·鲍曼:《寻找政治》,洪涛、周顺、郭台辉译,上海人民出版社2006年版。

20.[英]齐格蒙特·鲍曼:《废弃的生命》,谷蕾、胡欣译,江苏人民出版社2006年版。

21.[英]齐格蒙特·鲍曼:《液态之爱》,何定高、高瑟儒译,台湾商周出版社2007年版。

22.[英]齐格蒙特·鲍曼:《作为实践的文化》,郑莉译,北京大学出版社2009年版。

23.[英]齐格蒙特·鲍曼:《社会学之思》,李康译,社会科学出版社2010年版。

24.[英]齐格蒙特·鲍曼:《工作、消费、新穷人》,仇子明、李兰译,吉林出版集团有限公司2010年版。

25.[英]齐格蒙特·鲍曼:《流动的生活》,徐朝友译,人民出版社2012年版。

26. [英]齐格蒙特·鲍曼:《流动的恐惧》,谷蕾等译,人民出版社2012年版。

27. [英]齐格蒙特·鲍曼:《流动的时代——生活于充满不确定性的年代》,谷蕾、武媛媛译,人民出版社2012年版。

28. [英]齐格蒙特·鲍曼:《此非日记》,杨渝东译,漓江出版社2013年版。

29. [英]齐格蒙特·鲍曼:《来自液态现代世界的44封信》,鲍磊译,漓江出版社2013年版。

30. [英]齐格蒙特·鲍曼:《流动世界中的文化》,戎林海、季传峰译,凤凰教育出版社2014年版。

31. [英]齐格蒙特·鲍曼:《流动的现代性》,欧阳景根译,中国人民大学出版社2018年版。

32. [英]齐格蒙特·鲍曼:《门口的陌生人》,姚伟等译,中国人民大学出版社2018年版。

33. [英]齐格蒙特·鲍曼:《怀旧的乌托邦》,姚伟等译,中国人民大学出版社2018年版。

34. [英]齐格蒙特·鲍曼、蒂姆:《社会学之思》(第3版),李康译,上海文艺出版社2020年版。

35. [英]齐格蒙特·鲍曼:《工作、消费主义和新穷人》,郭楠译,社会科学院出版社2021年版。

36. [英]齐格蒙特·鲍曼:《作为实践的文化》,苏婉译,中国人民大学出版社2022年版。

37. [英]齐格蒙特·鲍曼、[瑞士]彼得·哈夫纳:《将熟悉变为陌生》,王立秋译,南京大学出版社2023年版。

三、国内研究鲍曼著作论文

1. 郑莉:《理解鲍曼》,中国人民大学出版社2006年版。

2. 郭台辉:《齐格蒙特·鲍曼思想中的个体与政治》,上海世纪出版集团2007年版。

3. 周发财:《鲍曼社会理论对现代性的反思》,复旦大学博士学位论文,2008年。

4. 彭洲飞:《齐格蒙特·鲍曼流动的现代性消费主义思想研究》,中国人民大学博士学位论文,2013年。

5. 陶日贵:《鲍曼"流动的现代性思想"研究》,江西人民出版社2016年版。

6. 许小委:《不确定世界中的生存——论鲍曼之"流动的现代性"》,复旦大学出版社2018年版。

7.卜凡:《齐格蒙特·鲍曼全球化思想研究》,黑龙江大学博士学位论文,2019年。

四、现代性理论研究著作

1.[美]佩里·安德森:《西方马克思主义探讨》,高铦、文贯中、魏章玲等译,人民出版社1981年版。

2.[加]本·阿格尔:《西方马克思主义概论》,慎之等译,中国人民大学出版社1992年版。

3.[英]罗伯特·戈尔曼:《"新马克思主义传"记辞典》,赵培杰、李菱、邓玉庄等译,重庆出版社1990年版。

4.[德]尤尔根·哈贝马斯:《现代性的哲学话语》,曹卫东译,译林出版社2004年版。

5.[德]马克斯·霍克海默、特奥多·威·阿多诺:《启蒙辩证法》,洪佩郁、蔺月峰译,重庆出版社1990年版。

6.[美]赫伯特·马尔库塞:《单向度的人》,刘继译,上海世纪出版集团2008年版。

7.[美]詹姆逊:《现代性、后现代性和全球化》《詹姆逊文集》第4卷,王逢振主编,中国人民大学出版社2004年版。

8.[法]让·鲍德里亚:《消费社会》,刘成富、全志钢译,南京大学出版社2008年版。

9.[法]米歇尔·福柯:《规训与惩罚》,刘北成译,三联书店1999年版。

10.[美]道格拉斯·凯尔纳、斯蒂文·贝斯特:《后现代理论——批判性的质疑》,张志斌译,中央编译出版社2004年版。

11.[法]雅克·德里达:《马克思的幽灵》,何一译,中国人民大学出版社1999年版。

12.[匈]乔治·卢卡奇:《历史与阶级意识》,杜志章译,商务印书馆1992年版。

13.[意]安东奥尼·葛兰西:《狱中札记》,曹雷雨等译,中国社会科学出版社2000年版。

14.[德]埃里希·弗罗姆:《健全的社会》,欧阳谦译,中国文联出版公司1988年版。

15.[英]斯图亚特·西姆:《后马克思主义思想史》,吕增奎、陈红译,江苏人民出版社2011年版。

16.黄楠森主编:《马克思主义哲学史》第1—8卷,北京出版社1996年版。

17.庄福龄主编:《马克思主义史》第1—4卷,人民出版社1995年版。

18.顾海良:《马克思主义发展史》,中国人民大学出版社2009年版。

19.俞吾金、陈学明:《国外马克思主义哲学流派新编(西方马克思主义卷)》上、下册,复旦大学出版社2002年版。

20.陈学明:《西方马克思主义》,天津人民出版社1983年版。

21.陈学明:《西方马克思主义教程》,高等教育出版社2001年版。

22.张一兵:《文本的深度耕犁——西方马克思主义经典文本解读》,中国人民大学出版社2004年版。

23.衣俊卿等:《20世纪新马克思主义》(修订版),中央编译局出版社2012年版。

24.衣俊卿:《西方马克思主义概论》,北京大学出版社2008年版。

25.罗刚、王中枕:《消费文化读本》,中国社会科学出版社2003年版。

26.包亚明:《游荡者的权利:消费主义与都市文化研究》,中国人民大学出版社2004年版。

27.李欧梵:《未完成的现代性》,北京大学出版社2005年版。

28.孔明安:《当代国外马克思主义新思潮研究——从西方马克思主义到后马克思主义》,中央编译出版社2012年版。

29.复旦大学当代国外马克思主义研究中心编:《当代国外马克思主义评论》(2000—2022),复旦大学出版社2022年版。

30.张一兵、胡大平:《西方马克思主义哲学的历史逻辑》,南京大学出版社2003年版。

31.赵敦华:《现代西方哲学新编》,北京大学出版社2001年版。

32.冒从虎等:《欧洲哲学通史》,南开大学出版社2006年版。

33.[美]大卫·雷·格里芬:《后现代精神》,王成兵译,中央编译出版社2012年版。

34.[波兰]亚当·沙夫等:《人的哲学与现代性批判——波兰新马克思主义者文集》,郑莉、张笑夷、马建青译,黑龙江大学出版社2017年版。

35.[美]莱特·米尔斯:《社会学的想象力》,陈强、张永强译,三联书店2018年版。

36.[德]乌尔里希·贝克、[英]安东尼·吉登斯、斯科特·拉什:《自反性现代化:现代社会秩序中的政治、传统与美学》,赵文书译,商务印书馆2014年版。

37.[美]丹尼尔·贝尔:《后工业社会的来临——对社会预测的一项探索》,新华出版社1997年版。

38.[法]让·鲍德里亚:《美国》,张生译,南京大学出版社2011年版。

39.[英]安东尼·吉登斯:《资本主义与现代社会理论——对马克思、涂尔干和韦伯著作的分析》,郭忠华、潘华凌译,上海译文出版社2013年版。

40.[美]戴维·哈维:《后现代的状况——对文化变迁之缘起的探究》,阎嘉译,商务印书馆2004年版。

41.[美]马歇尔·伯曼:《一切坚固的东西都烟消云散了——现代性体验》,徐大建、张辑译,商务印书馆2004年版。

42.[英]戴维·弗里斯比:《现代性的碎片:齐美尔、克拉考尔和本雅明作品中的现代

267

性理论》，卢晖临、周怡、李林艳译，商务印书馆 2013 年版。

43.［印］帕沙·查特吉：《我们的现代性》，张颂仁等译，人民出版社 2013 年版。

44.［美］阿里夫·德里克：《全球现代性：全球资本主义时代的现代性》，胡大平、付清松译，南京大学出版社 2012 年版。

45.［法］安托瓦纳·贡巴尼翁：《现代性的五个悖论》，许钧译，商务印书馆 2013 年版。

46.［美］查尔斯·詹克斯：《现代主义的临界点：后现代主义向何处去？》，丁宁等译，北京大学出版社 2011 年版。

47.［德］大卫·库尔伯：《纯粹现代性批判——黑格尔、海德格尔及其以后》，臧佩洪译，商务印书馆 2004 年版。

48.［美］卡尔·雅斯贝斯：《时代的精神状况》，王德峰译，上海译文出版社 2013 年版。

49.［意］艾伯特·马蒂内利：《全球现代化——重思现代性事业》，李国武译，商务印书馆 2010 年版。

50.［意］詹尼·瓦蒂莫：《现代性的终结》，李建盛译，商务印书馆 2013 年版。

51.［英］蒂姆·阿姆斯特朗：《现代主义：一部文化史》，孙生茂译，南京大学出版社 2014 年版。

52.［加］安德鲁·芬博格：《在理性与经验之间：论技术与现代性》，高海清译，金城出版社 2015 年版。

53.［英］史蒂文·康纳：《后现代主义文化——当代理论导引》，严忠志译，商务印书馆 2007 年版。

54.［英］佩里·安德森：《后现代性的起源》，紫辰、合章译，中国社会科学出版社 2008 年版。

55.［美］查尔斯·拉莫尔：《现代性的教训》，刘擎、应奇译，东方出版社 2010 年版。

56.［德］彼得·克洛夫斯基：《后现代文化——技术发展的社会文化后果》，毛怡红等译，中央编译出版社 2011 年版。

57.［法］雷吉斯·迪布瓦：《好莱坞：电影与意识形态》，李丹丹、李昕晖译，商务印书馆 2014 年版。

58.［日］三浦展：《第 4 消费时代》，马奈译，东方出版社 2014 年版。

59.［美］本尼迪克特·安德森：《想象的共同体：民族主义的起源与散布》，吴叡人译，上海世纪出版集团 2015 年版。

60.［英］艾瑞克·霍布斯鲍姆：《霍布斯鲍姆看 21 世纪》，吴莉君译，中信出版集团 2015 年版。

61.［印］阿西斯·南迪：《民族主义，真诚与欺骗》，张颂仁等译，人民出版社 2013

年版。

62.[美]弗朗西斯·福山:《历史的终结与最后的人》陈高华译,孟凡礼校,广西师范大学出版社2014年版。

63.[英]罗纳尔多·蒙克:《马克思在21世纪——晚期马克思主义的视角》,张英魁等译,铁省林等校,江苏人民出版社2011年版。

64.[美]乔纳森·斯珀伯:《卡尔·马克思:一个19世纪的人》,邓峰译,中信出版社2014年版。

65.[南非]达里尔·格雷泽、[英]戴维·M.沃尔克:《20世纪的马克思主义——全球导论》,王立胜译,铁省林校,江苏人民出版社2011年版。

66.[英]佩里·安德森:《思想的谱系:西方思潮的左与右》,袁银传、曹荣湘等译,社会科学出版社2010年版。

67.[德]尤尔根·哈贝马斯:《重建历史唯物主义》,郭官义译,社会科学文献出版社2000年版。

68.[美]艾·弗洛姆:《爱的艺术》,李建鸣译,上海译文出版社2011年版。

69.[法]多米尼克·戴泽:《消费》,邓芸译,杨晓敏校,商务印书馆2015年版。

70.[美]乔治·瑞泽尔:《赋魅于一个祛魅的世界:消费圣殿的传承与变迁》,罗建平译,社会科学文献出版社2015年版。

71.陈嘉明:《现代性与后现代性十五讲》,北京大学出版社2006年版。

72.郑兴凤、程志敏:《梦断现代性》,上海书店出版社2006年版。

73.衣俊卿:《现代性的维度》,中央编译出版社、黑龙江大学出版社2011年版。

74.张凤阳:《现代性的谱系》,江苏人民出版社2012年版。

75.史忠义:《现代性的辉煌与危机:走向新现代性》,社会科学文献出版社2012年版。

76.刘介民:《西方后现代人文主流——症候群研究》,北京大学出版社2010年版。

77.高瑞泉:《中国的现代性观念谱系》,广西师范大学出版社2015年版。

78.王义桅:《再造中国:领导型国家的文明担当》,人民出版社2017年版。

五、鲍曼著作外文版

1. Zygmunt Bauman, *Zagadnienia centralizmu demokratycznego w pracach Lenina*, Warszawa: Książka i Wiedza, 1957.

2. Zygmunt Bauman, *Socjalizm brytyjski: Źródła, filozofia, doktryna polityczna*, Warszawa: Państwowe Wydawnictwo Naukowe, 1959.

3. Zygmunt Bauman, *Klasa, ruch, elita: Studium socjologiczne dziejów angielskiego ruchu ro-*

botniczego, Warszawa: Państwowe Wydawnictwo Naukowe, 1960.

4. Zygmunt Bauman, *Z dziejów demokratycznego ideału*, Warszawa: Iskry, 1960.

5. Zygmunt Bauman, *Kariera: cztery szkice socjologiczne*, Warszawa: Iskry, 1960.

6. Zygmunt Bauman, *Z zagadnień współczesnej socjologii amerykańskiej*, Warszawa: Książka i Wiedza, 1961.

7. Zygmunt Bauman, with Szymon Chodak, Juliusz Strojnowski, Jakub Banaszkiewicz, *Systemy partyjne współczesnego kapitalizmu*, Warsaw: Książka i Wiedza, 1962.

8. Zygmunt Bauman, *Społeczeństwo, w ktorym żyjemy*, Warsaw: Książka i Wiedza, 1962.

9. Zygmunt Bauman, *Zarys socjologii. Zagadnienia i pojęcia*, Warszawa: Państwowe Wydawnictwo Naukowe, 1962.

10. Zygmunt Bauman, *Idee, ideały, ideologie*, Warszawa: Iskry, 1963.

11. Zygmunt Bauman, *Zarys marksistowskiej teorii społeczeństwa*, Warszawa: Państwowe Wydawnictwo Naukowe, 1964.

12. Zygmunt Bauman, *Socjologia na co dzień*, Warszawa: Iskry, 1964.

13. Zygmunt Bauman, *Wizje ludzkiego świata. Studia nad społeczną genezą i funkcją socjologii*, Warszawa: Książka i Wiedza, 1965.

14. Zygmunt Bauman, *Kultura i społeczeństwo. Preliminaria*, Warszawa: Państwowe Wydawnictwo Naukowe, 1966.

15. Zygmunt Bauman, *Between Class and Elite. The Evolution of the British Labour Movement. A Sociological Study*. Manchester: Manchester University Press, 1972.

16. Zygmunt Bauman, *Culture as Praxis*, London: Routledge & Kegan Paul, 1973.

17. Zygmunt Bauman, *Socialism: The Active Utopia*, New York: Holmes and Meier Publishers, 1976.

18. Zygmunt Bauman, *Towards a Critical Sociology: An Essay on Common-Sense and Emancipation*. London: Routledge & Kegan Paul. Routledge, 1976.

19. Zygmunt Bauman, *Hermeneutics and Social Science: Approaches to Understanding*. London: Hutchinson, 1978.

20. Zygmunt Bauman, *Memories of Class: The Pre-history and After-life of Class*. London/Boston: Routledge & Kegan Paul, 1982.

21. Zygmunt Bauman, *Stalin and the Peasant Revolution: A Case Study in the Dialectics of Master and Slave*. Leeds: University of Leeds Department of Sociology, 1985.

22. Zygmunt Bauman, *Legislators and Interpreters On Modernity, Post-Modernity, Intellectu-*

als, N.Y.:Cornell University Press, 1987.

23. Zygmunt Bauman, *Freedom*, Philadelphia: Open University Press. University of Minnesota Press, 1988.

24. Zygmunt Bauman, *Modernity and the Holocaust*. Ithaca, N. Y.: Cornell University Press, 1989.

25. Zygmunt Bauman, *Paradoxes of Assimilation*. New Brunswick: Transaction Publishers, 1990.

26. Zygmunt Bauman, *Thinking Sociologically. An Introduction for Everyone*. Cambridge, Mass.: Basil Blackwell, 1990.

27. Zygmunt Bauman, *Modernity and Ambivalence*. Ithaca, N. Y.: Cornell University Press, 1991.

28. Zygmunt Bauman, *Intimations of Postmodernity*. London, New York: Routledge, 1992.

29. Zygmunt Bauman, *Mortality, Immortality and Other Life Strategies*. Cambridge: Polity, 1992.

30. Zygmunt Bauman, *Postmodern Ethics*. Cambridge, MA: Basil Blackwell, 1993.

31. Zygmunt Bauman, *Dwa szkice o moralności ponowoczesnej*, Warszawa: IK, 1994.

32. Zygmunt Bauman, *Life in Fragments. Essays in Postmodern Morality*. Cambridge, MA: Basil Blackwell, 1995.

33. Zygmunt Bauman, Ciało i przemoc w obliczu ponowoczesności, Toruń: Wydawnictwo Naukowe Uniwersytetu Mikołaja Kopernika, 1995.

34. Zygmunt Bauman, *Postmodernity and Its Discontents*. New York: New York University Press, 1997.

35. Zygmunt Bauman, *Alone Again - Ethics After Certainty*. London: Demos, 1996.

36. Zygmunt Bauman, with Roman Kubicki, Anna Zeidler-Janiszewska, *Humanista w ponowoczesnym świecie-rozmowy o sztuce życia, nauce, życiu sztuki i innych sprawach*, Warszawa: Zysk i S-ka, 1997.

37. Zygmunt Bauman, *Work, Consumerism and the New Poor*. Philadelphia: Open University Press, 1998.

38. Zygmunt Bauman, *Globalization: The Human Consequences*, New York: Columbia University Press, 1998.

39. Zygmunt Bauman, *In Search of Politics*, Cambridge: Polity, 1999.

40. Zygmunt Bauman, *Liquid Modernity*, Cambridge: Polity, 2000.

41. Zygmunt Bauman, Peter Beilharz(ed.), *The Bauman Reader*. Oxford: Blackwell Publishers, 2000.

42. Zygmunt Bauman, *Community: Seeking Safety in an Insecure World*, Cambridge: Polity, 2001.

43. Zygmunt Bauman, *The Individualized Society*, Cambridge: Polity, 2001.

44. Zygmunt Bauman, Keith Tester, *Conversations with Zygmunt Bauman*, Cambridge: Polity, 2001.

45. Zygmunt Bauman, with Tim May, *Thinking Sociologically*, 2nd edition. Oxford: Blackwell Publishers, 2001.

46. Zygmunt Bauman, *Society Under Siege*, Cambridge: Polity, 2002.

47. Zygmunt Bauman, *Liquid Love: On the Frailty of Human Bonds*, Cambridge: Polity, 2003.

48. Zygmunt Bauman, *City of Fears, City of Hopes*, London: Goldsmith's College, 2003.

49. Zygmunt Bauman, *Wasted Lives. Modernity and its Outcasts*, Cambridge: Polity, 2004.

50. Zygmunt Bauman, *Europe: An Unfinished Adventure*, Cambridge: Polity, 2004.

51. Zygmunt Bauman, *Identity: Conversations with Benedetto Vecchi*, Cambridge: Polity, 2004.

52. Zygmunt Bauman, *Liquid Life*, Cambridge: Polity, 2005.

53. Zygmunt Bauman, *Liquid Fear*, Cambridge: Polity, 2006.

54. Zygmunt Bauman, *Moralność w niestabilnym świecie*, Poznań: Księgarniaś w. Wojciecha, 2006.

55. Zygmunt Bauman, *Liquid Times: Living in an Age of Uncertainty*, Cambridge: Polity, 2007.

56. Zygmunt Bauman, *Consuming Life*, Cambridge: Polity, 2007.

57. Zygmunt Bauman, *Does Ethics Have a Chance in a World of Consumers?* Cambridge, MA: Harvard University Press, 2008.

58. Zygmunt Bauman, *The Art of Life*, Cambridge: Polity, 2008.

59. Zygmunt Bauman, *Living on Borrowed Time: Conversations with Citlali Rovirosa-Madrazo*, Cambridge: Polity, 2009.

60. Zygmunt Bauman, Roman Kubicki, Anna Zeidler-Janiszewska, *Życie w kontekstach. Rozmowy o tym, co za nami i o tym, co przed nami*, Warszawa: Waip, 2009.

61. Zygmunt Bauman, *44 Letters from the Liquid Modern World*, Cambridge: Polity, 2010.

62. Zygmunt Bauman, *Collateral Damage: Social Inequalities in a Global Age*, Cambridge: Polity.

63. Zygmunt Bauman, *Culture in a Liquid Modern World*, Cambridge: Polity, 2011.

64. Zygmunt Bauman, *This is Not a Diary.* Cambridge: Polity, 2012.

65. Zygmunt Bauman, David Lyon, *Liquid Surveillance: A Conversation*, Cambridge: Polity, 2012.

66. Zygmunt Bauman, Stanisław Obirek, *O bogu i Człowieku. Rozmowy*, Kraków: Wydawnictwo Literackie, 2013.

67. Zygmunt Bauman, Leonidas Donskis, *Moral Blindness: The Loss of Sensitivity in Liquid Modernity*, Cambridge: Polity, 2013.

68. Zygmunt Bauman, *Does the Richness of the Few Benefit Us All?* Cambridge: Polity, 2013.

69. Zygmunt Bauman, Michael Hviid Jacobsen and Keith Tester, *What Use is Sociology? Conversations with Michael Hviid Jacobsen and Keith Tester.* Cambridge: Polity, 2013.

70. Zygmunt Bauman, Carlo Bordoni, *State of Crisis*, Cambridge: Polity, 2014.

71. Zygmunt Bauman, Rein Raud, *Practices of Selfhood*, Cambridge: Polity, 2015.

72. Zygmunt Bauman, Stanisław Obirek, *On the World and Ourselves*, Cambridge: Polity, 2015.

73. Zygmunt Bauman, Leonidas Donskis, *Liquid Evil*, Cambridge: Polity, 2016.

74. Zygmunt Bauman, Ezio Mauro, *Babel*, Cambridge: Polity, 2016.

75. Zygmunt Bauman, Riccardo Mazzeo, *In Praise of Literature*, Cambridge: Polity, 2016.

76. Zygmunt Bauman, *Strangers at Our Door*, Cambridge: Polity, 2016.

77. Zygmunt Bauman, *Retrotopia*, Cambridge: Polity, 2017.

78. Zygmunt Bauman, Tony Blackshaw, *The New Bauman Reader: Thinking Sociologically in Liquid Modern Times*, Manchester: Manchester University Press, 2016.

79. Zygmunt Bauman, Neal Lawson, *A Chronicle of Crisis : 2011–2016*, London: Social Europe Edition, 2017.

80. Zygmunt Bauman, *Sketches in the Theory of Culture*, Cambridge: Polity, 2018.

81. Zygmunt Bauman, Thomas Leoncini, *Born Liquid: Transformations in the Third Millennium*, Cambridge: Polity, 2018.

82. Zygmunt Bauman, Dariusz Brzeziński, Thomas C. Campbell, Mark E. Davis, Jack Palmer, *Culture and Art*, Cambridge: Polity Press, 2020.

六、期刊文献

1.闫方洁:《西方新马克思主义的消费社会批判理论的三个维度及其转向》,《河南大学学报》(社会科学版)2011年第3期。

2.孟芳:《齐格蒙特·鲍曼的消费哲学初探》,《河北北方学院学报》(社会科学版)2010年第4期。

3.陶志刚、孙宇伟:《流动的现代性消费社会探析》,《西北农林科技大学》(社会科学版)2008年第1期。

4.毛世英:《消费主义与可持续发展观的冲突分析》,《沈阳师范大学学报》2004年第6期。

5.刘晓君:《全球化过程中的消费主义评说》,《青年研究》1998年第6期。

6.杨魁:《消费主义文化的符号化特征与大众传播》,《兰州大学学报》(社会科学版)2003年第1期。

7.张容南、卢风:《消费主义与消费伦理》,《思想战线》2006年第2期。

8.晏辉:《作为生活方式的消费与消费主义》,《求是学刊》2007年第2期。

9.尹华北、文国权:《消费文化与消费主义》,《理论月刊》2010年第7期。

10.蔡颖:《鲍曼思想简介》,《国外理论动态》2003年第9期。

11.郭台辉:《鲍曼思想研究:探索新的范式——兼评〈理解鲍曼〉》,《中共浙江省委党校学报》2007年第3期。

12.郭台辉:《齐格蒙特·鲍曼对马克思主义的"修正"》,《华南师范大学学报》2009年第2期。

13.郭台辉:《早期鲍曼:用马克思主义测量历史的起伏》,《中国社会科学报》2010年5月27日。

14.[澳]彼得·贝尔哈兹著,郇建立译:《解读鲍曼的社会理论》,《马克思主义与现实》2004年第2期。

15.郇建立:《自由:一种社会关系——阅读鲍曼的〈自由论〉札记》,《社会》2001年第7期。

16.陶日贵:《鲍曼流动的现代性的当代意义》,《社会科学辑刊》2007年第2期。

17.任东景:《鲍曼全球化思想探析》,《经济与社会发展》2010年第8期。

18.任东景:《社会变革时代当代人的生存困境透视——犹太哲学家鲍曼的流动的现代性理论探析》,《学海》2011年第6期。

19.任东景:《现代性的历史境遇及当代视域——鲍曼邂逅马克思》,《马克思主义研究》,《理论月刊》2012 年第 1 期。

20.周发财:《鲍曼的现代性批判》,《兰州学刊》2008 年第 2 期。

21.周发财:《后现代性:鲍曼社会理论的建构视角》,《求索》2008 年第 7 期。

22.郑莉:《鲍曼论现代性与后现代性》,《马克思主义与现实》2004 年第 1 期。

23.胡森森:《从追求不朽到迷恋瞬间——以鲍曼的后现代时间论为中心》,《东方论坛》2009 年第 1 期。

24.胡森森:《空间的嬗变、私化与终结:以 Z.鲍曼的后现代空间思想为中心》,《社会》2009 年第 3 期。

25.王建民:《空间与等级秩序——齐格蒙特·鲍曼的全球化思想》,《黑龙江社会科学》2010 年第 2 期。

26.陈胜云:《后现代社会的文化策略——鲍曼文化理论研究》,《社会科学辑刊》2009 年第 4 期。

27.刘晓虹:《齐格蒙特·鲍曼:现代性的辩证法》,《国外理论动态》2003 年第 9 期。

28.吴先伍:《人的发展与隐没——现代性内在矛盾的历史审察》,《安徽师范大学学报》2006 年第 2 期。

29.王伊洛、张金岭:《关于游的后现代话语》,《东岳论丛》2004 年第 3 期。

30.冯燕芳:《后马克思主义在中国:问题与现状》,《中共天津市委党校学报》2012 年第 1 期。

31.吴家荣:《消费主义与颓废主义文学思潮》,《文艺理论与批评》2005 年第 1 期。

32.肖俊:《消费主义思潮下新闻消费方式的转向》,《文艺理论与批评》2007 年第 2 期。

33.张志军:《消费主义文化泛滥与马克思主义大众化的时代转型》,《求索》2012 年第 11 期。

34.佘世红:《微博语境下的消费主义文化》,《中国出版》2012 年第 18 期。

35.张敦福:《发达资本主义社会的消费文化》,《福建论坛》2012 年第 4 期。

36.董玲:《消费伦理与现代消费主义文化精神》,《北方论丛》2012 年第 2 期。

37.张琦:《正确看待社会主义文化建设的消费引擎》,《河北学刊》2012 年第 1 期。

38.贺晋秀:《我国精神文化产品消费的马克思主义解读》,《前沿》2011 年第 23 期。

39.候桂秀:《论消费主义文化思潮对中国教育的消极影响》,《小说评论》2011 年第 1 期。

40.张殿元:《国际广告:全球消费主义文化的视觉盛宴》,《上海财经大学学报》2010 年第 6 期。

41.张伟:《消费文化视阈大众的范式建构及其表征》,《中州学刊》2010 年第 5 期。

42.王宁:《从节俭主义到消费主义转型的文化逻辑》,《兰州大学学报》2010 年第 3 期。

43.王卓玉:《时间的商品化和消费化:晚期资本主义文化批判》,《文艺理论与批评》2010 年第 3 期。

44.符妹、李振:《"速度正义"如何可能——透析鲍曼"速度正义"思想的资本逻辑及其内在限度》,《天府新论》2017 年第 3 期。

45.营立成:《"物的逻辑"&"人的逻辑"——论鲍德里亚与鲍曼消费社会理论范式之差异》,《社会学评论》2016 年第 5 期。

46.黄泰轲:《鲍曼的"陌生人"概念及其道德地位问题》,《伦理学研究》2018 年第 4 期。

47.陶日贵、田启波:《鲍曼的文化批判理论及其当代意义》,《湖北社会科学》2017 年第 9 期。

48.郑莉:《鲍曼理论再诠释》,《学术交流》2017 年第 6 期。

49.远山:《人类道德良知的孤独守护者》,《学术交流》2017 年第 6 期。

50.曹锦清、张贯磊:《道德个人的生存路径——基于塔尔干与鲍曼社会理论的分析》,《河北学刊》2017 年第 6 期。

51.穆宝清:《后现代社会与消费主义》,《齐鲁学刊》2013 年第 5 期。

52.刘云虹:《在建构公共空间中寻找政治认同》,《学海》2013 年第 3 期。

53.许斗斗:《消费与阶级批判:齐格蒙特·鲍曼的消费观探析》,《马克思主义与现实》2014 年第 5 期。

54.汪东东:《消费社会中的新穷人的生存境遇研究——论鲍曼的后现代穷人观》,《华东理工大学学报》(社会科学版)2013 年第 4 期。

55.范广垠:《消费社会对现代政治的解构——齐格蒙特·鲍曼的消费政治思想简析》,《马克思主义与现实》2013 年第 5 期。

56.神彦飞:《现代性的缺憾——读鲍曼的〈现代性与大屠杀〉》,《山东大学学报》2016 年第 6 期。

57.郇建立:《现代性的两种形态——解读齐格蒙特·鲍曼的〈流动的现代性〉》,《社会学研究》2006 年第 1 期。

58.陶日贵:《让恐惧漂浮的政治——鲍曼对当代资本主义政治的批判》,《深圳大学》(人文社会科学版)2015 年第 3 期。

59.钱广荣:《齐格蒙特·鲍曼伦理学方法的得与失——以其〈后现代伦理学〉和〈论后现代道德〉为例》,《伦理学研究》2010 年第 4 期。

60.刘鹏:《理性官僚制对管理者道德责任能力的消解——齐格蒙特·鲍曼对现代官

僚体系之道德检视》,《武汉大学学报》(社会科学版)2012年第6期。

61.张康之:《论社会治理的全球化境遇——读齐格蒙特·鲍曼〈被围困的社会〉》,《哈尔滨工业大学学报》(社会科学版)2014年第5期。

62.郭伶俐:《流动现代性视野下的劳动关系批判——鲍曼劳动思想探析》,《现代经济探讨》2013年第2期。

63.吴玉军:《流动的现代性与无根基的人》,《浙江社会科学》2006年第4期。

64.陶日贵:《流动的现代性思想对我国现代化建设的启示》,《江汉论坛》2009年第6期。

65.穆宝清:《流动的现代性:齐格蒙特·鲍曼的后现代性思想研究》,《中山大学学报》(社会科学版)2013年第5期。

66.刘拥华:《空间、权力与寻找政治——以鲍曼为中心的考察》,《人文杂志》2014年第7期。

67.陈胜云:《后现代社会的文化策略——鲍曼文化理论研究》,《社会科学辑刊》2009年第4期。

68.周发财、郭毅:《后现代的道德回归——齐格蒙特·鲍曼的伦理思想述评》,《吉首大学学报》(社会科学版)2009年第5期。

69.王斌:《个体化社会的困局、整合与本土启示——对齐格蒙特·鲍曼个体化理论的再评判》,《学习与实践》2014年第6期。

70.垄长宇、郑杭生:《道德空间的拆除与重建——鲍曼后现代道德社会学思想探析》,《河北学刊》2014年第1期。

71.陶日贵:《从马克思到鲍曼:现代性理论的转型》,《广东社会科学》2008年第2期。

72.荀明俐:《鲍曼现代性与大屠杀追问中的非道德管理》,《学术交流》2010年第2期。

73.任东景:《鲍曼流动现代性理论的哲学透视》,《社学科学辑刊》2010年第5期。

74.谭志敏:《流动社会中的共同体——对齐格蒙特·鲍曼共同体思想的再评判》,《内蒙古社会科学》2018年第2期。

75.[英]基思·特斯特、迈克尔·赫维德·雅各布森,张笑夷译:《流亡之前的鲍曼——齐格蒙特·鲍曼访谈》,《学术交流》2017年第6期。

76.张康之:《论全球化中的焦虑及其解除之道——读齐格蒙特·鲍曼〈被围困的社会〉》,《江苏第二师范学院学报》(社会科学版)2015年第10期。

77.夏赞才、刘婷:《旅游何以与文明有关:从鲍曼的旅游者隐喻说开去》,《旅游学刊》2016年第8期。

78.董晋骞:《矛盾性与协同性在后工业社会是如何可能的——齐格蒙特·鲍曼思想

研究》,《社会科学辑刊》2015年第6期。

79.C.J.波利赫罗纽,马建青、王宇译:《全球化与资本主义——齐格蒙特·鲍曼访谈》,《学术交流》2017年第6期。

80.[美]迈克尔·赫维德·雅各布森,王静译:《社会学视域下的生命有限性及同命性——齐格蒙特·鲍曼谈死亡、濒死和不朽》,《学术交流》2017年第6期。

81.[澳]彼得·贝尔哈兹,郑莉、李天郎译:《齐格蒙特·鲍曼的遗产》,《学术交流》2017年第6期。

82.[波兰]塔杜什·布克辛斯基,马建青译:《齐格蒙特·鲍曼论流动的现代性的道德与伦理》,《苏州大学学报》(哲学社会科学版)2017年第5期。

83.李天朗:《齐格蒙特·鲍曼早期的"去自然化"》,《学术交流》2017年第6期。

84.陶日贵:《文化·伦理·资本:鲍曼技术理性批判思想探析》,《华南师范大学学报》(社会科学版)2018年第4期。

85.张贤明、张力伟:《找回责任:现代思想中的责任政治观念分析——以汉娜·阿伦特与齐格蒙特·鲍曼为研究对象》,《社会科学战线》2018年第1期。

86.贺来:《重建个体性:个体的"自反性"与人的"自由个性"》,《探索与争鸣》2017年第6期。

87.陈蓉:《流动的现代性中的陌生人危机——评鲍曼的〈我们门口的陌生人〉》,《外国文学》2019年第6期。

88.郭璐:《游牧者:流动的时代个体的生活叙事——基于鲍曼流动的现代性思想》,《理论界》2018年第6期。

89.卓承芳:《作为另类后马克思思想家的鲍曼》,《广西大学学报》(哲学社会科学版)2019年第4期。

90.卓承芳:《速度视野中的中国特色新现代性》,《马克思主义与现实》2018年第6期。

91.胡大平:《作为不可能任务的现代性》,《社会科学战线》2019年第1期。

92.夏莹:《现代性的极限化演进及其拯救》,《社会科学战线》2019年第1期。

93.程立涛:《后现代道德:一种新思潮的辨析与评介》,《河北师范大学学报》(哲学社会科学版)2020年第3期。

94.《"液态社会"提出者鲍曼辞世》,《大公报讯》2017年1月11日。

95.《鲍曼生前最后一次发声:新自由主义如何为特朗普铺平了道路》,徐亮迪译,澎湃新闻,2017年1月14日。

96.《悼念鲍曼:"陷阱"与雷区中行走,别无选择中探寻可能》,澎湃新闻,2017年1月15日。

97.《齐格蒙特·鲍曼留给世界的思想财富》,《第一财经》2017 年 1 月 20 日。

98.《为什么仍要阅读齐格蒙特·鲍曼？——鲍曼逝世 1 周年纪念》,搜狐新闻,2018 年 3 月 14 日。

99.《迎向这个液态社会》,腾讯新闻,2019 年 7 月 20 日。

100.《齐格蒙特·鲍曼：在变化的世界中提供一个方向》,腾讯新闻,2020 年 4 月 2 日。

101.姬广绪:《液态社会的流动正义》,《北京日报》2020 年 5 月 25 日。

102. 陶力行:《齐格蒙特·鲍曼的理性主义与反理性主义》,《经济观察报》2020 年 9 月 26 日。

103.郑籽欣、李媛:《解放叙事下的鲍曼流动现代性》,《齐齐哈尔学报》(哲学社会科学版)2021 年第 2 期。

104.郑莉、李天朗:《马克思主义社会学的波兰经验——鲍曼与华沙马克思主义学派》,《社会学评论》2022 年第 3 期。

105.李建化、刘畅:《齐格蒙特·鲍曼道德空间的后现代之维》,《江海学刊》2022 年第 4 期。

七、国外学者研究鲍曼代表性著作

1. Richard Kilminster, Ian Varcoe (eds.), *Culture, Modernity and Revolution: Essays in Honour of Zygmunt Bauman*, London: Routledge, 1995.

2. Peter Beilharz, *Zygmunt Bauman: Dialectic of Modernity*, London: Sage, 2000.

3. Dennis Smith, *Zygmunt Bauman: Prophet of Postmodernity (Key Contemporary Thinkers)*, Cambridge: Polity, 2000.

4. Keith Tester, *The Social Thought of Zygmunt Bauman*, Palgrave: MacMillan, 2004.

5. Tony Blackshaw, *Zygmunt Bauman (Key Sociologists)*, London/New York: Routledge, 2005.

6. Keith Tester, Michael Hviid Jacobsen, *Bauman Before Postmodernity: Invitation, Conversations and Annotated Bibliography 1953-1989*, Aalborg: Aalborg University Press, 2006.

7. Keith Tester, Michael Hviid Jacobsen, Sophia Marshman, *Bauman Beyond Postmodernity: Conversations, Critiques and Annotated Bibliography 1989-2005*, Aalborg: Aalborg University Press, 2007.

8. Anthony Elliott (ed.), *The Contemporary Bauman*, London: Routledge, 2007.

9. Michael Hviid Jacobsen, Poul Poder (eds.), *The Sociology of Zygmunt Bauman: Challenges and Critique*, London: Ashgate, 2008.

10. Mark Davis, *Freedom and Consumerism: A Critique of Zygmunt Bauman's Sociology*, Aldershot: Ashgate, 2008.

11. Mark Davis, Keith Tester (eds), *Bauman's Challenge: Sociological Issues for the 21st Century*, Basingstoke: Palgrave Macmillan, 2010.

12. Haggag Ali, *Mapping the Secular Mind: Modernity's Quest for a Godless Utopia*, London: International Institute of Islamic Thought, 2013.

13. Pierre-Antoine Chardel, *Zygmunt Bauman. Les illusions perdues de la modernité*, Paris: CNRS Editions, 2013.

14. Shaun Best, *Zygmunt Bauman: Why Good People Do Bad Things*, Farnham: Ashgate, 2013.

15. Mark Davis (ed.), *Liquid Sociology: Metaphor in Zygmunt Bauman's Analysis of Modernity*, Farnham: Ashgate, 2013.

16. Carlo Bordon, *Interregnum: Beyond Liquid Modernity*, Bielefeld: Transcript, 2016.

17. Michael Hviid Jacobsen, *Beyond Bauman: Critical Engagements and Creative Excursions*, London: Routledge/Taylor & Francis Group, 2017.

18. Ali Rattansi, *Bauman and Contemporary Sociology: A Critical Analysis*, Manchester: Manchester University Press, 2017.

19. Richard Kilminster, Ian Varcoe, *Culture, Modernity and Revolution: Essays in Honour of Zygmunt Bauman*, London: Routledge, 2018.

20. Michael Hviid Jacobsen, Poul Poder, *The Sociology of Zygmunt Bauman: Challenges and Critique*, London: Routledge, 2018.

21. Izabela Wagner, *Bauman——A Biography*, Cambridge: Plity Press, 2019.

22. Shaun Best, *The Emerald Guid to Zygmunt Bauman*, London: Emerald Publishing Limited, 2020.

23. Peter Beilharz, *Intimacy in Postmodern Times: A Friendship with Zygmunt Bauman*, London: Macherster Universty Press, 2020.

24. Shaun Best, *Zygmunt Bauman on Education in Liquid Modernity*, London: Routledge, 2021.

25. Mauricio Enrique Fau, *Zygmunt Bauman: Summarized Classics*, Kindle, 2021.

26. *Zygmunt Bauman: 39 Selected Summaries*, Kindle, 2022.

27. Eric Ferris, *The Disorder of U.S. Schooling: Zygmunt Baunman and Education for an Ambivalent World*, London: Routledge, 2023.

28. https://baumaninstitute.leeds.ac.uk/（英国利兹大学鲍曼研究中心）。